"十四五"高等职业教育城市轨道交通类新形态一体化系列教材

城市轨道交通电动列车驾驶

主　编　王　锐　孙泽敏　王士刚
副主编　李健超　李海彬　董文洁　靳登阁

中国铁道出版社有限公司
CHINA RAILWAY PUBLISHING HOUSE CO., LTD.

内容简介

本书遵循职业教育“以必需、够用为度”的原则，“以就业为导向，以服务为宗旨”的指导思想设计学习项目，主要内容包括列车基本作业、正线驾驶作业、非正常情况下的行车作业、电动列车故障处理作业和电动列车行车事故处理。本书内容是基于工作过程进行设计，以培养学生的职业能力为主，并融合了城市轨道交通电动列车司机的作业标准、上岗考核标准和晋级考核标准。

本书适合作为高等职业教育城市轨道车辆应用技术专业教材，也可作为相关行业岗位培训教材，同时可供相关行业人员参考。

图书在版编目（CIP）数据

城市轨道交通电动列车驾驶 / 王锐，孙泽敏，王士刚主编 .—北京：中国铁道出版社有限公司，2024.1

“十四五”高等职业教育城市轨道交通类新形态一体化系列教材

ISBN 978-7-113-30553-6

Ⅰ. ①城… Ⅱ. ①王… ②孙… ③王… Ⅲ. ①城市铁路 - 电力动车 - 驾驶术 - 高等职业教育 - 教材 Ⅳ. ① U266.2

中国国家版本馆 CIP 数据核字（2023）第 175754 号

书　　名：城市轨道交通电动列车驾驶
作　　者：王　锐　孙泽敏　王士刚

策　　划：王文欢　　　　**编辑部电话**：（010）83527746
责任编辑：李中宝
编辑助理：张家畅
封面设计：刘　颖
责任校对：苗　丹
责任印制：樊启鹏

出版发行：中国铁道出版社有限公司（100054，北京市西城区右安门西街8号）
网　　址：http://www.tdpress.com/51eds/
印　　刷：北京联兴盛业印刷股份有限公司
版　　次：2024年1月第1版　2024年1月第1次印刷
开　　本：787 mm×1 092 mm　1/16　**印张**：17.5　**字数**：432千
书　　号：ISBN 978-7-113-30553-6
定　　价：68.00元

前言

党的二十大报告指出："高质量发展是全面建设社会主义现代化国家的首要任务。""坚持把发展经济的着力点放在实体经济上，推进新型工业化，加快建设制造强国、质量强国、航天强国、交通强国、网络强国、数字中国。""实施产业基础再造工程和重大技术装备攻关工程，支持专精特新企业发展，推动制造业高端化、智能化、绿色化发展。"

城市轨道交通建设是我国轨道交通行业的重要组成部分，近年来在政策利好下，城市轨道交通得到快速发展，新增运营线路长度不断增长，城市轨道交通行业前景广阔。我国陆续出台了相关扶持政策，《关于加强城市重要基础设施安全防护工作的紧急通知》《2021年新型城镇化和城乡融合发展重点任务》《关于促进枢纽机场联通轨道交通的意见》等政策为规范我国轨道交通行业、促进行业的持续健康发展提供了支持和保障。近年来，我国城轨交通累计运营线路长度不断增长，由2016年的4 152. 8 km增至2022年的10 287. 45 km，年均复合增长率16. 32%。随着城市轨道交通行业的不断发展，城市轨道交通在越来越多的城市投入建设运营，其交通效率及安全性受到更多关注，相关科技创新带来的人才短缺问题亟待解决。在此背景下为给城市轨道交通行业培养兼备电动列车驾驶、车辆运用与维护等方面理论知识及实践能力的高端技能人才，我们精心编写了此书。

本书遵循职业教育"以必需、够用为度"的原则，以"以就业为导向，以服务为宗旨"的指导思想，按照电动列车司机职业岗位工作需要以及与职业技能等级证书标准接轨，精心编制为一本活页式教材。教材内容坚持以应用为主要目的，不仅注重理论知识的系统完整、学科结构与逻辑体系的严谨，还讲求适应课程的综合化和模块化。本书精选适合的专业理论知识，依据岗位工作流程提炼符合岗位需求的任务书、案例和引导问题以及适当的复习思考题，共编写了5个项目。

分别为列车基本作业、正线驾驶作业、非正常情况下的行车作业、电动列车故障处理作业、电动列车行车事故处理。

本书由内蒙古交通职业技术学院王锐、孙泽敏、王士刚任主编，由内蒙古交通职业技术学院李健超、李海彬、董文洁以及捷安高科股份有限公司靳登阁任副主编。具体编写分工如下：王锐编写项目一的任务三、任务四，项目三的任务一；孙泽敏编写项目三的任务三；王士刚编写项目四的任务七、任务八，项目五的任务一、任务二；李健超编写项目一的任务一、任务二；李海彬编写项目四的任务一至任务六；董文洁编写项目二的任务一至任务四；靳登阁编写项目三的任务二。全书由王锐负责统稿、定稿。

本书的编写参考了城市轨道交通电动列车驾驶方面的教材和其他文献，在此谨向各位作者表示衷心的感谢。

由于编者水平有限，书中的疏漏和不妥之处在所难免，欢迎广大读者提出批评与建议。

编　者

2023 年 5 月

目录

项目一　列车基本作业

学习目标

知识目标

1. 熟悉城市轨道交通电动列车司机出退勤及交接班作业的流程。
2. 掌握列车基本作业的内容及操作要领。
3. 掌握列车出入段/场作业的流程。
4. 掌握调车作业计划及列车调车作业流程。
5. 掌握列车试车作业流程。
6. 掌握列车洗车作业流程。

能力目标

1. 能够在指定地点正确完成城市轨道交通电动列车司机出退勤及交接班作业。
2. 能够完成基本的列车整备作业。
3. 能够驾驶列车完成列车出入段/场作业。
4. 能够根据调车计划，配合完成段/场内的列车调车作业。
5. 能够完成列车在段/场内的试车作业。
6. 能够完成列车洗车作业。

素养目标

1. 培养遵守安全规范的职业素养和对工作恪尽职守、一丝不苟的工匠精神。
2. 树立善于发现问题并积极解决问题的工作作风。
3. 提高获取、加工处理信息和自学能力。
4. 增强沟通交流和团队协作能力。

知识体系

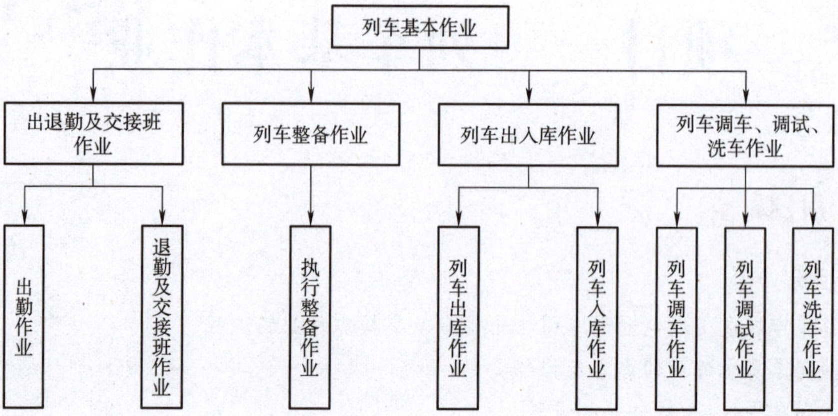

列车基本作业
出退勤及交接班作业
列车整备作业
列车出入库作业
列车调车、调试、洗车作业
出勤作业
退勤及交接班作业
执行整备作业
列车出库作业
列车入库作业
列车调车作业
列车调试作业
列车洗车作业

任务一　出退勤及交接班作业

子任务一　出勤作业

学习情境描述

出勤作业是城市轨道交通电动列车司机（简称城轨电动列车司机）一天工作的第一项内容，从出勤作业开始，司机就应进入严谨、认真、紧张的工作状态。出勤作业在车辆段/车辆场（简称段/场）派班室或轮乘站值班室完成，主要任务是按规定准时出勤、领取及检查行车备品等。图1-1-1为出勤作业。

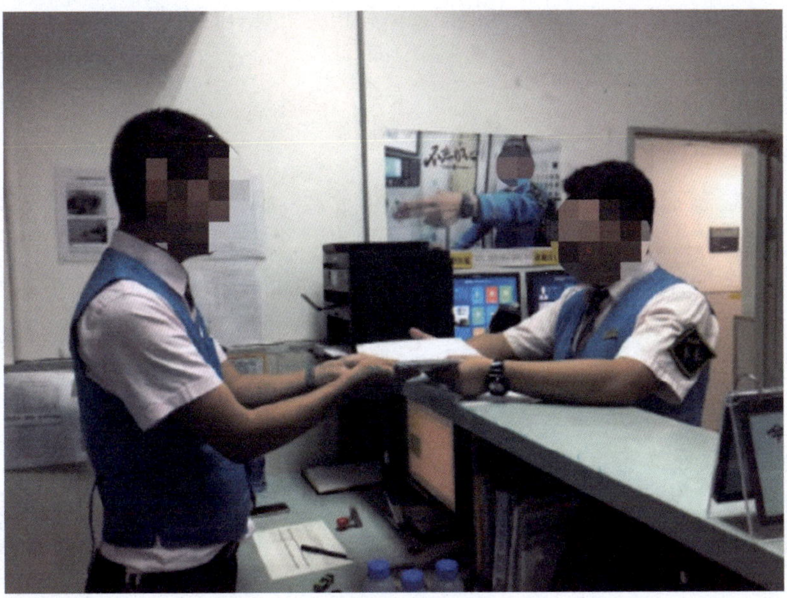

图 1-1-1　出勤作业

任　务　书

出勤作业是城轨电动列车司机值乘期间必不可少的工作环节，能够按照工作要求及流程执行好出勤及交接班作业是保障城市轨道交通（简称城轨）安全运营的重要任务，请按照规范流程进行段/场出勤作业和正线出勤作业，熟悉掌握办理出勤作业内容。

任务分组

学生任务分配见表1-1-1。

表 1-1-1　学生任务分配表

班级		组号		指导教师	
组长		学号			
组员					
任务分工					

工作准备

准备工具与器材：司机包、司机手账、操纵台激活钥匙、三角钥匙、四角钥匙、手持电台、手电筒、口头调度命令记录单及其他记录单和相应工具等行车备品。

知识链接

一、城轨电动列车司机的职业素养要求

职业素养的概念有广义和狭义之分。广义的职业素养是指从业人员在职业活动中应该遵循的行为准则，涵盖了从业人员与服务对象、职业与职工、职业与职业之间的关系。狭义的职业素养是指在一定职业活动中应遵循的、体现一定职业特征的、调整一定职业关系的职业行为准则和规范。不同的职业人员在特定的职业活动中形成了特殊的职业关系，包括职业主体与职业服务对象之间的关系、职业团体之间的关系、同一职业团体内部人与人之间的关系，以及职业劳动者、职业团体与国家之间的关系。

1. 职业素养的普遍要求

良好的职业素养是每一个员工都必须具备的基本品质，这是企业对员工最基本的规范和要求，同时也是每个员工担负起自己工作责任必备的要求。良好的职业素养一般包括以下内容：

（1）忠于职守，乐于奉献

尊职敬业，是从业人员应该具备的一种崇高精神，是做到求真务实、优质服务、勤奋奉献的前提和基础。从业人员要安心工作、热爱工作、献身所从事的行业，把自己远大的理想和追求落到工作实处，在平凡的工作岗位上做出非凡的贡献。从业人员有了尊职敬业的精神，就能在实际工作中积极进取、忘我工作，把好工作质量关，对工作认真负责，把工作中所得出的成果作为莫大的荣幸，同时认真分析工作的不足，并持续积累经验。

（2）实事求是，无私履职

实事求是，不仅是思想路线和认识路线的问题，也是一个道德问题，而且是职业素养的核心。我们必须办实事、求实效，坚决反对和抵制在工作上弄虚作假。这就需要有自觉履职的职

业良心和无私无畏的职业作风与职业态度。

（3）依规行事，严守秘密

规章制度是企业要求其成员遵守的行为准则，它要求有关人员遵守一定的行为、品德规范。企业员工严格执行规章制度，是企业得以良性运转的基础和动力。严守公司的秘密，是身为企业员工的基本行为准则，是集体工作的需要。公司秘密关系到公司的荣誉、利益和发展，同时也关系到员工本人的切身利益。

2. 职业素养的特殊要求

城轨电动列车司机除必须遵守上述职业素养的普遍要求外，还需遵守以下关于职业素养的特殊要求：

（1）服从命令

城轨电动列车司机作为准军事化的岗位，必须严格服从上级的正当工作安排，列车运行中需严格听从行车调度（简称行调）的指挥，确保列车运行正常有序。

（2）规范操作

城轨电动列车司机需严格按照岗位规范操纵列车，执行标准化作业程序。当列车出现故障、乘客事务、应急事件需要处理时，司机需严格按照操作指引进行操作，确保城市轨道交通运营公司的运营安全和服务质量。

（3）钻研业务

创新是一个国家、企业和个人持续发展的动力源泉，城市轨道交通行业作为国内产业创新的排头兵，正在不断开发、引进、消化吸收新技术、新管理。这就要求城轨电动列车司机持续不断学习业务知识，适应新的管理模式，持续不断提升个人的适应力和综合素质。

（4）团结协作

城市轨道交通的安全、准点、快捷、舒适运营，有赖于全体城轨电动列车司机的团结协作、精诚奉献。同时，城市轨道交通运营工作需要城轨电动列车司机与调度、站务、检修等专业人员共同配合，相互支持才能实现安全、有序和高效的运作，城轨电动列车司机在工作中需提高团结意识，避免因个人的失误造成集体的严重损失。

（5）独立意识

城轨电动列车司机大多数情况下是单兵作战，需独自完成各项标准化作业程序，遇到列车故障、应急事件时，需以城轨电动列车司机为主体独立完成列车故障和应急事件的处理，避免产生对其他岗位或人员的心理依赖和业务依赖。

（6）遵纪守时

城轨电动列车司机岗位为“按秒作业”的岗位，需要司机具备较强的时间管控意识和管控能力。司机不能遵纪守时，会严重影响列车的准点率，进而影响城市轨道交通行业的服务水平和社会影响力，造成较大的经济损失和社会损失。

二、城轨电动列车司机的岗位要求和岗位规范

岗位要求是指一个岗位所需要完成的工作内容以及应当承担的责任范围，岗位要求是一个具象化的工作描述，可将其归类于不同职位类型范畴。岗位规范是为完成某项任务而确立的对员工着装、行为等各方面的规范。

1. 岗位要求

严格执行岗位要求是司机圆满完成工作任务的前提条件，以下主要通过岗位职责和岗位纪律进行说明。

（1）岗位职责

负责值乘期间电动列车的驾驶，凭有效的行车凭证动车，保障列车运行安全。同时，对于运营列车，必须按“运营时刻表”规定的发车时间开车，确保运营列车运行有序。

负责对列车的运行状态和相关行车设备进行监控、对列车运行径路进行瞭望，发现异常要及时、准确报告。遇危及行车安全或设备安全情况时，及时采取停车措施，并进行有效处理。

掌握站台作业时关门的时机与技巧，认真确认车门与站台门之间空隙情况，确保乘客上下车的安全。

在列车自动广播报站系统故障时，及时进行人工广播，为乘客提供正确的到站信息。

在车辆或信号系统发生故障导致列车不能正常行驶时，准确报告故障信息，并依据故障处理指引，及时对故障作出正确判断和处理，降低故障可能造成的影响。

在发生紧急行车事故时，保持镇静、沉着应对、最大限度地保障乘客的人身安全。在需要就地紧急疏散乘客时，及时、正确引导乘客进行有序疏散。

发现或发生行车事件或事故时，及时、如实地向班组长及以上管理人员或相关负责人反映或报告，不隐瞒、不谎报。

负责司机学员的带教培训，通过言传身教的方式，将行车知识和经验向司机学员传授。

特殊情况接到加开通知后，积极承担任务，并确保任务顺利完成。

（2）岗位纪律

严格遵守劳动纪律。城轨电动列车司机必须严格遵守劳动纪律，按规定的时间和指定的地点出乘，不迟到、不擅自离岗。对于不能按规定时间到达指定地点出乘的，应及时电话通知当值派班员，并听从安排；出乘前临时需要请假的，须提前电话通知当值派班员。

必须服从指挥。服从指挥是城市轨道交通乘务人员最基本的职业准则，城轨电动列车司机在值乘期间必须服从相关负责人的指挥，按其命令行车（相关负责人违章指挥或执行其指示可能导致行车事件、事故发生的情况除外）。在正线，司机必须服从行调的统一指挥；在车场，司机必须服从车场调度的统一指挥；在列车调试、演练或发生紧急事务时，司机必须服从现场总指挥或事故处理主任的指挥。

必须服从管理。服从管理是城市轨道交通乘务人员的首要责任。作为一名城轨电动列车司机，首先应服从班组长（含轮值、派班员）及以上人员的管理，对班组作出的工作安排或指示，应予以执行。

值乘期间，应主动接受班组长及以上人员的检查和监督，对检查发现的问题被考核或批评指正时，应虚心接受并改正。

对班组长及以上人员的工作安排、指示或检查批评有不同意见或不满的，应通过向上级领导反映寻求问题的解决，不能带着情绪上线开车，更不能开斗气车。

值乘运营列车过程中，遇身体不适的，应及时报告行调，并通知正线，在具有相关操作资格的人员到位接替前，应听从派班员或正线轮值的安排，并尽可能地维持列车的正常运行。严禁在未通知任何相关人员的情况下，擅自离岗或拒绝开车。

遇终点站无人接乘时，到达司机应主动继续值乘该趟列车，保证列车按点开出，然后再将相关情况报告正线轮值或派班员，并听从其安排，不能以任何理由拒绝继续值乘，保证有车必有人。

班前规定的时间内及班中严禁喝酒。班前注意休息，班中保持注意力集中，值乘列车运行期间应保持坐姿端正，不间断地对前方进路进行瞭望，严禁在列车运行期间打瞌睡、打盹、闭目养神、看书、聊天等中断瞭望的行为。

进行行车工作联系时，必须采用行车标准用语，统一使用普通话（行调联系内容涉及有阿拉伯数字时，按以下数字对应的汉字拼音发音：0<洞>、1<幺>、2<两>、3<三>、4<四>、5<五>、6<六>、7<拐>、8<八>、9<勾>）。

需人工广播时，应首先使用普通话，广播过程中应保持语调平稳，语速适中，音量适宜和吐字清晰。

值乘运营列车期间，严格执行登乘管理规定，严禁私自带人或准许非相关人员进入司机室。

2. 岗位规范

岗位规范，是指企业根据劳动岗位的特点，对上岗人员的条件提出的综合要求。它是企业劳动管理工作的基础。以下主要通过着装规范、行为规范和驾驶规范进行说明。

（1）着装规范

城轨电动列车司机工作期间，应按公司统一规定，穿着规范的着装上岗；工作期间，应保持衣着整洁、大方、自然、得体，不卷裤挽袖；同一时间同一线路的司机着装应统一，例如统一穿着夏装；着工装乘车期间，应主动向乘客让行、让座，不准有与乘客抢座位或不让座的行为。

（2）行为规范

站台立岗时，应站在站台保持立正姿势，两手自然下垂，眼平视前方，观看乘客上下车情况，在此期间不得背手、手插口袋或把手搭在相关设备上，不应做出打哈欠或伸懒腰动作。

在站台、站厅等公共区域待乘期间，应注意言行举止，不准大声说话或说笑、追逐打闹、吃零食等。

进入客室处理故障时，如受到乘客影响和需要乘客协助时，应礼貌地请乘客予以配合。任何时候，不准与乘客发生言语或肢体上的冲突。

工作期间遇乘客上前咨询或投诉时，应礼貌予以回应，如对情况不清楚或不方便回答时，应建议乘客向站台寻求帮助。

（3）驾驶规范

列车运行中司机应应保持坐姿端正，不间断瞭望，左手置左侧司机台上，右手置主控手柄旁。当危及行车安全时，应及时采取有效措施。

采用人工驾驶模式时，不得“急推快拉”，应采取“早拉少拉”，保持列车平稳运行，集中精神，防止列车紧急制动。掌握好速度，准确对标，避免二次启动。

列车停车时，确认列车完全停稳后保持主控手柄在制动位（列车自动驾驶模式除外）。

列车在出入段线洞口处上坡时，应避免在坡道处停车。

在大坡道上启动时（不得使用自动驾驶模式），将主控手柄推至较大牵引位启动。

列车在较大坡道上制动、接近停车时，司机须采用全制动停车，防止由于列车制动力不足导致列车溜动。

三、出勤作业前工作准备

微 课

列车司机出勤流程

出勤前的准备是为了使城轨电动列车司机在出勤前能够达到值乘工作对其业务、生理及心理等方面的基本要求。

（1）城轨电动列车司机应根据派班计划，将次日的工作任务、要求等记录在工作手册上，对相关理论知识进行预习、相关技术操作进行练习，做好行车预想。

（2）熟悉城轨电动列车司机、派班员等岗位的职责。

（3）熟悉出勤作业的内容及流程。

（4）按规定穿着制服，并随身携带《电动列车操纵规则》《技术管理规程》《突发事故应急处置预案》等材料。此外，还要准备好工作证、驾驶证、岗位培训合格证、上岗证等。

四、行车备品

行车备品是司机值乘列车期间需随身携带的设备，用于正常值乘工作或应急事件的处理，司机工作中需使用的行车备品主要有行车钥匙、手持电台、秒表、手电筒、运营时刻表等，下面对这些行车备品进行简单介绍。

1. 行车钥匙

司机出勤时，需领取行车钥匙，司机需确认行车钥匙状态良好、数量正确后方可出勤。行车钥匙可根据使用方法和管理要求，将不同的单项钥匙进行组合。行车钥匙的单项分类主要有T形钥匙、蝶形钥匙、主控钥匙、PSL盘钥匙和无人折返钥匙等，具体见表1-1-2。

表 1-1-2 行车钥匙类型

序号	钥匙名称	照片	使用说明
1	T形钥匙	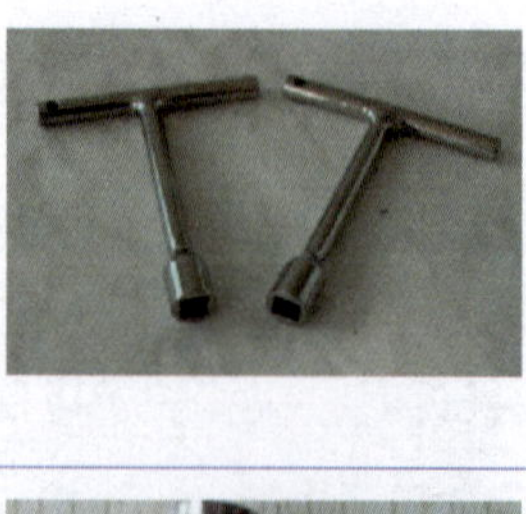	打开司机室侧门、司机室通道门、站台端墙门、列车设备柜、切除车门等
2	蝶形钥匙		用途与T形钥匙基本一致，但蝶形钥匙尺寸更小

续表

序号	钥匙名称	照片	使用说明
3	主控钥匙		用于激活列车，部分列车可用于打开司机室通道门
4	PSL 盘钥匙		可以操作 PSL 盘至就地控制位，进而完成站台门的就地控制
5	无人折返钥匙		激活列车无人折返模式

2. 手持电台

手持电台简称手持台，如图1-1-2所示，是一种相对于车载电台、固定电台等架设方式的电台，通常在移动中使用，其便携性和灵活性要强于后两者。手持电台最大发射功率一般不超过5 W，通常规格有0. 5 W、2. 5 W和5 W等。

司机在行车过程中，与行调、轮值等岗位远距离通话时，手持电台使用简单，主要使用的功能见表1-1-3。

表 1-1-3　手持电台按钮功能及使用方法

序号	按钮名称	功能	使用方法
1	开关机键	开机、关机	长按
2	音量按键	调大、调小输出音量	按下
3	PTT 按键	按下进行通话	按下通话，松开结束通话
4	数字按键	可输入其他手持台的号码后进行单线通话	按下
5	紧急呼叫按键	取得最高通话权限，防止被其他通话干扰	按下
6	调频旋钮	切换通话频组	旋转

手持电台的使用标准如下：

（1）手持电台的音量应保持80%以上。

（2）使用手持电台时应在声源的5~10 cm范围以内。

（3）按住手持电台按键后再讲话，松开后听。

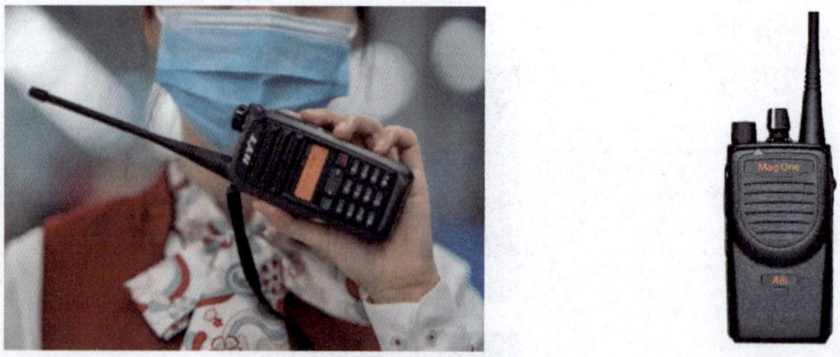

（a）　　（b）

图 1-1-2　手持电台

3. 秒表

在行车过程中，秒表为司机提供标准时间的参考。

4. 手电筒

司机整备作业、下隧道等情况时，需要使用手电筒辅助照明。

5. 运营时刻表

运营时刻表是列车在车站（车场）出发、到达和折返时刻的集合。完整的时刻表包括了版本号、时刻表编号、车站站名、车场名、列车车次、行车区间等。

五、纸质台账

列车司机工作中，接触到的纸质台账主要有“司机日志”“司机报单”“列车状态卡”“事故/事件、好人好事登记表”等，下面对这些纸质台账进行简单介绍。

1. 司机日志

城轨电动列车司机在出勤时，首先应认真抄阅行车指示，做好行车安全预想，并在司机日志上做好记录。之后交派班员检查，由派班员检查司机的仪表、精神状态及行车备品，并在司机日志上签章后，列车司机方可出勤。图 1-1-3 为司机日志。

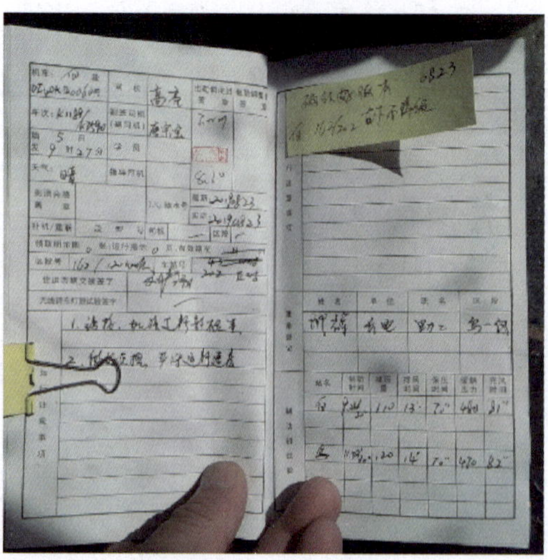

图 1-1-3　司机日志

2. 司机报单

司机出勤后需领取司机报单，司机报单用于记录列车运行的进路、地点、时间、车次、车底、值乘司机等信息。司机驾驶列车时，需及时在司机报单上填写该趟车的相关信息，如实记录。

3. 列车状态卡

司机出勤后需到车场调度或派班员处领取列车状态卡。列车状态卡中汇总显示列车车次、车底、停放股道、出场方向等信息，司机需将整备作业和值乘过程中发现的列车相关状态记录于列车状态卡中。

4. 事故/事件、好人好事登记表

司机需将作业过程中发生的事故/事件、好人好事进行登记，以便派班室进行相关信息的汇总。司机退勤时，需将填写完毕的事故/事件、好人好事登记表交派班员或轮值确认，确认后派班员或轮值对相关信息进行汇总登记。

六、固定设备

固定设备是司机作业过程中，提供辅助性功能的固定设备，这里主要介绍酒精测试仪。司机出勤前需完成酒精测试，测试达标方可进行出勤。酒精测试仪功能简单、使用方便，司机在吹嘴处吹气，设备可自动检测酒精含量，若酒精含量超标则进行智能提醒。图 1-1-4 为司机进行酒精测试。

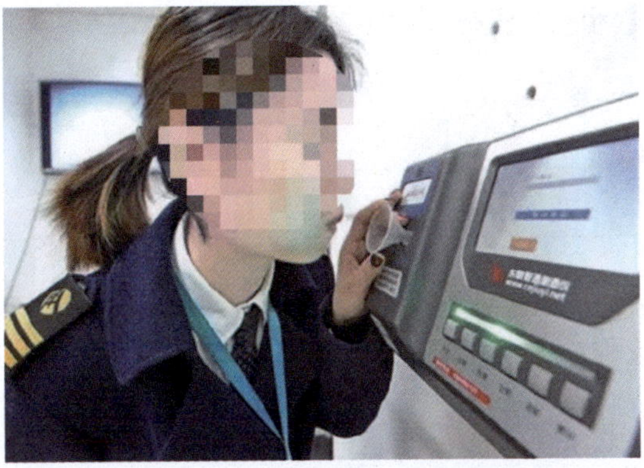

图 1-1-4　司机进行酒精测试

任务实施

一、按流程办理车辆段/场出勤作业

图 1-1-5 为派班室出勤作业流程图。段/场出勤作业主要在段/场派班室进行，段/场出勤作业的大致流程如下：

（1）按规定出勤时间提前 15 min 左右到派班室报到。

（2）抄录当日行车揭示（公告）、安全注意事项，填写城轨电动列车司机出勤状况询问表、钥匙借还登记本等。

（3）阅读安全提示卡，根据列车种类、客流、天气等情况，做好安全行车预想。

（4）接受指纹影像识别、酒精含量测试。

（5）派班员确认城轨电动列车司机的精神状态及仪容仪表等符合上岗要求，审核司机手账，合格后签字盖章。

（6）派班员传达列车出段/场方向、停放股道、出库方向等相关事宜，及相关安全注意事项。

（7）领取司机报单、手持电台、日检故障单、方孔钥匙、主控钥匙、屏蔽门钥匙、手电筒等行车备品。

（8）检查确认行车备品数量齐全、状态良好后，在借用登记簿登记。

（9）领取列车状态记录卡，了解值乘列车的技术状况与故障记录，以便对于临修后的部位进行验收确认。

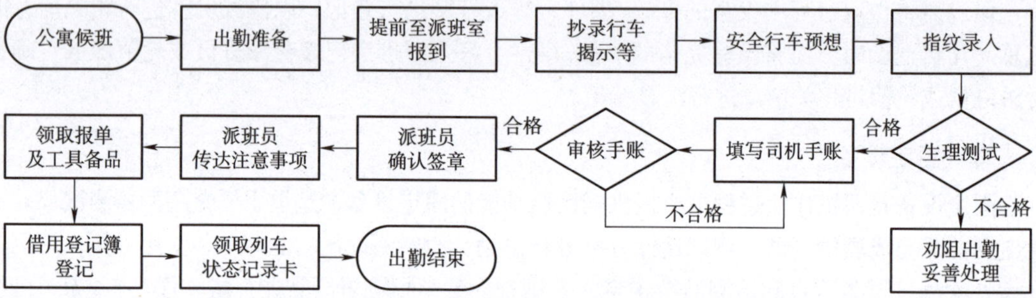

图 1-1-5　派班室出勤作业流程图

引导问题：城轨电动列车机在出勤时的着装要求是什么？

分组练习

小组内模拟练习按流程办理车辆段/场出勤作业，组内成员做好任务分工，分别模拟当值司机、派班员，练习过程中，互相指出不足之处。要求每人针对此种情况至少练习2次，以提高熟练程度。

二、按流程办理正线出勤作业

城轨电动列车司机的正线出勤作业主要在相应线路的车站派班室内进行，出勤作业的流程如下：

（1）按规定出勤时间提前15 min左右到达派班室，抄录当日行车揭示、安全注意事项，填写城轨电动列车司机出勤状况询问表等。

（2）阅读安全提示卡，根据列车种类、客流、天气等情况，做好安全行车预想。

（3）接受指纹影像识别、酒精含量测试。

（4）派班员确认城轨电动列车司机的精神状态及仪容仪表等符合上岗要求，审核司机手账合格后签字盖章，并传达相关安全注意事项。

（5）城轨电动列车司机通过运营时刻表确认所接车次、时间，并提前5 min左右到达站台指定地点接车。

引导问题：正线出勤作业与段/场出勤作业的区别有哪些？

分组练习

小组内模拟练习按流程办理正线出勤作业，组内成员做好任务分工，分别模拟当值司机、派班员，练习过程中，互相指出不足之处。要求每人针对此种情况至少练习2次，以提高熟练程度。

评价反馈

学生进行自评，评价自己是否能够完成城轨电动列车司机出勤作业办理，有无任务遗漏，见表1-1-4。

表 1-1-4　学生自评表

班级：	姓名：	学号：	
学习情境	出勤作业		
评价项目	评价标准	分值	得分
作业流程	按时出勤，满分；若否，则零分	13	
	着装规范，满分；若否，则零分	13	
	按规定抄录行车揭示，满分；若否，则零分	13	
	按要求填写司机手账，满分；若否，则零分	13	
	能正确识别及领取行车备品，满分；若否，则零分	13	
	出勤作业流程完整，满分；若否，则零分	13	
动作规范	身体挺拔、状态良好、动作干净利落，满分；若否，则零分	11	
呼唤应答用语	呼唤应答用语准确、完整，满分；若否，则零分	11	
合计		100	

教师对学生的评价内容包括：报告书写是否工整，报告内容是否出自实训，阐述是否合

理、详细，认识体会是否深刻，实训操作是否规范熟练，见表1-1-5。

表1-1-5　教师评价表

班级：	姓名：		学号：
学习情境	出勤作业		
评价项目	评价标准	分值	得分
考勤	没有无故缺勤、迟到、早退现象，满分；若否，则零分	15	
执行作业标准	作业流程正确，满分；若否，则零分	15	
	动作规范，满分；若否，则零分	15	
	呼唤应答用语准确，满分；若否，则零分	15	
协调能力	与小组成员、同学之间能交流合作、协调工作，满分；若否，则零分	15	
职业素养	能做到安全行车、规范操作，满分；若否，则零分	15	
创新意识	通过任务训练，能发现新的问题并及时解决，满分；若否，则零分	10	
合计		100	

子任务二　退勤及交接班作业

学习情境描述

退勤是指城轨电动列车司机在完成本日（或半日）值乘工作和各项辅助工作，并确认下轮班出勤时间、地点后，在派班室或指定车站办理结束值乘工作的手续。退勤是司机结束本日（或半日）工作的标志，司机未办理退勤手续，不得离开相应的工作场所。

交接班作业是指两名城轨电动列车司机在进行轮值换岗的作业，可发生在正线或段/场，接班司机与交班司机要交接好各项内容，了解列车的技术状况等。图1-1-6为司机进行交接班作业。

图 1-1-6　司机进行交接班作业

任 务 书

请按规范流程完成退勤作业及交接班作业，认真完成汇报车况、运行情况及递交行车备品等任务环节，完成作业过程中注意标准用语的应用及动作规范，做到能熟练完成退勤及交接班作业。

任务分组

学生任务分配见表1-1-6。

表 1-1-6 学生任务分配表

班级		组号		指导教师	
组长		学号			
组员					
任务分工					

工作准备

准备工具与器材：司机包、司机手账、操纵台激活钥匙、三角钥匙、四角钥匙、手持电台、手电筒、口头调度命令记录单及其他记录单和相应工具等行车备品。

知识链接

一、段 / 场退勤作业

（1）列车进库停稳后，城轨电动列车司机对列车进行全面巡检，按规定收车。

（2）填写列车状态记录卡，并将其送至车辆段控制中心（DCC）。

（3）到派班室归还钥匙、行车备品等。

（4）认真填写司机报单及司机日志。

（5）若值乘中发生安全事故、列车故障灯异常情况，应及时如实填写安全事故报告单。

（6）向派班员报告“××列车司机退勤”，派班员在司机手账中盖章确认后，列车司机退勤。

二、正线退勤作业

微课

列车司机退勤作业流程

列车司机的正线退勤作业主要在相应线路的派班室进行，退勤作业的流程如下：

（1）正线退勤时，列车司机应认真填写司机报单及司机日志。

（2）若值乘中发生安全事故、列车故障灯异常情况，应及时如实填写安全事故报告单。若一切正常，则唱诵：“××组值乘××车××次，列车运行正常，下次出勤时间××日××时××分。”派班员确认后回答：“注意接车时间。”

（3）向派班员报告“××列车司机退勤”，派班员在司机手账中盖章确认后，列车司机退勤。

三、交接班作业

交班列车司机与接班列车司机在进行交接班作业时，交接的主要内容有：列车车次、列车技术状况、有效调度命令、有关行车的注意事项、故障记录单、司机报单、列车运行时刻、早晚点情况、行车备品等。

进行交接班作业时，注意做好“接”“听”“查”“签”四要点，具体如下：

（1）“接”是指接班列车司机应做好一切接班准备，在规定的位置，以端正的站姿目迎列车进站。在列车进站后，立即转体面向列车，同时，注意监听列车有无异响。

（2）“听”是指接班列车司机注意听交班列车司机介绍交接注意事项、列车状况等情况。

（3）“查”是指接班列车司机要认真查看故障记录单、司机报单、有效调度命令、工具及备品等。

（4）“签”是指交接双方在交接完毕后，必须在司机报单上签字确认。

四、作业关键点

（1）司机归还备品时，需确认备品的状态，确保备品状态良好、数量齐全后，再进行退勤。

（2）司机退勤前，需确认下轮班出勤时间、地点。

（3）电话退勤时，需与派班员确认清楚相关信息，遇听不清楚的，需及时提出再次确认。

（4）列车司机须亲自按规定办理退勤作业，不得代理简化作业。

（5）交接班时，若遇接班列车司机未及时到岗，交班列车司机须坚持将列车开到终点站。未按时接班的列车司机按漏乘处理。

（6）遇下列情况时，不得退勤：不在规定退乘地点时；设备备品不清时；发生列车故障或行车事故未交接清楚时。

任务实施

一、进行退勤作业

退勤作业是城轨电动列车司机结束值乘工作的必经程序，退勤作业主要有派班室退勤和正线电话退勤两种退勤方式。

正常情况下，司机应在派班室退勤，派班室退勤的作业流程如下：

返回派班室→完善纸质台账（填写司机日志，司机报单，事故/事件、好人好事登记表等）→确认下轮班信息（确认出勤时间、出勤地点）→归还行车备品（行车钥匙、秒表、手持电台、时刻表等）→退勤（接受派班员指示）→归还状态卡→退勤

特殊情况下，如司机过线运行、司机中途退勤等，无法直接到派班室退勤，或到派班室退勤时间成本过大，司机可以按规定，使用车站电话的方式退勤。电话退勤的作业流程如下：

到达车控室→完善纸质台账（填写司机日志，司机报单，事故/事件、好人好事登记表等）→归还行车备品（行车钥匙、秒表、手持电台、时刻表等）→打电话到派班室申请退勤（确认下轮出勤时间、出勤地点）→退勤（接受派班员指示）→退勤

引导问题1：段/场办理退勤作业与正线办理退勤作业的区别是什么？

引导问题2：根据本任务所学或查找资料，画出退勤及交接班作业的流程图。

分组练习

小组内模拟练习按流程办理段/场退勤作业和电话退勤作业，组内成员做好任务分工，分别模拟当值司机、派班员，练习过程中，互相指出不足之处。要求每人针对此种情况至少练习2次，以提高熟练程度。

二、进行交接班作业

交接班作业分为正线交接班作业和终点站交接班作业。列车司机在段/场内交接班时，接班列车司机与交班列车司机除了要交接好各项内容外，还要对列车进行检查和试验，了解列车的技术状况。若发现列车故障或列车状况不符合出库要求时，应及时报告派班员。

1. 正线交接班作业

轮乘站交接班作业主要包括：

（1）接班列车司机至少提前1 min到达指定地点，做好接车准备。立岗接车时，应认真监视列车进站状态，若发现异常情况，应立即通知交班列车司机，并报告行车调度员。

（2）交班列车司机确认车门、屏蔽门处于开启状态后，与接班列车司机进行列车的交接。交接时，交接双方应注意做好“听”“查”“签”工作。

（3）接班列车司机进行站台关门作业，确认发车条件符合规定后，驾驶列车继续运行。

（4）交班列车司机需要待列车正常发车，并目送列车驶离车站后，方可离开。

2. 终点站交接班作业

终点站交接班包括车头交接（协助折返方式）和车尾交接（双端换控折返方式），具体如下：

（1）车头交接

①接班列车司机至少提前1 min到达指定地点，做好接车准备。立岗接车时，应认真监视列车进站状态，若发现异常情况，应立即通知交班列车司机，并报告行车调度员。

②交班列车司机确认车门、屏蔽门处于开启状态后，与接班列车司机进行列车的交接。交

接时，交接双方应注意做好“听”“查”“签”工作。

③接班列车司机要注意观察显示屏、列车指示灯、仪表等的状态，确认列车状态卡内容等是否与交班列车司机交接内容一致。

④为防止调度命令漏交、错交，接班列车司机应复诵调度命令，交班列车司机确定后将钥匙交出。

⑤交班列车司机下车，在站台等候列车发车。

⑥接班列车司机收到“一切妥当”手信号后，进行关门及发车作业。交班列车司机目送列车驶离车站后，方可离开、退勤。

（2）车尾交接

①接班列车司机至少提前1 min到达指定地点，做好接车准备。立岗接车时，应认真监视列车进站状态，若发现异常情况，应立即通知交班列车司机，并报告行车调度员。

②停车后，交班列车司机开启车门、屏蔽门，并到站台立岗确认车门打开，请所有乘客下车。

③交班列车司机按照列车在站台开门换端的操作进行换端。

④打开屏蔽门和端门，在站台立岗处与接班列车司机进行交接。交接时，交接双方应注意做好“听”“查”“签”工作。

⑤根据站务人员“清客好了”手信号，接班列车司机关闭车门、屏蔽门。

⑥接班列车司机拿好行车备品、锁好驾驶室通道门，经客室前往发车端驾驶室，恢复好操纵台，通过信号显示屏和监控显示屏确认列车状态。

⑦开启相应站台侧车门请乘客上车，按照运营时刻表，关闭列车车门，按时发车。

⑧交班列车司机目送列车驶离车站后，方可离开、退勤。

引导问题：正线交接班作业与终点站交接班作业的区别是什么？

____

____

____

分组练习

小组内模拟练习按流程办理交接班作业，组内成员做好任务分工，分别模拟交班司机、接班司机，练习过程中，互相指出不足之处。要求每人针对此种情况至少练习2次，以提高熟练程度。

____

____

____

评价反馈

学生进行自评，评价自己是否能够完成城轨电动列车司机退勤及交接班作业，有无任务遗漏，见表1-1-7。

表 1-1-7　学生自评表

班级：	姓名：		学号：
学习情境	退勤及交接班作业		
评价项目	评价标准	分值	得分
作业流程	按时退勤及交接班，满分；若否，则零分	13	
	着装规范，满分；若否，则零分	13	
	按规定填写各项报单，满分；若否，则零分	13	
	按要求填写司机手账，满分；若否，则零分	13	
	按要求退还或交接行车备品，满分；若否，则零分	13	
	退勤及交接班作业流程完整，满分；若否，则零分	13	
动作规范	身体挺拔、状态良好、动作干净利落，满分；若否，则零分	11	
呼唤应答用语	呼唤应答用语准确、完整，满分；若否，则零分	11	
合计		100	

教师对学生的评价内容包括：报告书写是否工整，报告内容是否出自实训，阐述是否合理、详细，认识体会是否深刻，实训操作是否规范熟练，见表1-1-8。

表 1-1-8　教师评价表

班级：	姓名：		学号：
学习情境	退勤及交接班作业		
评价项目	评价标准	分值	得分
考勤	没有无故缺勤、迟到、早退现象，满分；若否，则零分	15	
执行作业标准	作业流程正确，满分；若否，则零分	15	
	动作规范，满分；若否，则零分	15	
	呼唤应答用语准确，满分；若否，则零分	15	
协调能力	与小组成员、同学之间能交流合作、协调工作，满分；若否，则零分	15	
职业素养	能做到安全行车、规范操作，满分；若否，则零分	15	
创新意识	通过任务训练，能发现新的问题并及时解决，满分；若否，则零分	10	
合计		100	

任务二　列车整备作业

子任务　执行整备作业

学习情境描述

每位列车司机上岗前都必须通过列车整备作业考试。考试时，考官会随机设置列车故障，考生要在规定时间内按标准的流程检查列车，并找出预设故障。列车整备作业考试考的是细节，列车从头至尾，每一处细节都要了解清楚，如同医生诊病，要对“病人”做到望、闻、问、切。“望”即全面观察列车，判断其是否处于正常状态；“闻”即仔细听各设备运作是否出现异响；“问”即发现问题要及时上报；“切”即对于故障要做到准确无误的处理。列车整备作业是行车安全的一道坚实防线，也是每位列车司机掌握的必要技能。

任务书

按流程执行静态检查和动态检查作业，掌握各检查项目的判定标准，遵守整备作业安全规定，执行过程中注意“眼看手指口呼”的作业标准，做到动作有力、指向明确、眼手到位。

任务分组

学生任务分配见表1-2-1。

表1-2-1　学生任务分配表

班级		组号		指导教师	
组长		学号			
组员					
任务分工					

工作准备

准备工具与器材：列车驾驶模拟器、司机包、司机手账、操纵台激活钥匙、三角钥匙、四角钥匙、手持电台、手电筒、口头调度命令记录单及其他记录单和相应工具。

知识链接

一、列车整备作业基础知识

微课

列车整备作业

列车整备作业是指列车运行前的各项技术准备工作，使列车司机能够充分了解列车的技术状态，最大限度地保障列车顺利地完成乘运任务。

整备作业内容及流程：列车整备作业的内容大体包括走行部检查、客室检查、驾驶室检查、驾驶室内的功能试验。列车整备作业的一般流程如图1-2-1所示。

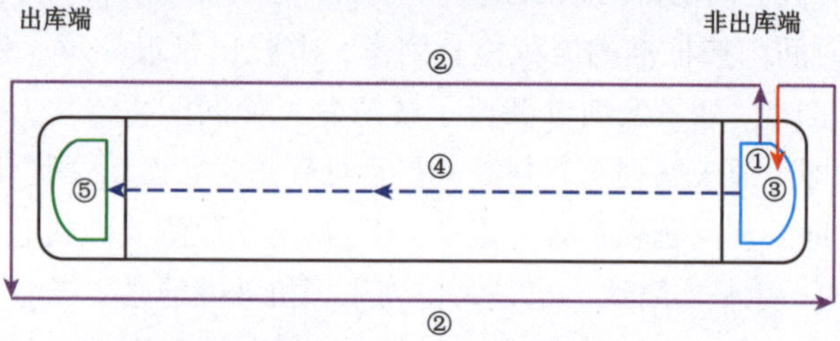

①非出库端司机室激活列车，使用车载台报信号楼整备作业；
②车下检查（保持降弓状态）；
③非出库端司机室检查试验；
④客室检查；
⑤出库端司机室检查试验

图 1-2-1　列车整备作业的一般流程

（1）检查走行部。

（2）检查非出场端驾驶室：激活操纵台→联系信号楼→设置目的地、车次→功能试验。

（3）检查客室。

（4）检查出场端驾驶室：激活操纵台→设置目的地、车次→功能试验→联系信号楼→准备出场。

二、列车整备作业的安全规定

（1）开始列车整备作业前，应了解列车状态及停放位置。列车司机到达股道后，应进行列车“四确认”。

①确认股道及车组号正确。

②确认列车前端及驾驶室无各类禁动牌、禁动标志、红闪灯。若有，应及时报告车场调度员。

③确认无异物侵入限界、库门开启正常、确认地沟无异物侵限、轨道两侧及前方进路无人。

④确认股道隔离开关为送电状态。

（2）检查列车时，需携带无线手持电台、手电筒等，并严格按要求整备列车，列车未经整备严禁动车。

（3）检查车底时，严禁侵入列车限界，以免碰伤。

（4）检查列车走行部时，严禁侵入黄线，不得触摸任何设备，如发现异常，立即报告车场调度员。

（5）确认所有人员均在安全区域内，方可鸣笛、升弓。受电弓升起后，严禁触摸列车任何带电部位，严禁进行地沟检查及攀登车顶。

（6）任何情况下严禁跨越地沟。

（7）上下列车应踏稳抓牢，严禁从高处跳下。各项检查、测试均合格后，根据运营时刻表及行车调度员的指挥，驾驶列车出列车段，并在相应站台停稳，准备投入载客服务。

三、整备作业前的准备工作

（1）按车辆状态卡信息找到对应的股道。

（2）站在平交道口处，现场核对股道，确保与车辆状态卡一致。

（3）站在股道停放的车辆司机室侧面，核对车底号、股道与车辆状态卡信息一致。

（4）使用手持台联系乘务值班员并向其报告整备。

（5）若现场发现车辆编号或车辆停放股道与车辆状态卡信息不一致时，司机立即报告车场调度。

四、列车静态检查作业内容

列车整备作业静态检查包括车体外观、走行部检查、客室检查和驾驶室检查，具体内容见表1-2-2。

表 1-2-2　列车整备作业静态检查

序号	检车程序		要求与标准
1	安全规定	保持受电弓已降下状态	如列车为升弓状态，降下受电弓，不关蓄电池
2	开始检车	确定地沟	① 确认地沟无人 ② 确认列车未悬挂禁止整备作业的标识牌
3	检查出场方向右侧走行部	车体外观（车头）	玻璃无损坏，雨刮器无变形，客车标志（城市轨道交通徽记、标志灯）完整清晰
4		运行灯、头灯/尾灯、运行状态灯	显示齐全，外观明显无破损
5		自动车钩	无明显损坏变形，电气盖板锁闭良好，电缆软管无脱落，各阀门位置正确，车钩状态正常，车钩无异物。手动解钩拉环动作顺畅
6		转向架部分	转向架上无异物，空气弹簧无明显破损漏气
7		轮对	钢轨面和轮对下无异物（无异物侵入限界）
8		高压箱、车间电源插口	箱盖无打开，车间电源插口无插线和打开
9		制动电阻器	外罩无打开、滤网无异物
10		辅助箱、蓄电池箱、闸刀开关箱	箱盖无打开
11		风缸（包括主风缸、空气弹簧风缸）	各塞门位置正确（塞门保持和风管平行状态），无漏风情况

续表

序号	检车程序		要求与标准
12	车钩检查	半永久牵引杆（A、B、C车连接处）	无明显损坏变形，电缆软管无脱落
13		半自动车钩	无明显损坏变形，电气盖板和解钩盒（半自动车钩解钩按钮）锁闭良好，电缆软管无脱落，各塞门位置正确，车钩连接处无异物
14		自动车钩	无明显损坏变形，电气盖板锁闭良好，电缆软管无脱落，各塞门处于开通位
15	右侧走行部	从右侧走行部检查到出场端	右侧检查完毕进入出场端司机室
16	出场端司机室	激活列车	手指口呼，将“列车激活”开关置“合”位，确认：列车激活开关绿灯亮，蓄电池电压为110 V（不低于106 V），主风缸风压不低于5 bar(1 bar=100 kPa)； 手指口呼，确认“ATP切除”开关在“分”位； 手指口呼，确认“门模式选择”开关在“半自动”位
17		激活司机台	合“主控制器钥匙”开关，确认以下红色指示灯亮：受电弓“降”灯、停放制动“施加”灯、气制动“施加”灯、主断“分”灯、左右门“关”灯。车辆显示屏和信号屏激活
18		试灯	按压“试灯”按钮，确认驾驶室所有指示灯亮
19		司机司控器（方向手柄、主控手柄、主控钥匙开关）	完整无缺，动作灵活无卡滞现象，警惕按钮作用良好
20		客车车载电台	作用良好
21		车辆显示屏、信号显示屏	无明显损坏，信息显示正常
22		司机室侧门、司机室通道门	锁闭良好、动作灵活、无明显卡滞现象
23		开关面板	指示灯、开关，外罩完整、显示正确、位置正确
24		驾驶面板	指示灯、开关，外罩完整、显示正确
25		仪表面板	各种仪表外罩完整、无破裂，显示正确，双针压力表显示压力正常
26		前窗玻璃	清洁、无损坏，刮雨器完整无缺，遮光板动作良好
27		设备柜	旁路开关铅封完整，开关位置在“分”位
28		紧急按钮试验	出场方向端司机室：方向手柄置“前”位，在RM模式确认制动缸压力约2 bar后，按压操纵台紧急制动按钮，确认制动缸压力由约2 bar上升至约2. 5 bar，按压受电弓“升”按钮，单击车辆屏上的受电弓菜单，受电弓为降下状态，网压为0 V，探身车外，确认受电弓没有升起，恢复紧急制动按钮，气压由2. 5 bar降至2 bar，左右侧紧急制动按钮试验方法一致
29	检查左侧走行部	按右侧走行部检查程序到非出场端	

续表

序号	检车程序		要求与标准
30	非出场端司机室	司机司控器（方向手柄、主控手柄、主控钥匙开关）	完整无缺，动作灵活无卡滞现象，警惕按钮作用良好
31		客车车载电台	作用良好
32		车辆显示屏、信号显示屏	无明显损坏，信息显示正常
33		司机室侧门、司机室通道门	锁闭良好，动作灵活、无明显卡滞现象
34		开关面板	指示灯、开关，外罩完整、显示正确、位置正确
35		驾驶面板	指示灯、开关，外罩完整、显示正确
36		仪表面板	各种仪表外罩完整、无破裂、显示正确，双针压力表压力正常
37		前窗玻璃	清洁、无损坏，刮雨器完整无缺，遮光板动作良好
38		设备柜	旁路开关铅封完整，开关位置在“分”位
39		紧急按钮试验	出场方向端司机室：方向手柄置“前”位，在 RM 模式确认制动缸压力约 2 bar 后，按压操纵台紧急制动按钮，确认制动缸压力由约 2 bar 上升至约 2. 5 bar，按压受电弓“升”按钮，单击车辆屏上的受电弓菜单，受电弓为降下状态，网压为 0 V，探身车外，确认受电弓没有升起，恢复紧急制动按钮，气压由 2. 5 bar 降至 2 bar，左右侧紧急制动按钮试验方法一致
40		升弓程序	确认总风缸风压大于 4 bar，按压受电弓“升”按钮，探身司机室外检查该端受电弓正常升弓，确认受电弓“升”指示绿灯亮，受电弓“降”指示红灯灭，车辆显示屏显示受电弓标志升起，显示屏显示的线路网压约为 1 500 V
41		客室门开关门试验和重开门试验（以左门为例，右侧车门试验参照左侧车门试验的流程与标准）	左侧客室门开关门试验： ① ATP 保护下，打开司机室侧门，按压左门控制盘上的“强制开门”按钮释放左门开门允许信号 ② 按压左门控制盘上的“左门开”按钮至车门启动打开 ③ 车门完全打开后（车门外挂车体外侧），通过 HMI 确认左侧所有车门处于打开状态 ④ 按压关门按钮，确认车门关闭警示声音响起，3 s 后车门启动关闭 ⑤ 观察车门关闭后，通过 HMI 确认左侧所有车门处于关闭状态
42			左侧客室门备用开关门试验（同上）
43			左侧重开关门试验（重开门试验在备用开关门试验的关门过程中进行）： ① 在车门启动关闭过程中，立即按压左门控制盘上的“重开关门”按钮。通过 HMI 确认左侧所有车门处于打开状态 ② 松开重开关门按钮，确认车门关闭警示声音响起，车门启动关闭 ③ 车门关闭后，通过 HMI 确认左侧所有车门处于关闭状态

续表

序号	检车程序		要求与标准
44	非出场端司机室	列车广播系统试验	① 在广播控制盒设置目的地码，确认显示的始点站和终点站正确 ② 打开通道门，确认客室 LED 动态地图显示正确 ③ 按压客室人工广播按钮，进行人工广播，确认人工广播功能正常。按压司机室对讲，确认司机对讲正常 ④ 单击紧急广播菜单进行试播，确认紧急广播功能正常
45		停放制动试验	① 按压“停放制动缓解”按钮，停放制动“缓解”绿色指示灯亮，“施加”红色指示灯灭，列车停放制动缓解，车辆显示屏制动图标无停放制动标志“P” ② 按压停放制动“施加”按钮，停放制动“施加”红色指示灯亮，停放制动“缓解”绿色指示灯灭，列车停放制动施加，车辆显示屏制动图标有停放制动标志“P” ③ 按压“停放制动缓解”按钮，保持停放制动缓解状态
46		“警惕”按钮试验	多次按压“警惕”按钮，确认“警惕”按钮无卡滞现象
47		牵引 / 制动试验	① 合高速断路器，确认主断“分”红色指示灯灭，主断“合”绿色指示灯亮，网压显示在 1 000~1 800 V ② 方向手柄置“前”位，将主控手柄拉至“制动”位，车辆显示屏显示“常用制动”字样；将主控手柄拉至“快速制动”位，车辆显示屏显示“快速制动”字样 ③ 方向手柄置“前”位，主控手柄推向“牵引”区，但不得超过 20%，确认驾驶台“所有气制动缓解”指示灯亮（动车前必须打开司机室侧门确认两端无人、物侵限） ④ 待客车刚移动，立即将主控手柄拉回“制动”区 100% 处，列车停车，确认驾驶台“气制动施加”指示灯亮
48		检查 PIDS	铅封完整、监视屏显示正常、摄像头位置正确，有异常及时报车场调度并在写状态卡上记录
49		检查消防器材	检查红闪灯（常亮和红闪功能正常）、安全帽、灭火器、防毒面具齐全并在状态卡上记录，同时记录速度表上的列车公里数
50	客室检查	客室内观（地板、门窗玻璃等）	清洁、无明显损坏
51		照明	照明良好
52		车门	锁闭良好，紧急出口装置位置正确，无明显破损
53		座椅	盖板齐全锁闭良好，灭火器齐全
54		乘客对讲按钮	齐全，无明显损坏
55		LCD 屏	齐全，无明显损坏
56		LED 车站地图显示屏	齐全，无明显损坏
57		客室所有盖板	齐全，无损坏且都盖好锁紧（如 B05 盖板打开时，锁闭前必须确认 B05 状态正常）
58		设备柜门	齐全，无损坏且都关好锁紧

五、列车动态检查作业内容

列车整备作业驾驶室内的功能试验包括两端驾驶室的所有功能试验。通常先试验非出场端驾驶室，后试验出场端驾驶室，两端驾驶室的试验项目与程序基本相同。

由于各城市轨道交通运营公司采用的列车车型可能不同，因此，驾驶室内的功能试验项目与程序可能会有所差别，但一般都需要完成以下功能试验项目。

1. 列车激活试验

（1）将列车“总控”开关置于“合”位，打开驾驶室灯，确认蓄电池电压正常，确认微动开关及旁路开关位置正确，确认主风缸气压正常、空调“分”红色指示灯亮。

（2）将主控制器“钥匙”开关置于“合”位，确认受电弓“降”红色指示灯、停放制动“施加”红色指示灯、气制动“施加”红色指示灯、主断（指高速断路器）“分”红色指示灯、左右车门“关”绿色指示灯亮，显示屏正常工作。

2. 车载电台试验

按下车载电台电源按钮，开机完毕后和信号楼值班员进行通话测试，标准用语“信号楼，××道××段××车通话测试。”收到信号楼车载电台通话质量清晰的回复，试验完毕。

3. 试灯试验

按下“试灯”按钮，确认主、副操纵台上除受控人工驾驶模式（RM模式）指示灯外，其他指示灯均亮。

4. 受电弓升降及主断合分试验

（1）确认总风缸风压正常，鸣笛，按下受电弓“升”按钮，探身驾驶室外检查该端受电弓正常升弓，确认受电弓“升”绿色指示灯亮，显示屏上“受电弓”图标变绿，口呼“升弓试验正常”。

（2）按下主断“合”按钮，确认主断“合”按钮绿色指示灯亮，显示屏上“主断”图标变绿并呈连接状态，口呼“合主断试验正常”。

（3）按下主断“分”按钮，确认主断“分”按钮红色指示灯亮，显示屏上“主断”图标变白并呈断开状态，口呼“分主断试验正常”。

（4）口呼“降弓注意”，鸣笛，按下受电弓“降”按钮，探身驾驶室外检查该端受电弓正常降弓，待降弓完毕，确认受电弓“降”红色指示灯亮，显示屏上“受电弓”图标变白，口呼“降弓试验正常”。

5. 常用制动试验

（1）将方向手柄置于“前”位，按下“警惕”按钮，然后将主控制器手柄由“0”位推向牵引区，制动气缸压力下降为0，并伴有排气声，气制动“缓解”绿色指示灯亮，气制动“施加”红色指示灯灭，气制动缓解。

（2）恢复“警惕”按钮，气制动压力上升，气制动“施加”红色指示灯亮，气制动“缓解”绿色指示灯灭。再次按下“警惕”按钮，气制动缓解，气制动“缓解”绿色指示灯亮，气制动“施加”红色指示灯灭。

（3）将主控制器手柄由牵引区拉至“0”位，气制动压力上升，气制动施加；将主控制器手柄由“0”位拉向制动区，制动缸压力随手柄的移动逐渐上升；将主控制器手柄由“制动”

区推回“0”位，制动缸压力下降，并伴有排气声。

（4）方向手柄置于“后”位，重复上述试验。

6. 停放制动试验

（1）按下停放制动“缓解”按钮，停放制动“缓解”绿色指示灯亮，停放制动“施加”红色指示灯灭，“列车运行状态”蓝色指示灯灭，列车停放制动缓解。

（2）检查确认显示屏制动图标无停放制动标志“P”。

（3）按下停放制动“施加”按钮，停放制动“施加”红色指示灯亮，停放制动“缓解”绿色指示灯灭，列车运行“状态”蓝色指示灯亮，列车停放制动施加。

（4）检查确认显示屏制动图标有停放制动标志“P”。

（5）停放制动试验完毕后，按下停放制动“缓解”按钮，保持列车停放制动处于缓解状态。

7. 快速制动试验

（1）将主控制器手柄自“0”位快速置于“快制”位，制动缸压力上升至一定值；主控制器手柄置于制动区，气制动不能缓解，气压保持不变；主控制器手柄置于“0”位后，制动缸压力下降。

（2）方向手柄置“后”位，重复上述试验。

8. 紧急制动试验

（1）将驾驶模式置于RM模式位，检查气压表，确认制动缸压力合格。

（2）按下操纵台左（右）侧“紧急制动”按钮。检查气压表，确认制动缸气压合格。

（3）按下受电弓“升”按钮，检查确认受电弓未升起，眼看、手指显示屏受电弓图标，口呼“受电弓未升起”。

（4）试验完毕后，恢复“紧急制动”按钮，并将受电弓升起。

开始试验前，须确认列车所在线路为平道、列车主风缸压力合格、所有主断路器断开、停放制动缓解、所有车门和安全疏散门关闭良好。“警惕”按钮大多设置在主控器手柄上，主要用于防止列车在人工驾驶的状态下发生意外事故。

9. 车门开关试验

（1）按下左/右侧车门红色“门开”按钮，确认全列左/右侧车门开启及所有车门的“关闭”绿色指示灯灭。

（2）将主控制器手柄由常用制动区稍移至牵引区，因为车门处于开启状态，所以列车不会移动，然后将主控制器手柄移回常用制动区。

（3）按下左/右侧车门绿色“关闭”按钮，客室车门报警声连续响，车门指示灯闪烁。延时几秒后车门关闭，确认全列左/右侧车门关闭及所有车门的“关闭”绿色指示灯亮。

（4）将主控制器手柄移至牵引区，列车应向前移动，然后马上将主控制器手柄移回常用制动区，列车停车。

（5）再次开启列车左/右侧车门，在按下左/右绿色“关门”按钮后，在列车左/右侧车门关闭前，及时按下左/右门“再开闭”按钮，左/右侧车门重新开启一次并自动关闭。

10. 列车牵引试验

按下主断“合”按钮，确认主断“合”按钮绿色指示灯亮、主断“分”红色指示灯灭。网压显示在正常区域（一般在1 000~1 800 V）；将方向手柄置于“前”位，主控制器手柄稍推向牵引区；待列车刚移动，立即将主控制器手柄拉回常用制动区，列车停车，显示屏无故障显示。

11. 刮水器试验

待刮水器喷水口喷水时，开启“刮水器”开关，观察刮水器工作是否正常；关闭“刮水器”开关，恢复“水泵”按钮，刮水器试验完毕。

任务实施

一、进行整备作业静态检查作业

（1）整备作业静态检查走行部检查操作流程及执行标准见表1-2-3。

表 1-2-3　整备作业静态检查走行部检查操作流程及执行标准

序号	检查内容	执行标准
1	第 6 节车：运行灯	眼看、手指被检查的设备，口呼：“运行灯良好（或异常）。”
2	第 6 节车：头灯 / 尾灯	眼看、手指被检查的设备，口呼：“头灯 / 尾灯良好（或异常）。”
3	第 6 节车：自动车钩	眼看、手指被检查的设备，口呼：“自动车钩良好（或异常）。”
4	第 6 节车：车体外观	眼看、手指被检查的设备，口呼：“车体外观良好（或异常）。”
5	第 6 节车：后端线路	眼看、手指被检查的设备，口呼：“轨面无异物（或轨面有异物）。”
6	第 6 节车：后端转向架	眼看、手指被检查的设备，口呼：“转向架良好（或异常）。”
7	第 6 节车：网关阀	眼看、手指被检查的设备，口呼：“网关阀良好（或异常）。”
8	第 6 节车：后端附加风缸	眼看、手指被检查的设备，口呼：“附加风缸良好（或异常）。”
9	第 6 节车：制动电阻	眼看、手指被检查的设备，口呼：“制动电阻良好（或异常）。”
10	第 6 节车：牵引逆变器	眼看、手指被检查的设备，口呼：“牵引逆变器良好（或异常）。”
11	第 6 节车：辅助逆变器	眼看、手指被检查的设备，口呼：“辅助逆变器良好（或异常）。”
12	第 6 节车：前端附加风缸	眼看、手指被检查的设备，口呼：“附加风缸良好（或异常）。”
13	第 6 节车：前端线路	眼看、手指被检查的设备，口呼：“轨面无异物（或轨面有异物）。”
14	第 6 节车：前端转向架	眼看、手指被检查的设备，口呼：“转向架良好（或异常）。”
15	5、6 车连接处：半永久车钩	眼看、手指被检查的设备，口呼：“半永久车钩良好（或异常）。”
16	第 5 节车：车体外观	眼看、手指被检查的设备，口呼：“车体外观良好（或异常）。”
17	第 5 节车：后端线路	眼看、手指被检查的设备，口呼：“轨面无异物（或轨面有异物）。”
18	第 5 节车：后端转向架	眼看、手指被检查的设备，口呼：“转向架良好（或异常）。”
19	第 5 节车：智能阀	眼看、手指被检查的设备，口呼：“智能阀良好（或异常）。”
20	第 5 节车：后端附加风缸	眼看、手指被检查的设备，口呼：“附加风缸良好（或异常）。”
21	第 5 节车：辅助逆变器	眼看、手指被检查的设备，口呼：“辅助逆变器良好（或异常）。”
22	第 5 节车：蓄电池箱	眼看、手指被检查的设备，口呼：“蓄电池箱良好（或异常）。”
23	第 5 节车：风源模块	眼看、手指被检查的设备，口呼：“风源模块良好（或异常）。”
24	第 5 节车：高压箱	眼看、手指被检查的设备，口呼：“高压箱良好（或异常）。”

续表

序号	检查内容	执行标准
25	第 5 节车：前端附加风缸	眼看、手指被检查的设备，口呼："附加风缸良好（或异常）。"
26	第 5 节车：前端线路	眼看、手指被检查的设备，口呼："轨面无异物（或轨面有异物）。"
27	第 5 节车：前端转向架	眼看、手指被检查的设备，口呼："转向架良好（或异常）。"
28	4、5 车连接处：半永久车钩	眼看、手指被检查的设备，口呼："半永久车钩良好（或异常）。"
29	第 4 节车：车体外观	眼看、手指被检查的设备，口呼："车体外观良好（或异常）。"
30	第 4 节车：后端线路	眼看、手指被检查的设备，口呼："轨面无异物（或轨面有异物）。"
31	第 4 节车：后端转向架	眼看、手指被检查的设备，口呼："转向架良好（或异常）。"
32	第 4 节车：智能阀	眼看、手指被检查的设备，口呼："智能阀良好（或异常）。"
33	第 4 节车：后端附加风缸	眼看、手指被检查的设备，口呼："附加风缸良好（或异常）。"
34	第 4 节车：制动电阻	眼看、手指被检查的设备，口呼："制动电阻良好（或异常）。"
35	第 4 节车：牵引逆变器	眼看、手指被检查的设备，口呼："牵引逆变器良好（或异常）。"
36	第 4 节车：辅助逆变器	眼看、手指被检查的设备，口呼："辅助逆变器良好（或异常）。"
37	第 4 节车：前端附加风缸	眼看、手指被检查的设备，口呼："附加风缸良好（或异常）。"
38	第 4 节车：前端线路	眼看、手指被检查的设备，口呼："轨面无异物（或轨面有异物）。"
39	第 4 节车：前端转向架	眼看、手指被检查的设备，口呼："转向架良好（或异常）。"
40	3、4 车连接处：半自动车钩	眼看、手指被检查的设备，口呼："半自动车钩良好（或异常）。"
41	第 3 节车：车体外观	眼看、手指被检查的设备，口呼："车体外观良好（或异常）。"
42	第 3 节车：后端线路	眼看、手指被检查的设备，口呼："轨面无异物（或轨面有异物）。"
43	第 3 节车：后端转向架	眼看、手指被检查的设备，口呼："转向架良好（或异常）。"
44	第 3 节车：网关阀	眼看、手指被检查的设备，口呼："网关阀良好（或异常）。"
45	第 3 节车：后端附加风缸	眼看、手指被检查的设备，口呼："附加风缸良好（或异常）。"
46	第 3 节车：辅助逆变器	眼看、手指被检查的设备，口呼："辅助逆变器良好（或异常）。"
47	第 3 节车：牵引逆变器	眼看、手指被检查的设备，口呼："牵引逆变器良好（或异常）。"
48	第 3 节车：主风缸（制动模块）	眼看、手指被检查的设备，口呼："主风缸良好（或异常）。"
49	第 3 节车：低压箱	眼看、手指被检查的设备，口呼："低压箱良好（或异常）。"
50	第 3 节车：前端附加风缸	眼看、手指被检查的设备，口呼："附加风缸良好（或异常）。"
51	第 3 节车：前端线路	眼看、手指被检查的设备，口呼："轨面无异物（或轨面有异物）。"
52	第 3 节车：前端转向架	眼看、手指被检查的设备，口呼："转向架良好（或异常）。"
53	2、3 车连接处：半永久车钩	眼看、手指被检查的设备，口呼："半永久车钩良好（或异常）。"
54	第 2 节车：车体外观	眼看、手指被检查的设备，口呼："车体外观良好（或异常）。"
55	第 2 节车：后端线路	眼看、手指被检查的设备，口呼："轨面无异物（或轨面有异物）。"
56	第 2 节车：后端转向架	眼看、手指被检查的设备，口呼："转向架良好（或异常）。"
57	第 2 节车：智能阀	眼看、手指被检查的设备，口呼："智能阀良好（或异常）。"

续表

序号	检查内容	执行标准
58	第 2 节车：后端附加风缸	眼看、手指被检查的设备，口呼："附加风缸良好（或异常）。"
59	第 2 节车：低压箱	眼看、手指被检查的设备，口呼："低压箱良好（或异常）。"
60	第 2 节车：主风缸（制动模块）	眼看、手指被检查的设备，口呼："主风缸良好（或异常）。"
61	第 2 节车：风源模块	眼看、手指被检查的设备，口呼："风源模块良好（或异常）。"
62	第 2 节车：蓄电池箱	眼看、手指被检查的设备，口呼："蓄电池箱良好（或异常）。"
63	第 2 节车：辅助逆变器	眼看、手指被检查的设备，口呼："辅助逆变器良好（或异常）。"
64	第 2 节车：前端附加风缸	眼看、手指被检查的设备，口呼："附加风缸良好（或异常）。"
65	第 2 节车：前端线路	眼看、手指被检查的设备，口呼："轨面无异物（或轨面有异物）。"
66	第 2 节车：前端转向架	眼看、手指被检查的设备，口呼："转向架良好（或异常）。"
67	1、2 车连接处：半永久车钩	眼看、手指被检查的设备，口呼："半永久车钩良好（或异常）。"
68	第 1 节车：车体外观	眼看、手指被检查的设备，口呼："车体外观良好（或异常）。"
69	第 1 节车：后端线路	眼看、手指被检查的设备，口呼："轨面无异物（或轨面有异物）。"
70	第 1 节车：后端转向架	眼看、手指被检查的设备，口呼："转向架良好（或异常）。"
71	第 1 节车：智能阀	眼看、手指被检查的设备，口呼："智能阀良好（或异常）。"
72	第 1 节车：后端附加风缸	眼看、手指被检查的设备，口呼："附加风缸良好（或异常）。"
73	第 1 节车：辅助逆变器	眼看、手指被检查的设备，口呼："辅助逆变器良好（或异常）。"
74	第 1 节车：牵引逆变器	眼看、手指被检查的设备，口呼："牵引逆变器良好（或异常）。"
75	第 1 节车：主风缸（制动模块）	眼看、手指被检查的设备，口呼："主风缸良好（或异常）。"
76	第 1 节车：低压箱	眼看、手指被检查的设备，口呼："低压箱良好（或异常）。"
77	第 1 节车：前端附加风缸	眼看、手指被检查的设备，口呼："附加风缸良好（或异常）。"
78	第 1 节车：前端线路	眼看、手指被检查的设备，口呼："轨面无异物（或轨面有异物）。"
79	第 1 节车：前端转向架	眼看、手指被检查的设备，口呼："转向架良好（或异常）。"

（2）静态检查走行部检查异常样例见表 1-2-4。

表 1-2-4　静态检查走行部检查异常样例

故障名称	正常状态	异常状态
轨面有异物		

续表

故障名称	正常状态	异常状态
头灯 / 尾灯破裂	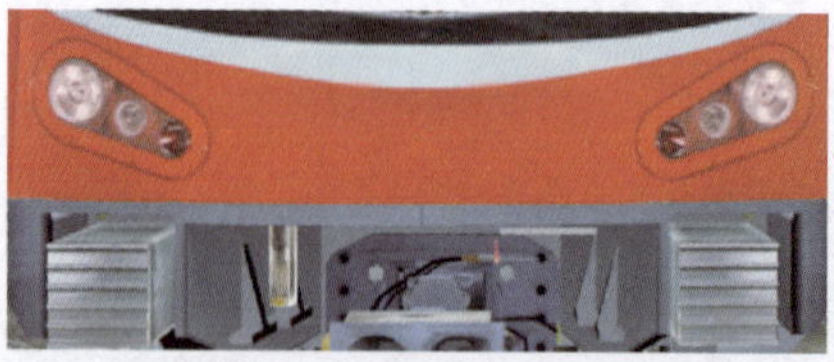	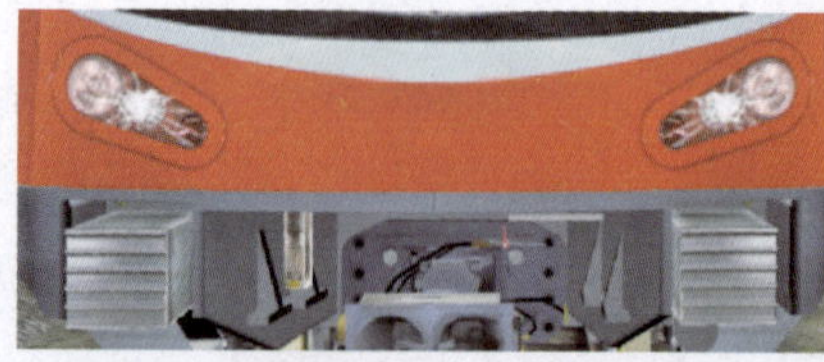
箱盖未锁紧（所有种类箱体均有可能出现）		
箱体变形（所有种类箱体均有可能出现）		
	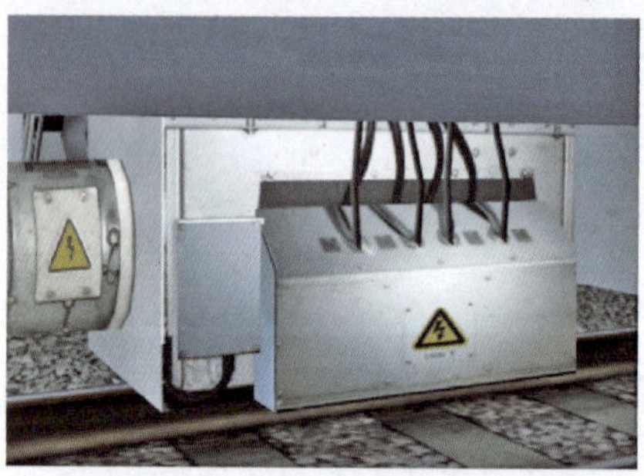	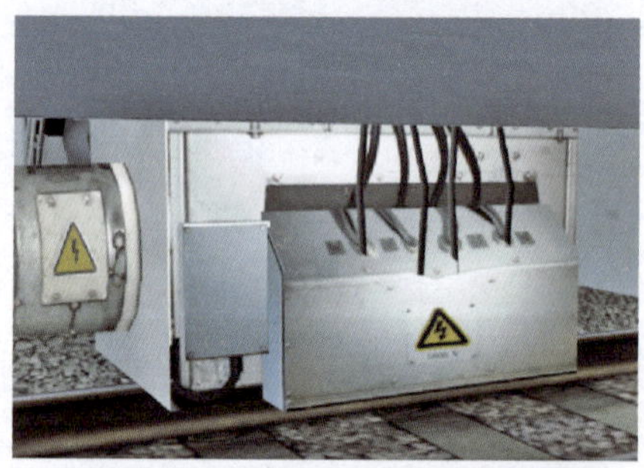
转向架故障		

（3）整备作业静态检查司机室检查操作流程及执行标准见表1-2-5。

表 1-2-5　整备作业静态检查司机室检查操作流程及执行标准

序号	检查内容	执行标准
1	司机控制器	眼看、手指“司机控制器”，口呼：“司控器完整无缺，动作灵活无卡滞现象，警惕按钮作用良好。”
2	无线电面板（车载电台）	眼看、手指“无线电面板（车载电台）”，口呼：“无线电良好。”
3	ATC 显示屏	眼看、手指“ATC 显示屏”，口呼：“ATC 显示屏良好。”
4	车辆显示屏	眼看、手指“车辆显示屏”，口呼：“车辆显示屏良好。”
5	仪表面板	眼看、手指“仪表面板”，口呼：“仪表外罩完整、无破裂，显示正确。”
6	主控面板	眼看、手指“主控面板”，口呼：“指示灯、开关，外罩完整、显示正确、位置正确。”
7	驾驶面板	眼看、手指“驾驶面板”，口呼：“指示灯、开关，外罩完整、显示正确。”
8	PIDS 显示屏	眼看、手指“PIDS 显示屏”，口呼：“PIDS 显示屏良好。”
9	左侧车门面板	眼看、手指“左侧车门面板”，口呼：“指示灯、开关，外罩完整、显示正确。”
10	右侧车门面板	眼看、手指“右侧车门面板”，口呼：“指示灯、开关，外罩完整、显示正确。”
11	驾驶台备品柜	眼看、手指“驾驶台备品柜”，口呼：“备品柜备品齐全，功能良好。”
12	灭火器	眼看、手指“灭火器”，口呼：“灭火器良好。”
13	前窗玻璃	眼看、手指“前窗玻璃”，口呼：“清洁、无损坏，刮雨器完整，遮光板良好。”
14	司机室左侧门	眼看、手指“司机室左侧门”，口呼：“侧门锁闭良好，动作灵活。”
15	司机室右侧门	眼看、手指“司机室右侧门”，口呼：“侧门锁闭良好，动作灵活。”
16	司机室继电器柜	眼看、手指继电器柜，口呼：“继电器柜内所有开关位置正确（或继电器柜内有开关位置错误）。” 若有开关未在正确位置需将其调整至正确位置，然后再次眼看、手指继电器柜，口呼：“继电器柜内所有开关位置正确。”
17	司机室设备柜	眼看、手指设备柜，口呼：“设备柜良好。”
18	司机室通道门	眼看、手指司机室通道门，口呼：“通道门锁闭良好，动作灵活。”

（4）整备作业静态检查客室检查操作流程及执行标准见表1-2-6。

表 1-2-6　整备作业静态检查客室检查操作流程及执行标准

序号	检查内容	执行标准
1	A 车：天花板	眼看、手指被检查的设备，口呼：“天花板良好（或异常）。”
2	A 车：地板	眼看、手指被检查的设备，口呼：“地板良好（或异常）。”
3	A 车：门窗玻璃	眼看、手指被检查的设备，口呼：“门窗玻璃良好（或异常）。”
4	A 车：照明	眼看、手指被检查的设备，口呼：“照明良好（或异常）。”
5	A1 部位车门（左侧）	眼看、手指被检查的设备，口呼：“车门良好（或异常）。”
6	A1 部位车门（右侧）	眼看、手指被检查的设备，口呼：“车门良好（或异常）。”
7	A1 部位紧急开门装置（左侧）	眼看、手指被检查的设备，口呼：“紧急开门装置良好（或异常）。”

续表

序号	检查内容	执行标准
8	A1 部位紧急开门装置（右侧）	眼看、手指被检查的设备，口呼："紧急开门装置良好（或异常）。"
9	A1 部位动态地图（左侧）	眼看、手指被检查的设备，口呼："动态地图良好（或异常）。"
10	A1 部位动态地图（右侧）	眼看、手指被检查的设备，口呼："动态地图良好（或异常）。"
11	A1 部位 LCD 屏（左侧）	眼看、手指被检查的设备，口呼："LCD 屏良好（或异常）。"
12	A1 部位 LCD 屏（右侧）	眼看、手指被检查的设备，口呼："LCD 屏良好（或异常）。"
13	A1 部位拉手（中部）	眼看、手指被检查的设备，口呼："拉手良好（或异常）。"
14	A1 部位座椅（左侧）	眼看、手指被检查的设备，口呼："座椅良好（或异常）。"
15	A1 部位座椅（右侧）	眼看、手指被检查的设备，口呼："座椅良好（或异常）。"
16	A1 部位灭火器（座椅下）	眼看、手指被检查的设备，口呼："灭火器良好（或异常）。"
17	A1 部位紧急通话器	眼看、手指被检查的设备，口呼："紧急通话器良好（或异常）。"
18	A2 部位车门（左侧）	眼看、手指被检查的设备，口呼："车门良好（或异常）。"
19	A2 部位车门（右侧）	眼看、手指被检查的设备，口呼："车门良好（或异常）。"
20	A2 部位紧急开门装置（左侧）	眼看、手指被检查的设备，口呼："紧急开门装置良好（或异常）。"
21	A2 部位紧急开门装置（右侧）	眼看、手指被检查的设备，口呼："紧急开门装置良好（或异常）。"
22	A2 部位动态地图（左侧）	眼看、手指被检查的设备，口呼："动态地图良好（或异常）。"
23	A2 部位动态地图（右侧）	眼看、手指被检查的设备，口呼："动态地图良好（或异常）。"
24	A2 部位 LCD 屏（左侧）	眼看、手指被检查的设备，口呼："LCD 屏良好（或异常）。"
25	A2 部位 LCD 屏（右侧）	眼看、手指被检查的设备，口呼："LCD 屏良好（或异常）。"
26	A2 部位拉手（中部）	眼看、手指被检查的设备，口呼："拉手良好（或异常）。"
27	A2 部位座椅（左侧）	眼看、手指被检查的设备，口呼："座椅良好（或异常）。"
28	A2 部位座椅（右侧）	眼看、手指被检查的设备，口呼："座椅良好（或异常）。"
29	A2 部位 B05 盖板（座椅下）	眼看、手指被检查的设备，口呼："B05 盖板良好（或异常）。"
30	A3 部位车门（左侧）	眼看、手指被检查的设备，口呼："车门良好（或异常）。"
31	A3 部位车门（右侧）	眼看、手指被检查的设备，口呼："车门良好（或异常）。"
32	A3 部位紧急开门装置（左侧）	眼看、手指被检查的设备，口呼："紧急开门装置良好（或异常）。"
33	A3 部位紧急开门装置（右侧）	眼看、手指被检查的设备，口呼："紧急开门装置良好（或异常）。"
34	A3 部位动态地图（左侧）	眼看、手指被检查的设备，口呼："动态地图良好（或异常）。"
35	A3 部位动态地图（右侧）	眼看、手指被检查的设备，口呼："动态地图良好（或异常）。"
36	A3 部位 LCD 屏（左侧）	眼看、手指被检查的设备，口呼："LCD 屏良好（或异常）。"
37	A3 部位 LCD 屏（右侧）	眼看、手指被检查的设备，口呼："LCD 屏良好（或异常）。"
38	A3 部位拉手（中部）	眼看、手指被检查的设备，口呼："拉手良好（或异常）。"
39	A3 部位座椅（左侧）	眼看、手指被检查的设备，口呼："座椅良好（或异常）。"
40	A3 部位座椅（右侧）	眼看、手指被检查的设备，口呼："座椅良好（或异常）。"

续表

序号	检查内容	执行标准
41	A3 部位灭火器（座椅下）	眼看、手指被检查的设备，口呼："灭火器良好（或异常）。"
42	A3 部位紧急通话器（右侧）	眼看、手指被检查的设备，口呼："紧急通话器良好（或异常）。"
43	A4 部位车门（左侧）	眼看、手指被检查的设备，口呼："车门良好（或异常）。"
44	A4 部位车门（右侧）	眼看、手指被检查的设备，口呼："车门良好（或异常）。"
45	A4 部位紧急开门装置（左侧）	眼看、手指被检查的设备，口呼："紧急开门装置良好（或异常）。"
46	A4 部位紧急开门装置（右侧）	眼看、手指被检查的设备，口呼："紧急开门装置良好（或异常）。"
47	A4 部位动态地图（左侧）	眼看、手指被检查的设备，口呼："动态地图良好（或异常）。"
48	A4 部位动态地图（右侧）	眼看、手指被检查的设备，口呼："动态地图良好（或异常）。"
49	A4 部位行李架（左侧）	眼看、手指被检查的设备，口呼："行李架良好（或异常）。"
50	A4 部位行李架（右侧）	眼看、手指被检查的设备，口呼："行李架良好（或异常）。"
51	A4 部位微机柜	眼看、手指被检查的设备，口呼："微机柜良好（或异常）。"
52	A4 部位空调柜	眼看、手指被检查的设备，口呼："空调柜良好（或异常）。"
53	A4 部位贯通道（中部）	眼看、手指被检查的设备，口呼："贯通道良好（或异常）。"

（5）静态检查客室检查异常样例见表 1-2-7。

表 1-2-7　静态检查客室检查异常样例

故障名称	正常状态	异常状态
底板脏乱	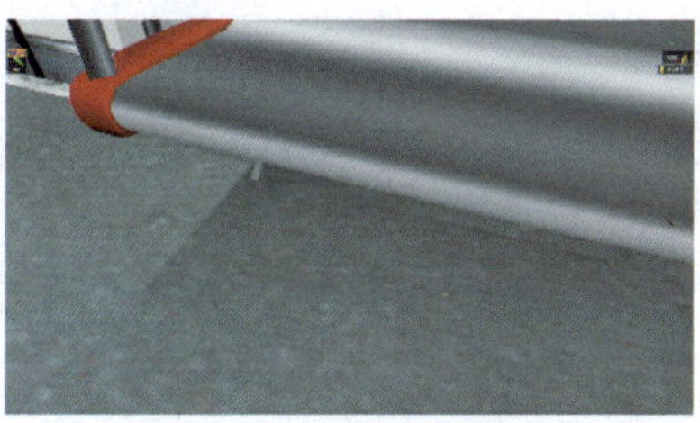	
LCD 屏黑屏	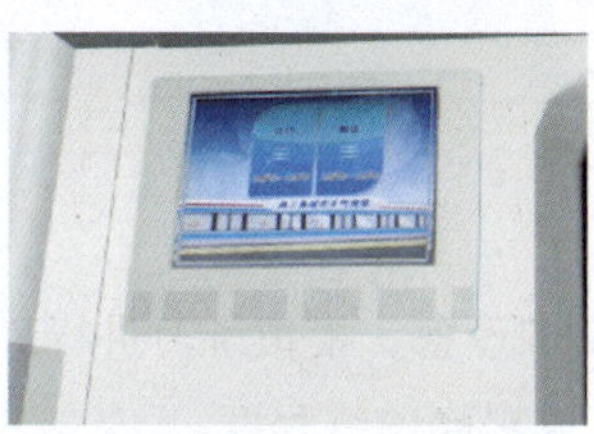	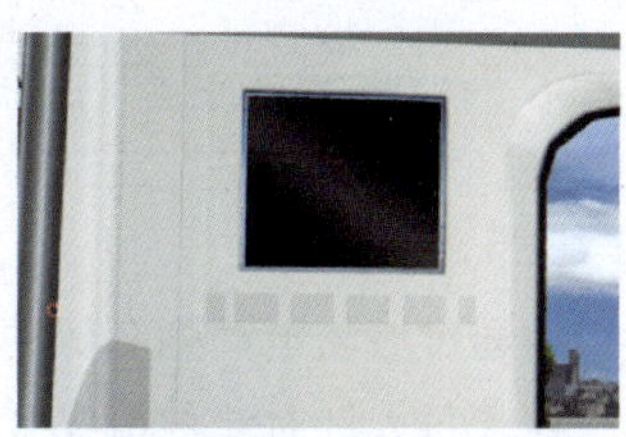
玻璃破裂		

续表

故障名称	正常状态	异常状态
拉手丢失	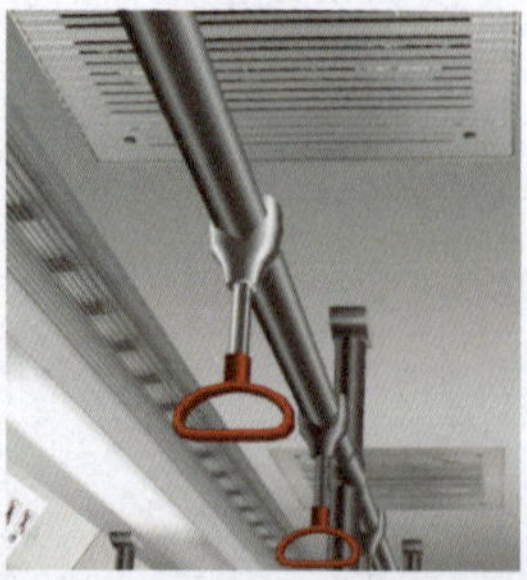	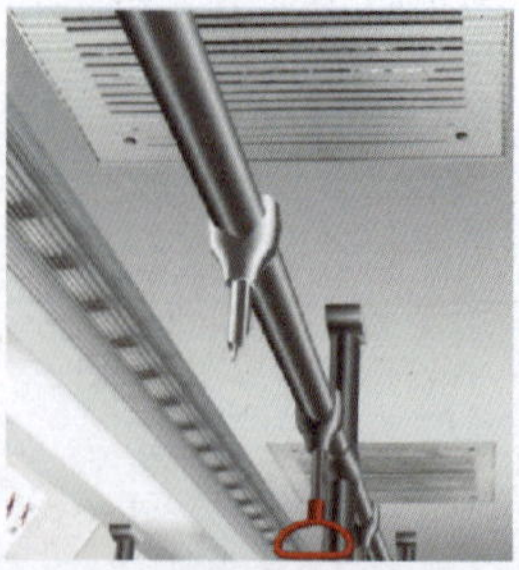
灭火器丢失		
行李架损坏	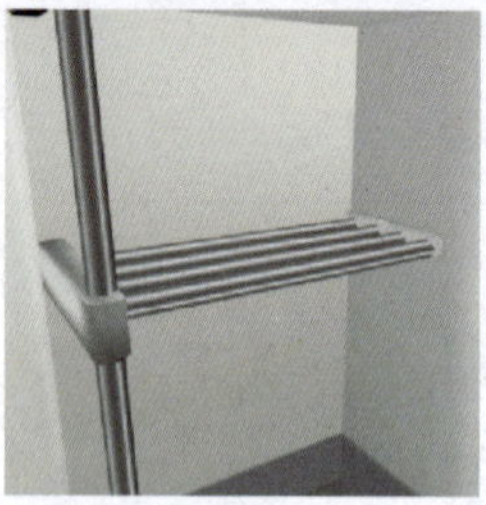	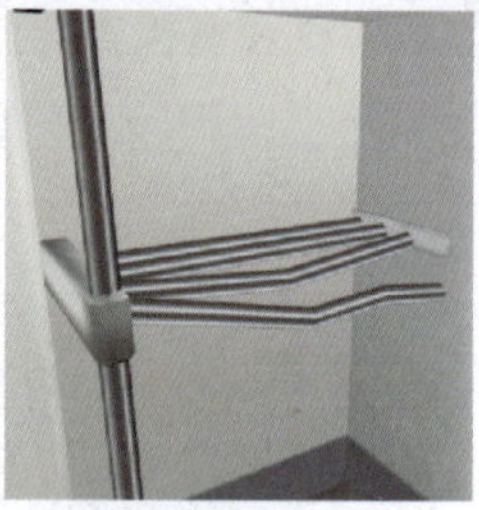

引导问题：城轨电动列车司机在执行静态检查客室检查时的关键点有哪些？

分组练习

小组内通过城轨电动列车驾驶台虚拟仿真实训设备，模拟练习进行静态检查。互相指出不足之处。要求每人针对此种情况至少练习2次，以提高熟练程度。

二、进行整备作业动态检查作业

整备作业动态检查操作流程及执行标准见表1-2-8。

表 1-2-8　整备作业动态检查操作流程及执行标准

序号	执行内容	执行标准
列车激活		
1	激活列车	将“列车激活旋钮”置“合”位
2	检查确认“列车激活旋钮”绿灯亮	眼看、手指设备，口呼：“列车激活旋钮绿灯亮。”
3	检查确认“蓄电池电压表”表值为 110 V（不低于 85 V）	眼看、手指设备，口呼：“蓄电池电压 110 V。”
4	检查确认“气压表”主风压力不低于 4 bar	眼看、手指设备，口呼：“主风压力不低于 4 bar。”
5	检查确认“信号选择”开关在“有效”位	眼看、手指设备，口呼：“信号选择开关，位置正确。”
6	将“关门模式选择”开关置“手动”位	眼看、手指设备，口呼：“关门模式置手动位。”并将“关门模式选择”开关置“手动”位
司机台激活		
7	激活司机台	闭合“主控钥匙”开关
8	检查确认受电弓“降”灯亮	眼看、手指设备，口呼：“受电弓‘降’灯亮。”
9	检查确认停放制动“施加”灯亮	眼看、手指设备，口呼：“停放制动‘施加’灯亮。”
10	检查确认气制动“施加”灯亮	眼看、手指设备，口呼：“气制动‘施加’灯亮。”
11	检查确认主断“分”灯亮	眼看、手指设备，口呼：“主断‘分’灯亮。”
12	检查确认左门“关”灯亮	眼看、手指设备，口呼：“左门‘关’灯亮。”
13	检查确认右门“关”灯亮	眼看、手指设备，口呼：“右门‘关’灯亮。”
14	检查确认“司机显示屏”激活	眼看、手指设备，口呼：“‘司机显示屏’激活。”
试灯		
15	按压“试灯”按钮，确认驾驶室所有指示灯亮	按下“试灯”按钮，眼看、手指设备，口呼：“驾驶室所有指示灯亮。”
紧急按钮试验		
16	将驾驶模式置 RM 模式	手指设备，口呼：“驾驶模式置 RM 位”，并将“驾驶模式选择开关”置“RM”位
17	检查“气压表”确认制动缸压力约 2 bar	眼看、手指设备，口呼：“制动缸压力 2 bar。”
18	按压右侧“紧急制动”按钮	按下司机操纵台右侧“紧急制动”按钮
19	检查“气压表”确认制动缸压力约 3 bar	眼看、手指设备，口呼：“制动缸压力 3 bar。”
20	按压受电弓“升”按钮	按压受电弓“升”按钮
21	检查确认受电弓未升起	眼看、手指车辆显示屏受电弓图标，口呼：“受电弓未升起。”
22	恢复右侧“紧急制动”按钮	恢复司机操纵台右侧“紧急制动”按钮
23	按压左侧“紧急制动”按钮	按下司机操纵台左侧“紧急制动”按钮
24	检查“气压表”确认制动缸压力约 3 bar	眼看、手指设备，口呼：“制动缸压力 3 bar。”
25	按压受电弓“升”按钮	按压受电弓“升”按钮
26	检查受电弓“升”灯，确认受电弓未升起	眼看、手指车辆显示屏受电弓图标，口呼：“受电弓未升起。”

续表

序号	执行内容	执行标准
27	恢复左侧“紧急制动”按钮	恢复司机操纵台左侧“紧急制动”按钮
升弓程序		
28	按压受电弓“升”按钮	按压受电弓“升”按钮
29	检查确认受电弓“升”绿灯亮	眼看、手指设备，口呼：“受电弓‘升’绿灯亮。”
30	检查确认受电弓“降”红灯灭	眼看、手指设备，口呼：“受电弓‘降’红灯灭。”
31	检查“车辆显示屏”确认受电弓标志升起、线路网压约为 1 500 V	眼看、手指车辆显示屏受电弓图标，口呼：“受电弓升起，线路网压 1 500 V。”
开关门试验		
32	检查“车辆显示屏”确认各车门在关闭状态且无故障	眼看、手指车辆显示屏车门状态界面，口呼：“所有车门关闭。”
33	确认“关门模式选择”开关在“手动”位	眼看、手指设备，口呼：“关门模式手动位。”
34	打开左侧车门	按下左侧“强制开门”按钮，按压左侧开门按钮，将左侧车门打开
35	检查确认显示屏所有车门状态显示为“门开”状态图标，车门已经开启	眼看、手指车辆显示屏车门状态界面，口呼：“左侧所有车门开启。”
36	检查确认左侧关门指示灯灭	眼看、手指设备，口呼：“左侧关门指示灯灭。”
37	关闭左侧车门	按压左侧关门按钮，确认车门关闭警示声音响起，车门关闭
38	确认显示屏显示所有车门“门关”的图标，所有车门已经关闭良好	眼看、手指车辆显示屏车门状态界面，口呼：“所有车门关闭。”
39	检查确认左侧关门指示灯亮，“所有车门关闭”指示灯亮	眼看、手指设备，口呼：“左侧关门指示灯亮，所有车门关闭指示灯亮。”
40	打开右侧车门	按下右侧“强制开门”按钮，按压右侧开门按钮，将右侧车门打开
41	检查确认显示屏所有车门状态显示为“门开”状态图标，车门已经开启	眼看、手指车辆显示屏车门状态界面，口呼：“右侧所有车门开启。”
42	检查确认右侧关门指示灯灭	眼看、手指设备，口呼：“右侧关门指示灯灭。”
43	关闭右侧车门	按压右侧关门按钮，确认车门关闭警示声音响起，车门关闭
44	确认显示屏显示所有车门“门关”的图标，所有车门已经关闭良好	眼看、手指车辆显示屏车门状态界面，口呼：“所有车门关闭。”
45	检查确认右侧关门指示灯亮，“所有车门关闭”指示灯亮	眼看、手指设备，口呼：“右侧关门指示灯亮，所有车门关闭指示灯亮。”
重开门按钮试验		
46	按压左侧开门按钮打开车门	按压左侧开门按钮，将左侧车门打开
47	按压左侧关门按钮，确认车门正在关闭	按压左侧关门按钮
48	马上按压左侧的“重开门”按钮，确认未完全关闭的车门正在重新打开	在车门未完全关闭好前，按压左侧的“重开门”按钮

续表

序号	执行内容	执行标准
49	检查确认显示屏所有车门状态显示为“门开”状态图标，车门已经开启	眼看、手指车辆显示屏车门状态界面，口呼：“左侧所有车门开启。”
50	按压左侧关门按钮，将打开的车门关闭	按压左侧关门按钮，确认车门关闭警示声音响起，车门关闭
51	确认显示屏显示所有车门“门关”的图标，所有车门已经关闭良好	眼看、手指车辆显示屏车门状态界面，口呼：“所有车门关闭。”
52	检查确认左侧关门指示灯亮，“所有车门关闭”指示灯亮	眼看、手指设备，口呼：“左侧关门指示灯亮、所有车门关闭指示灯亮。”
53	按压右侧开门按钮打开车门	按压右侧开门按钮，将右侧车门打开
54	按压右侧关门按钮，确认车门正在关闭	按压右侧关门按钮
55	马上按压右侧的“重开门”按钮，确认未完全关闭的车门正在重新打开	在车门未完全关闭好前，按压右侧的“重开门”按钮
56	检查确认显示屏所有车门状态显示为“门开”状态图标，车门已经开启	眼看、手指车辆显示屏车门状态界面，口呼：“右侧所有车门开启。”
57	按压右侧关门按钮，将打开的车门关闭	按压右侧关门按钮，确认车门关闭警示声音响起，车门关闭
58	确认显示屏显示所有车门“门关”的图标，所有车门已经关闭良好	眼看、手指车辆显示屏车门状态界面，口呼：“所有车门关闭。”
59	检查确认右侧关门指示灯亮，“所有车门关闭”指示灯亮	眼看、手指设备，口呼：“右侧关门指示灯亮、所有车门关闭指示灯亮。”
停放制动试验		
60	按压“停放制动缓解”按钮	按压“停放制动缓解”按钮
61	检查确认停放制动“缓解”绿色指示灯亮，“施加”红色指示灯灭，列车停放制动缓解	眼看、手指设备，口呼：“停放制动‘缓解’绿色指示灯亮，‘施加’红色指示灯灭，列车停放制动缓解。”
62	检查确认车辆显示屏制动图标无停放制动标志“P”	眼看、手指车辆显示屏制动状态界面，口呼：“无停放制动标志‘P’。”
63	按压“停放制动施加”按钮	按压“停放制动施加”按钮
64	检查确认停放制动“施加”红色指示灯亮，停放制动“缓解”绿色指示灯灭，列车停放制动施加	眼看、手指设备，口呼：“停放制动‘施加’红色指示灯亮，停放制动‘缓解’绿色指示灯灭，列车停放制动施加。”
65	检查确认车辆显示屏制动图标有停放制动标志“P”	眼看、手指车辆显示屏制动状态界面，口呼：“有停放制动标志‘P’。”
66	按压“停放制动缓解”按钮，保持停放制动缓解状态	按压“停放制动缓解”按钮，缓解停放制动
警惕按钮试验		
67	按压几下“警惕”按钮，确认“警惕”按钮无卡滞现象	按压几下“警惕”按钮，确认“警惕”按钮无卡滞现象
68	方向手柄置“前”位	将方向手柄置“前”位
69	无需按压“警惕”按钮，将主控手柄推向牵引位最小位	无需按压“警惕”按钮，将主控手柄推向牵引位最小位

续表

序号	执行内容	执行标准
70	检查确认车辆显示屏出现“牵引封锁/无人警惕”字样	眼看、手指车辆显示屏，口呼：“牵引封锁/无人警惕。”
71	将主控手柄拉回“零”位	将主控手柄拉回“零”位
72	检查确认车辆显示屏“牵引封锁/无人警惕”字样消失	眼看、手指车辆显示屏，口呼：“牵引封锁/无人警惕消失。”
牵引/制动试验		
73	合高速断路器	按压主断“合”按钮
74	检查确认主断“分”红色指示灯灭，主断“合”绿色指示灯亮	眼看、手指设备，口呼：“主断‘分’红色指示灯灭，主断‘合’绿色指示灯亮。”
75	检查确认，网压显示在 1 000~1 800 V 之间	眼看、手指车辆显示屏受电弓界面，口呼：“线路网压 1 500 V。”
76	确认驾驶模式在“RM”位	手指设备，口呼：“驾驶模式 RM 位。”
77	检查确认车辆显示屏上的“制动屏”，确认列车制动状态正常	眼看、手指车辆显示屏制动状态界面，口呼：“列车制动状态正常。”
78	检查确认车辆显示屏上的“牵引状态屏”，确认牵引电机正常	眼看、手指车辆显示屏牵引状态界面，口呼：“牵引电机正常。”
79	将主控手柄拉至“快速制动”位	将主控手柄拉至“快速制动”位
80	检查确认车辆显示屏显示“快速制动”字样	眼看、手指车辆显示屏，口呼：“快速制动。”
81	将主控手柄拉回“零”位	将主控手柄拉回“零”位
82	检查确认车辆显示屏“快速制动”字样消失	眼看、手指车辆显示屏，口呼：“快速制动字样消失。”
83	主控手柄推向“牵引”区，但不得超过 20%	主控手柄推向“牵引”区，但不得超过 20%
84	检查确认驾驶台“所有气制动缓解”指示灯亮	眼看、手指设备，口呼：“所有气制动缓解指示灯亮。”
85	待客车刚移动，立即将主控手柄拉回“制动”区 100%处	立即将主控手柄拉回“制动”区 100%处
86	列车停车，确认驾驶台“气制动施加”指示灯亮	眼看、手指设备，口呼：“气制动施加指示灯亮。”
87	检查列车显示屏应无故障显示	眼看、手指车辆显示屏，口呼：“显示屏无故障显示。”
RM 模式选择试验		
88	进入信号屏中的菜单，选择 RM（60 km/h）后回到主页确认 RM（60 km/h）选择成功	进入信号屏中的菜单，选择 RM（60 km/h）后回到主页，口呼：“RM（60 km/h）选择成功。”
89	进入信号屏中的菜单，选择 RM（25 km/h）后回到主页确认 RM（25 km/h）选择成功	进入信号屏中的菜单，选择 RM（25 km/h）后回到主页，口呼：“RM（25 km/h）选择成功。”

引导问题：城轨电动列车司机在执行动车实验前，应注意哪些事项？

分组练习

小组内通过城轨电动列车驾驶台虚拟仿真实训设备，模拟练习进行动态检查。互相指出不足之处。要求每人针对此种情况至少练习2次，以提高熟练程度。

评价反馈

学生进行自评，评价自己是否能够完成电动列车司机整备作业，有无任务遗漏，见表1-2-9。

表 1-2-9　学生自评表

班级：	姓名：		学号：
学习情境	列车整备作业		
评价项目	评价标准	分值	得分
作业流程	按规定流程执行走行部检查，满分；若否，则零分	13	
	按规定流程执行客室检查，满分；若否，则零分	13	
	按规定流程执行司机室检查，满分；若否，则零分	13	
	按规定流程执行动车试验，满分；若否，则零分	13	
	按规定路线进行检查，满分；若否，则零分	13	
	着装符合工作要求，满分；若否，则零分	13	
动作规范	眼看、手指动作正确、标准，指向有力，满分；若否，则零分	11	
呼唤应答用语	呼唤应答用语准确、完整，满分，若否，则零分	11	
合计		100	

教师对学生的评价内容包括：报告书写是否工整，报告内容是否出自实训，阐述是合理、详细，认识体会是否深刻，实训操作是否规范熟练，见表1-2-10。

表 1-2-10　教师评价表

班级：	姓名：		学号：
学习情境	列车整备作业		
评价项目	评价标准	分值	得分
考勤	没有无故缺勤、迟到、早退现象，满分；若否，则零分	15	
执行作业标准	作业流程正确，满分；若否，则零分	15	
	动作规范，满分；若否，则零分	15	
	呼唤应答用语准确，满分；若否，则零分	15	
协调能力	与小组成员、同学之间能交流合作，协调工作，满分；若否，则零分	15	
职业素养	能做到安全行车、规范操作，满分；若否，则零分	15	
创新意识	通过任务训练，能发现新的问题并及时解决，满分；若否，则零分	10	
合计		100	

任务三　列车出入库作业

子任务一　列车出库作业

学习情境描述

列车就是每天从段/场出去“工作”，运营结束后再回到此处“休息”，其具体“睡觉”的地方为停车列检库。段/场和停车列检库对列车来讲就像家和卧室。列车整备在车辆基地内整备作业完毕后，司机需要按照一定的作业程序，驾驶列车安全、准点进入正线。

任 务 书

请按照规范流程进行列车出库作业。熟悉掌握列车出库作业流程及信号机显示意义，执行过程中注意使用标准联控用语，做好与行调、信号楼值班员的作业沟通。

任务分组

学生任务分配见表1-3-1。

表 1-3-1　学生任务分配表

班级		组号		指导教师	
组长		学号			
组员					
任务分工					

工作准备

准备工具与器材：列车驾驶模拟器、司机包、司机手账、操纵台激活钥匙、三角钥匙、四角钥匙、手持电台、手电筒、口头调度命令记录单及其他记录单和相应工具。

知识链接

一、列车出库的时机

（1）列车整备完毕后，列车司机在司机报单上填上车组号、列车车号、列车车次等，然后联系信号楼值班员，报告列车整备完毕。

（2）根据运营时刻表，在列车出库前10 min将库门开启到位，在驾驶室等候出库调车信号机开放。

（3）当出库调车信号机开放（红灯变为白灯）后，列车司机手指口呼确认出库调车信号开放及库门开启到位，然后再与信号楼值班员联系，得到准许后方可出库。

（4）列车司机驾车出库时，应认真核对所授权列车的股道号、列车车号、出库时间及授权的运行终点位置，并严格执行复诵程序。遇命令错误时，要及时纠正。

二、出库作业一般程序

整备作业完毕→联系信号楼（使用标准用语，汇报列车整备作业完毕）→确认出场凭证（确认信号楼出场指令、确认出场信号机显示正确）→驾驶列车出库（确认列车具备动车条件，驾驶列车出场）→驾驶列车投入信号系统（按规定速度驾驶列车）→转换驾驶模式（列车在规定地点停车）→联系行调（使用标准用语联系行调）→确认行车凭证（确认行调指令、确认信号机显示正确、确认车载信号显示正确）→驾驶列车进入正线（按规定速度）→列车正线运营。

三、基本流程及沟通用语

1. 报车场值班员

司机：××次××车，在××道整备作业完毕，预选模式AM-C。

车场值班员：××次××车，在××道整备作业完毕，预选模式AM-C，××道往S1602/1604出信号黄灯好，××次可以动车，凭S1602/S1604开放信号到转换轨1/转换2道。

司机：××次××车，××道往S1602/S1604出场信号黄灯好，××次可以动车，凭S1602/S1604开放信号到转换轨1/转换2道，可以动车，司机明白。

库外列车限速25 km/h运行，库内限速3 km/h运行，列车必须待尾部在车库出清后，方可提速。

2. 转换轨前停车

列车运行至转换轨信号机前必须一度停车，司机再次手指口呼确认列车预选模式为AM-C/AM-I，然后凭信号机显示的开放信号（绿灯）驾驶列车进入转换轨。

3. 列车进入转换轨时

注意控制速度，适时实施制动，确保列车在停车标前停车。

4. 转换轨动车时

ATC模式下：确认S1606/S1608信号机开放绿灯，以RM模式动车投入升级为ATC，若列车升级不成功则报行调并按其命令执行；CBTC模式下确认S1606/S1608信号机灭灯，ATO灯亮后，紧制速度为50 km/h及以上时，以ATO模式启动列车。

5. 经转换轨进入正线

四、列车出库的注意事项

（1）列车出段/场时，列车司机应认真确认信号显示及道岔位置是否正确，运行线路是否存在侵限的风险，若发现异常，应及时停车汇报。

（2）在隧道线路驾驶列车时，进入隧道前应鸣笛。

（3）在线路驾驶列车时，列车司机要关注线路供电系统情况，若发现异动或异响，应立即停车报告车场调度员，并按照其指示执行。

（4）列车司机应熟记出场线路状况，掌握好列车牵引与制动的时机。

任务实施

列车出库作业操作流程及执行标准见表1-3-2。

表 1-3-2　列车出库作业操作流程及执行标准

序号	执行内容	执行标准
1	整备作业完毕后，司机与信号楼联系出场	司机联控信号楼："信号楼，××车××道×段整备作业完毕。"
2	信号楼回复司机	信号楼回复司机："××车×道×段整备作业完毕，信号楼明白。"
3	信号楼通知司机可以动车	待出库信号开放后，信号楼通知司机："××车，××道往CD1列车信号黄灯好，司机可以动车。"
4	司机复诵	司机回复信号楼："××车，××道往CD1列车信号黄灯好，司机可以动车，司机明白。"
5	确认出库信号机黄灯好	手指出库信号机，口呼："列车信号黄灯好。"
6	启动列车，以RM（25 km/h）模式驾驶列车	按照标准流程启动列车，并以RM（25 km/h）模式驾驶列车，库内限速5 km/h（列车限速到达第一个道岔岔芯处）
7	在平交道口前一度停车	在平交道口前（10 m范围内）一度停车
8	确认平交道口无人、无障碍	确认平交道口无人、无障碍，司机眼看、手指道口，口呼："道口安全。"
9	启动列车，以RM（25 km/h）模式驾驶列车	再次启动列车，并以RM（25 km/h）模式驾驶列车
10	途中遇道岔，需手指、口呼	眼看、手指道岔，口呼："道岔位置正确。"（若干次）
11	CD1（出段信号机）前一度停车	在CD1信号机前（10 m范围内）一度停车
12	汇报行调	司机呼叫行调："行调，××次在CD1信号机前停稳。"
13	行调回复	行调回复司机："××次在CD1信号机前停稳，行调收到。××次凭信号显示出场。"
14	司机复诵	司机复诵："××次凭信号显示出场，司机明白。"
15	确认信号	确认信号，司机眼看、手指信号机，口呼："列车信号黄灯好。"

续表

序号	执行内容	执行标准
16	启动列车，以 RM（25 km/h）模式驾驶列车	再次启动列车，并以 RM（25 km/h）模式驾驶列车
17	进入转换轨后，严格控制列车速度，按照规定速度运行并且安全停车	列车完全进入转换轨后，在前方信号机前（10 m 范围内）停车
18	确认显示屏收到列车“投入服务”小车图标	司机眼看、手指信号屏，口呼：“列车投入服务小车图标有。”
19	将驾驶模式转为 PM	手指模式选择开关，口呼：“转 PM。”将驾驶模式选择开关打至“PM”位。
20	司机汇报行调	司机呼叫行调：“行调，× × 次在转换轨停稳，已转 PM 模式。”
21	行调回复司机	行调回复司机：“× × 次在转换轨停稳，已转 PM 模式，行调收到。× × 次凭信号显示动车。”
22	CD1（出段信号机）前一度停车	在 CD1 信号机前（10 m 范围内）一度停车
23	确认前方信号机“信号正确”，显示屏收到速度码	眼看、手指信号机，口呼：“信号正确。”眼看、手指 ATC 显示屏，口呼：“推荐速度有。”
24	启动列车，以 ATP 模式运行	再次启动列车，以 ATP 模式运行
25	途中遇到信号机及道岔，需确认道岔位置及信号状态	眼看、手指信号机 / 道岔，口呼：“信号正确。”“道岔位置正确。”（若干次）

引导问题：城轨电动列车司机驾驶列车出库时，应注意哪些问题？

分组练习

每组每次派出一人进行列车出库作业练习，一人模拟信号楼车场调度协助配合，由教师根据本任务所学的内容随机模拟情景，按流程进行出库作业。

评价反馈

学生进行自评，评价自己是否能够完成城轨电动列车司机出库作业，有无任务遗漏，见表 1-3-3。

表 1-3-3　学生自评表

班级：	姓名：		学号：
学习情境	列车出库作业		
评价项目	评价标准	分值	得分
作业流程	按规定与信号楼进行联控，满分；若否，则零分	13	
	按规定与行调进行联控，满分；若否，则零分	13	
	一度停车准确，满分；若否，则零分	13	
	行车过程中没有超速，满分；若否，则零分	13	
	驾驶模式调整正确，满分；若否，则零分	13	
	着装符合工作要求，满分；若否，则零分	13	
动作规范	眼看、手指动作正确、标准，指向有力，满分；若否，则零分	11	
呼唤应答用语	呼唤应答用语准确、完整，满分；若否，则零分	11	
合计		100	

教师对学生的评价内容包括：报告书写是否工整，报告内容是否出自实训，阐述是否合理、详细，认识体会是否深刻，实训操作是否规范熟练，见表1-3-4。

表 1-3-4　教师评价表

班级：	姓名：		学号：
学习情境	列车出库作业		
评价项目	评价标准	分值	得分
考勤	没有无故缺勤、迟到、早退现象，满分；若否，则零分	15	
执行作业标准	作业流程正确，满分；若否，则零分	15	
	动作规范，满分；若否，则零分	15	
	呼唤应答用语准确，满分；若否，则零分	15	
协调能力	与小组成员、同学之间能交流合作，协调工作，满分；若否，则零分	15	
职业素养	能做到安全行车、规范操作，满分；若否，则零分	15	
创新意识	通过任务训练，能发现新的问题并及时解决，满分；若否，则零分	10	
合计		100	

子任务二　列车入库作业

学习情境描述

列车就是每天从段/场出去“工作”，运营结束后再回到此处“休息”，其具体“睡觉”的地方为停车列检库。段/场和停车列检库对列车来讲就像家和卧室。运营结束后，除正线摆放列车（一般摆放在折返线）外，正线运营的列车均需返回车辆段停放，司机需按规定的程序驾驶列车安全、准点返回车辆段。

任务书

请按照规范流程进行列车入库作业。熟悉掌握入库作业及列车终点站清客作业流程，执行过程中注意联控用语复诵，开行列车时注意驾驶模式转换及列车速度控制，规范驾驶列车。

任务分组

学生任务分配见表1-3-5。

表 1-3-5　学生任务分配表

班级		组号		指导教师	
组长		学号			
组员					
任务分工					

工作准备

准备工具与器材：列车驾驶模拟器、司机包、司机手账、操纵台激活钥匙、三角钥匙、四角钥匙、手持电台、手电筒、口头调度命令记录单及其他记录单和相应工具。

知识链接

一、入库作业一般程序

车站清客完毕→联系行调确认回场（使用标准用语联系行调，确认列车是否回场）→确认具备动车条件（确认行调回场指令、确认道岔开通位置正确、确认信号机显示正确、确认信号机正确、确认车载信号正确）→驾驶列车回场（按规定速度）→列车在转换轨停车（转换驾驶模式）→驾驶列车一度停车（按规定速度驾驶列车、在入场信号机前一度停车、将通信设备调至车辆段频道）→联系信号楼（使用标准用语）→确认动车凭证（确认信号楼指令正确、确认信号机显示正确、确认道岔开通方向正确）→驾驶列车回运用库（按规定速度驾驶列车进入运用线路，沿途加强对信号机、道岔状态确认）→恢复列车停放状态（分列车负载、施加停放制动、关闭列车蓄电池）→检查相关设备（检查消防设备、登记列车运用信息）→回派班室退勤

二、具体流程及标准用语

1. 通知接车司机

（1）在A站折返后回场，通过“运营时刻表”确认列车到达A站折返后回场时，到达司机在B站上行开出后用手持台通知A站接车司机“A站接××××次回场司机准备接车”，并得到应答。

（2）某城市C站直接回场，通过“运营时刻表”确认列车到达某城市C站后回场时，列车在D站下行开出后，用手持台通知某城市C站接车司机“某城市C站接×××次回场车司机准备接车”，并得到应答。

（3）列车进入A站上行/某城市C站下行站台前用对讲机联系接车司机，标准用语“回场列车×××次进站”，并得到接车司机的回复。（若是原班司机开车回场：“本次列车回场，不用接车。”）

（4）列车整列到达后，填写“行车日志”，并向发车站发出闭塞解除时分，再次填写“行车日志”。

2. 联系行调回场

（1）到达A站上行、某城市C站下行停稳开门后，到达司机做清客广播，并与接车司机交接（主要是列车状态），A站折返回场时，提醒接车司机将“门模式”置于手动位，接车司机上车后将“门模式”置于手动位。

（2）列车在进入A站折返线过程中，由接车司机联系行调确认回场情况。列车在某城市C站下行原班回场时，列车在D站下行开出后联系行调确认回场的情况。标准用语是“A站折返线/D站下行的×××次×××车是否按计划回场，请回话”，并得到行调回复。

3. 站台作业完毕动车回场

（1）到达司机凭站台清客好了信号关门，确认信号、道岔、进路正确。

（2）A站上行：采用人工ATO折返。

（3）某城市C站下行：到达司机原班回场时，确认信号、道岔正确及开点，并以ATO模式动车回场（若列车在某城市C站下行需交班时，则交接班司机开回场）。

（4）如员工需跟车回场，必须在列车运行方向头端第一个门上车，并让车站人员确认其身份及人数。

4. 在转换轨自动停车后联系车厂值班员

（1）列车以AM-C/AM-I到转换轨自动停车后，将行调手持台和车载台频道调到“车辆段组”，联系车场值班员回场。标准用语：“信号楼×××次××××车在转换轨Ⅰ/Ⅱ道停稳，

请回话”，并得到车场值班员的回复，接到车场值班员通知回场进路已准备好后，司机复诵并将停车股道记在状态卡上。

（2）按确认按钮转RM模式（如没有出现转RM对话框，报行调同意后再降级为RM模式），确认入场信号机黄灯开放以RM模式动车到Xc/Xr前一度停车，再次（手指口呼）确认Xc/Xr信号开放黄灯动车回场。

5. 在车库停稳做好防护

（1）列车运行至规定股道停稳后，按照规定降弓、关闭司机台蓄电池。

（2）检查两端司机室备品齐全，填写两端列车状态卡，报车场值班员“值班员，××××次××××车在××道A/B段停稳，列车已做好防护”，并确认车场值班员复诵无误。

三、入车辆段作业的风险与对策

主要风险点与对策见表1-3-6。

表 1-3-6　主要风险点与对策

主要风险点	对策
回场车错打开车门	除C站回场车外其他回场车必须把门模式开关置于“手动位”
回场列车未确认目的地码导致进入正线	列车回场时认真确认目的地码是否正确
回场列车未确认信号、道岔动车	A站回场列车在A站下行站台停车后，司机确认到达司机下车后以ATO模式动车。在中途自动停车后，司机必须先确认车载信号再以ATO模式动车
车场入错股道	与车场值班员联控完毕后，核对进路正确后再动车，沿途确认好道岔位置

四、列车入库注意事项

（1）在道岔咽喉或复杂区段及曲线区域，适当降低列车行驶速度。

（2）回场列车凭入场信号黄灯回场，回场进路上的调车信号蓝灯视为无效，但司机需注意确认沿途道岔位置是否正确。

（3）列车在运用库前的平交道前方必须一度停车，确认安全后，再次启动列车。

（4）回场列车进路只能开放到停车库A段。如进停车线B段停车时，司机必须限速3 km/h在B段调车信号机前一度停车（调车信号机设置在线路的右侧），与车场值班员联系，确认调车信号显示白灯后，再启动列车进入B段停车，运行到B段一车距离时要一度停车。

（5）列车进入洗车线时，按列车方式运行至D13信号机前一度停车，凭洗车信号T1绿灯、调车信号白灯进行洗车作业。

任务实施

某地铁公司动车实验操作流程及执行标准见表1-3-7。

表 1-3-7　某地铁公司动车实验操作流程及执行标准

序号	执行内容	执行标准
1	进站停稳，车门打开	参照上下客监护作业执行，此流程不评判

续表

序号	执行内容	执行标准
2	通过预置的清客广播清客	通过车辆显示屏，选择预置的“终点站清客”广播，进行清客
3	确认清客完毕，准备关门	确认车站给出清客“好了”，口呼：“好了信号有。”
4	关闭车门	参照上下客监护作业执行，此流程不评判
5	确认出站信号、道岔	列车到达终点站清客退出运营后，眼看、手指信号机/道岔，口呼：“信号正确、道岔位置正确，推荐速度有。”
6	启动列车，以 ATP 模式运行	按照标准启车流程启动列车；以 ATP 模式运行，驾驶列车时严格控制列车速度
7	列车进入转换轨后，在进段信号机前一度停车	列车完全进入转换轨后，在进段信号机前（10 m 范围内）停车
8	将驾驶模式转为 RM	手指驾驶模式选择开关，口呼：“转 RM。”将驾驶模式选择开关置于“RM”位
9	司机与信号楼联系入库	司机联控信号楼：“信号楼，× × 车在转换轨 × 道停稳。”
10	信号楼回复司机	信号楼回复司机：“× × 车在转换轨 × 道停稳，信号楼明白。”
11	信号楼通知司机可以动车	待入场信号开放后，信号楼通知司机：“× × 车，转换轨 × 道往 × × 道列车信号黄灯好，司机可以动车。”
12	司机复诵	司机回复信号楼：“× × 车，转换轨 × 道往 × × 道列车信号黄灯好，可以动车，司机明白。”
13	确认入场信号机黄灯好	手指进段信号机，口呼：“列车信号黄灯好。”
14	启动列车，以 RM（25 km/h）模式驾驶列车	按照标准流程启动列车，并以 RM（25 km/h）模式驾驶列车
15	途中遇道岔，需手指、口呼	口呼：“道岔位置正确。”（若干次）
16	在平交道口前一度停车	在平交道口前（10 m 范围内）一度停车
17	确认平交道口无人、无障碍	确认平交道口无人、无障碍，司机眼看、手指道口，口呼：“道口安全。”
18	启动列车，以 RM（25 km/h）模式驾驶列车	再次启动列车，并以 RM（25 km/h）模式驾驶列车
19	在一度停车标处停车	在一度停车标处停车
20	启动列车限速 5 km/h 运行	列车限速 5 km/h 运行
21	在停车股道末端信号机前停车	在停车股道末端信号机前约 10 m 时停车
22	分主断路器	按压主断“分”按钮
23	施加停放制动	按压“停放制动施加”按钮
24	确认停放制动施加	眼看、手指按钮，口呼：“停放制动‘施加’红色指示灯亮，停放制动‘缓解’绿色指示灯灭，列车停放制动施加。”
25	汇报信号楼	司机联控信号楼：“信号楼，× × 车已在 × × 道 × 段停稳，列车已做好防护。”
26	信号楼回复司机	信号楼回复司机：“× × 车已在 × × 道 × 段停稳，列车已做好防护，信号楼明白。”

续表

序号	执行内容	执行标准
27	降下受电弓	按压受电弓“降”按钮
28	将驾驶模式转为 OFF	将驾驶模式选择开关置于“OFF”位
29	关闭主控钥匙	将主控钥匙置于“关”位
30	断激活	将激活按钮置于“分”位

引导问题：城轨电动列车司机驾驶列车入库时，应注意哪些问题？

分组练习

每组每次派出一人进行列车入库作业练习，一人模拟信号楼车场调度协助配合，由教师根据本任务所学的内容随机模拟情景，按流程进行入库作业。

评价反馈

学生进行自评，评价自己是否能够完成城轨电动列车司机入库作业办理，有无任务遗漏，见表 1-3-8。

表 1-3-8　学生自评表

班级：	姓名：		学号：
学习情境	列车入库作业		
评价项目	评价标准	分值	得分
作业流程	按规定与信号楼进行联控，满分；若否，则零分	13	
	按规定与行调进行联控，满分；若否，则零分	13	
	一度停车准确，满分；若否，则零分	13	
	行车过程中没有超速，满分；若否，则零分	13	
	按流程关闭设备，满分；若否，则零分	13	
	着装符合工作要求，满分；若否，则零分	13	
动作规范	眼看、手指动作正确、标准，指向有力，满分；若否，则零分	11	
呼唤应答用语	呼唤应答用语准确、完整，满分；若否，则零分	11	
合计		100	

教师对学生的评价内容包括：报告书写是否工整，报告内容是否出自实训，阐述是否合理、详细，认识体会是否深刻，实训操作是否规范熟练，见表1-3-9。

表1-3-9 教师评价表

班级：	姓名：	学号：	
学习情境	列车入库作业		
评价项目	评价标准	分值	得分
考勤	没有无故缺勤、迟到、早退现象，满分；若否，则零分	15	
执行作业标准	作业流程正确，满分；若否，则零分	15	
	动作规范，满分；若否，则零分	15	
	呼唤应答用语准确，满分；若否，则零分	15	
协调能力	与小组成员、同学之间能交流合作，协调工作，满分；若否，则零分	15	
职业素养	能做到安全行车、规范操作，满分；若否，则零分	15	
创新意识	通过任务训练，能发现新的问题并及时解决，满分；若否，则零分	10	
合计		100	

任务四　列车调车、调试、洗车作业

子任务一　列车调车作业

学习情境描述

调车作业是指在城市轨道交通系统日常运输生产活动中，除列车在车站到达、出发、通过及在区间内运行以外的一切有目的的移动，如解体调车、编组调车、摘挂调车、取送调车等。

任务书

按信号表示方法执行调车作业手信号，熟练使用信号旗和信号灯表示信号，区分好各项调车信号种类表示方法，明确昼间信号和夜间信号表示方法的区别。

任务分组

学生任务分配见表 1-4-1。

表 1-4-1　学生任务分配表

<table>
<tr><td>班级</td><td></td><td>组号</td><td></td><td>指导教师</td><td></td></tr>
<tr><td>组长</td><td></td><td>学号</td><td colspan="3"></td></tr>
<tr><td>组员</td><td colspan="5"></td></tr>
<tr><td>任务分工</td><td colspan="5"></td></tr>
</table>

工作准备

准备工具与器材：列车驾驶模拟器、司机包、司机手账、操纵台激活钥匙、三角钥匙、四角钥匙、手持电台、手电筒、口头调度命令记录单及其他记录单和相应工具。

知识链接

一、调车作业基本概念

1. 调车

调车是指除列车在正线运行、车站或车场到发以外，一切机车、车辆或列车有目的的移动。

2. 调车作业

调车作业包括牵引、推进两种，禁止溜放调车。在车场内指挥列车或车场调车的信号以地面信号和调车专用电台为主，手信号、信号旗、信号灯为辅。列车司机凭车载信号、地面信号或调车手信号显示行车，运行中确认进路、道岔位置正确，临时停车时，不应擅自后退。

3. 车场调车分类

车场电动列车调车分为：凭自身动力调车（含单元车）和使用工程机车调车。

（1）解体调车是指为将车列或车组中的列车按一定要求分解到指定线路内而移动列车。

（2）编组调车是指根据有关规定为将列车编成车列或车组而移动列车。

（3）摘挂调车是指为列车补轴、减轴、换挂车组或摘挂列车而移动列车。

（4）取送调车是指为装卸货物或检修列车等向作业地点取送列车。

二、调车作业原则

调车作业必须实行统一领导、单一指挥的原则，具体如下：

（1）段/场调车作业由车场调度员统一领导，折返调车作业由行车调度员统一领导，车站调车作业由车站值班站长或车站值班员统一领导。

（2）在同一时间内，调车作业计划的执行、作业方法的拟定和布置、调动列车的行动等，通常由调车组（包括调车长、列车司机、调车员）单一指挥。

三、调车作业计划

调车作业计划是调车作业的依据，包括作业车组号、作业线路、作业调车钩数及作业方法等内容。调车作业计划主要包含计划的布置、交接、传达及变更，具体如下：

1. 调车作业计划的布置方式

通常，调车领导人以调车作业通知单来布置调车计划，但若一批作业（指一张调车作业通知单）三钩以下时，允许以口头方式布置（包括使用无线电话传达）；若一批作业包括三钩以上（不包括三钩）时，必须给出书面调车作业通知单。

2. 调车作业计划的交接

调车作业计划必须由调车领导人亲自交接给调车指挥人，若因设备原因亲自交接计划确有困难，或设有调车作业通知单传输装置的车站，可按《车站行车工作细则》中对调车作业计划的规定进行交接。

3. 调车作业计划的传达

调车指挥人接受调车计划后，应根据内容及要求制定出具体的调车作业方案，并连同注意事项亲自传达给列车司机及相关岗位人员，若调车指挥人亲自传达有困难时，可指派能胜任的其他调车人员传达，或按《车站行车工作细则》中对调车作业计划的规定进行传达。

4. 调车作业计划的变更

调车作业涉及的因素较多，在城市轨道交通长期的运营过程中，难免会出现调车作业变更的情况。通常，为确保安全，在调车作业中要变更计划时，应停止调车作业，由调车指挥人将变更后的计划向列车司机及相关岗位人员传达清楚后，方可继续进行调车作业。

四、车场内调车作业流程

城市轨道交通的调车作业主要是在段/场和折返区站内进行。段/场调车作业量大、作业复杂，下面以段/场内的调车作业为例，介绍调车作业流程，具体如下：

（1）列车司机听取车场调度员布置相关安全注意事项，并确认现场列车出清，领取调车作业通知单并签名确认。

（2）到相应股道对列车进行列车整备作业并报告信号楼值班员；列车整备作业完毕后，列车司机向信号楼值班员确认调车进路已排列；确认轨道两侧无异物侵限、信号机开放及平交道口安全等，方可鸣笛动车。

（3）按调车指挥人的要求进行调车作业。在调车作业过程中要严格按“三、二、一车”要求控制速度。

（4）完成调车作业后，列车司机驾驶列车在停车列检库门口一度停车标前一度停车，确认道口安全后限速5 km/h动车入库。

（5）待列车对标停稳后，施加停放制动、关闭空调、按主断“分”按钮、降受电弓。然后报告信号楼值班员并收到其回复后，带齐行车备品下车并将驾驶室侧门锁闭。

（6）向车场调员和段副队长汇报调车作业情况，上交调车作业通知单。

五、调车作业注意事项

（1）在办理调车作业进路前，信号楼值班员应做到三确认，即确认调车组准备作业完成、确认调车线路空闲、确认不存在与调车作业有交叉干扰的接发列车和施工作业。

（2）调车组进行调车作业时，注意防止列车错挂、错摘。

（3）调车作业过程中，列车司机要时刻关注确认信号，如遇信号显示不清时，应立即停止调车，严禁臆测作业。

任务实施

执行调车作业过程中可能涉及的调车手信号种类及显示方式见表1-4-2。

表1-4-2　调车手信号种类及显示方式

序号	调车手信号种类	昼间显示方式	夜间显示方式
1	停车信号	展开红色信号旗。无红色信号旗时，两臂高举头上，向两侧急剧摇动	红色灯光。无红色灯光时，用白色灯光上下急剧摇动
2	减速信号	展开绿色信号旗下压数次	绿色灯光下压数次
3	指挥列车向显示人方向来的信号	展开绿色信号旗在下方左右摇动	绿色灯光在下方左右摇动

续表

序号	调车手信号种类	昼间显示方式	夜间显示方式
4	指挥列车向显示人方向去的信号	展开绿色信号旗上下摇动	绿色灯光上下摇动
5	指挥列车向显示人方向稍行移动的信号（包括连挂）	左手将卷起的红色信号旗直立平举，右手将展开的绿色信号旗在下方左右小动	绿色灯光下压数次后，再左右小动
6	指挥列车向显示人反方向稍行移动的信号（包括连挂）	左手将卷起的红色信号旗直立平举，右手将展开的绿色信号旗在下方上下小动	绿色灯光平举上下小动
7	“三、二、一车”距离信号	将展开的绿色信号旗平举下压三、二、一次	绿色灯光平举下压三、二、一次
8	连挂作业信号	两臂高举头上，将卷起的信号旗旗杆成水平末端相接	红、绿色灯光（无绿色灯光用白色灯光代替）交互显示
9	取消信号（通知前发信号取消）	两臂于前下方交叉后，将卷起的信号旗左右摇动数次	红色灯光做圆形转动后，上下摇动
10	道岔开通信号	将卷起的黄色信号旗高举头上左右摇动	绿色灯光高举头上左右小动

引导问题：信号表示除信号旗表示外还有其他哪几种形式，分别是什么？

分组练习

各组成员熟练掌握调车手信号内容，小组内成员根据本任务所学的内容，随机出题，教师按表1-4-3根据各组成员实践操作完成情况给每人评分。

表1-4-3　评分表

评分标准	满分	实际得分	备注
积极练习	5		
内容正确	10		
表述流畅	5		
团队协作	5		
合计/分	25		

评价反馈

学生进行自评，评价自己是否能够正确办理列车调车作业，有无任务遗漏，见表1-4-4。

表 1-4-4　学生自评表

班级：	姓名：		学号：
学习情境	列车调车作业		
评价项目	评价标准	分值	得分
作业流程	了解调车作业基本概念，满分；若否，则零分	13	
	掌握调车作业基本原则，满分；若否，则零分	13	
	掌握调车作业基本流程，满分；若否，则零分	13	
	了解调车作业手信号种类，满分；若否，则零分	13	
	会使用信号旗表示昼间信号，满分；若否，则零分	13	
	会使用信号灯表示夜间信号，满分；若否，则零分	13	
动作规范	动作正确、干净利落，满分；若否，则零分	11	
呼唤应答用语	呼唤应答用语准确、完整，满分；若否，则零分	11	
合计		100	

教师对学生的评价内容包括：报告书写是否工整，报告内容是否出自实训，阐述是否合理、详细，认识体会是否深刻，实训操作是否规范，操作掌握程度是否熟练，见表1-4-5。

表 1-4-5　教师评价表

班级：	姓名：		学号：
学习情境	列车调车作业		
评价项目	评价标准	分值	得分
考勤	没有无故缺勤、迟到、早退现象，满分；若否，则零分	15	
执行作业标准	作业流程正确，满分；若否，则零分	15	
	动作规范，满分；若否，则零分	15	
	呼唤应答用语准确，满分；若否，则零分	15	
协调能力	与小组成员、同学之间能交流合作，协调工作，满分；若否，则零分	15	
职业素养	能做到安全行车、规范操作，满分；若否，则零分	15	
创新意识	通过任务训练，能发现新的问题并及时解决，满分；若否，则零分	10	
合计		100	

子任务二　列车调试作业

学习情境描述

调试作业是指在正线或段/场内试车线上进行的信号设备、列车设备的调试、试验工作（包括故障处理完毕后进行的试验），以及列车投入运营前所做的测试、准备工作。

任务书

绘制列车调试作业流程图。熟悉列车调试作业基本流程，区分好段/场内调试作业与正线调试作业区别，注意流程图绘制的规范性，做到逻辑严谨，步骤规范。

任务分组

学生任务分配见表1-4-6。

表1-4-6　学生任务分配表

班级		组号		指导教师	
组长		学号			
组员					
任务分工					

工作准备

准备工具与器材：列车驾驶模拟器、司机包、司机手账、操纵台激活钥匙、三角钥匙、四角钥匙、手持电台、手电筒、口头调度命令记录单及其他记录单和相应工具。

知识链接

一、段/场内列车调试作业前的准备

（1）段场内列车调试作业通常在试车线上进行。列车司机需按规定联系试车线上接触轨或接触网的送、停电负责人，及试车线信号系统进路开放等事宜的相关负责人。

（2）试车前，列车司机应确认有关人员都已处于安全位置，确认信号机开放、道岔开通方向正确。

（3）与正线上调试作业相同，列车司机也应提前了解调试作业方案。

二、正线上列车调试作业前的准备

1. 列车司机班前应充分休息，保证在调试作业中状态良好、精神集中。

2. 列车司机应提前理解调试作业方案，对调试流程进行充分预想，掌握调试作业安全要点，明确封锁区间范围等。

三、段/场内列车调试作业的注意事项

（1）试车线上的调试作业不得影响正常运行的列车。

（2）调试过程中，遇调试人员下车作业时，在得到调试负责人动车指令后，应再次向调试负责人确认下车人员均已处于安全位置后再动车。

（3）调试过程中，任何人员需要关断或恢复列车制动系统时，必须经调试负责人同意，调试负责人同意后将情况及时告知列车司机，列车司机根据实际情况采取正确的制动方式。

（4）调试过程中，列车司机须按规定控制调试速度，试车线上列车的最高运行速度为50 km/h；接近尽头线停车标处，列车速度不得超过5 km/h。

四、正线上列车调试作业的注意事项

（1）列车调试作业中，按规定认真检查列车性能，发现列车故障时，应及时与调试负责人沟通。

（2）调试过程中只听从调试负责人指令调试列车。涉及一辆列车两个列车司机的情况时，两个列车司机都要听从调试负责人的直接指令；涉及两辆列车在同一封锁区间内进行联合调试作业时，原则上应由调试负责人统一指挥；若调试作业要求每辆列车都需要调试负责人时，列车司机要明确对自己指挥的调试负责人。

（3）调试过程中，严格执行呼唤应答制度，对调试负责人发布的命令应复诵，确认正确后执行。

（4）调试运行时，应注意区间限速，明确调度命令含义，严格按照调度命令执行。当调试负责人指令与调度命令相冲突时，应向调试负责人明确指令后再作业。

（5）调试过程中，遇调试人员下车作业时，在得到调试负责人动车指令后，应再次向调试负责人确认下车人员均已处于安全位置后再动车。

（6）列车司机在调试过程中不得擅自操作设备。

任务实施

一、段/场内列车调试作业的流程

（1）与正线调试作业相同，列车司机也应按规定出勤、确认调试作业单有关内容、整备列车。

（2）列车司机驾驶列车运行至规定位置调车信号机处一度停车，根据调车信号机显示，动车进入试车线停车标处对标停车，等待试车。

（3）按照调试负责人的指示进行列车调试。

（4）列车调试完毕后，列车司机按规定速度驾驶列车在规定位置调车信号机处一度停车，与信号楼值班员联系，根据信号楼值班员的指示与调车信号机的进路显示，驾驶列车返回停车列检库。

二、正线上列车调试作业的流程

（1）列车司机按规定出勤，领取行车备品。

（2）确认调试作业单有关内容，听取派班员安全事项传达。

（3）进行列车整备作业。

（4）完成列车整备作业后主动联系信号楼值班员，按照信号楼值班员指示及调试作业要求将调试列车移动到指定地点。

（5）确认行车进路、道岔、信号正确，符合行车条件后动车。

（6）按调试内容及调试负责人的要求进行调试作业。

（7）调试作业完成后，列车司机应按规定将列车送回停车列检库，并认真填写调试通知单。

引导问题：列车在正线进行调试作业与列车在车场进行调试作业相比，有哪些区别？

______

______

______

分组练习

各组成员熟练掌握列车调试内容，小组内成员根据本任务所学的内容，绘制列车调试作业流程图。

______

______

______

评价反馈

学生进行自评，评价自己是否能够正确绘制列车调试作业流程图，有无任务遗漏，见表1-4-7。

表 1-4-7 学生自评表

班级：	姓名：		学号：
学习情境	列车调试作业		
评价项目	评价标准	分值	得分
作业流程	了解段 / 场内列车调试作业前的准备，满分；若否，则零分	20	
	掌握正线上列车调试作业前的准备，满分；若否，则零分	20	
	掌握段 / 场内列车调试作业的流程，满分；若否，则零分	20	
	了解正线上列车调试作业的流程，满分；若否，则零分	20	
	流程图绘制规范美观，满分；若否，则零分	20	
合计		100	

教师对学生的评价内容包括：报告书写是否工整，报告内容是否出自实训，阐述是否合理、详细，认识体会是否深刻，实训操作是否规范，操作掌握程度是否熟练，见表1-4-8。

表 1-4-8 教师评价表

班级：	姓名：		学号：
学习情境	列车调试作业		
评价项目	评价标准	分值	得分
考勤	没有无故缺勤、迟到、早退现象，满分；若否，则零分	15	
执行作业标准	流程图绘制正确，满分；若否，则零分	15	
	流程图绘制美观，满分；若否，则零分	15	
	知识点掌握准确，满分；若否，则零分	15	
协调能力	与小组成员、同学之间能交流合作，协调工作，满分；若否，则零分	15	
职业素养	能做到安全行车、规范操作，满分；若否，则零分	15	
创新意识	通过任务训练，能发现新的问题并及时解决，满分；若否，则零分	10	
合计		100	

子任务三　列车洗车作业

学习情境描述

城市轨道交通列车最主要的用途是运送乘客，确保列车整洁干净是城市轨道交通服务的内在要求。城市轨道交通列车需根据固定的洗车计划开展洗车作业。

任 务 书

请按照规范流程绘制列车洗车作业流程图。熟悉掌握洗车作业流程步骤，绘制过程中填写好城轨电动列车司机与洗车库值班员、信号楼值班员的联控用语，标注好模式调节、列车车速等关键环节。

任务分组

学生任务分配见表1-4-9。

表1-4-9　学生任务分配表

班级		组号		指导教师	
组长		学号			
组员					
任务分工					

工作准备

准备工具与器材：列车驾驶模拟器、司机包、司机手账、操纵台激活钥匙、三角钥匙、四角钥匙、手持电台、手电筒、口头调度命令记录单及其他记录单和相应工具。

知识链接

一、列车端洗作业流程

列车端洗作业是指对列车两端驾驶室及两侧车体进行清洗，其主要流程如下：

入场停车，联系信号楼→确认是否洗车→驾驶列车前往洗车库（按规定速度）→对标停车开启洗车模式→联系洗车值班员，入库洗车→对标停车，清洗前端→动车，清洗两侧→对标停车，清洗后端→联系洗车值班员，结束洗车模式→联系信号楼，驾车前往定点停放→洗车作业结束

二、列车侧洗作业流程

列车侧洗是指对列车两侧进行清洗，其流程基本为除去清洗列车两端驾驶室的端洗流程。

端洗一般15天左右一次，侧洗一般7天左右一次，不过不同的城市轨道交通公司对列车洗车作业的频率要求略有不同。此外，随着科技的发展，各城市轨道交通公司所用的洗车机也不同，列车洗车作业的详细流程及作业时间也存在差异，不过列车洗车作业时间一般在20 min左右。

三、列车洗车作业注意事项

（1）列车司机必须严格执行呼唤应答制度，严禁进行列车洗车作业以外的其他活动。

（2）洗车过程中，注意溜车现象，严禁列车后退。

（3）列车洗车作业中，严格控制列车运行速度，若列车无洗车模式，则可使用非限制式人工模式（URM模式），以3 km/h以下的速度进行列车洗车作业。

（4）洗车过程中，严禁使用刮雨器。

（5）列车不能进行洗车作业时，及时联系信号楼值班员，在得到信号楼值班员的动车指示并确认洗车机无侵限后，方可动车前行。

任务实施

列车洗车作业具体流程如下：

（1）收到列车洗车作业通知后，列车司机按规定复诵指令，确认信号、进路、道岔正确，凭信号动车，以规定的速度运行至洗车库外调车信号机前一度停车。

（2）列车司机确认列车门窗正常关闭，开启洗车模式（运行速度3 km/h）。

（3）联系洗车值班员，得到同意进入洗车库通知，确认调车信号机、相应洗车信号机开放后，驾驶列车进入洗车库。

（4）驾驶列车至“前端洗停车位置”标处对标停车，报告洗车值班员，洗车值班员开始进行列车前端清洗作业。

（5）列车前端清洗完毕后，列车司机根据信号指示，驾驶列车前行并清洗列车两侧，行至“后端洗停车位置”标处对标停车，报告洗车值班员，洗车值班员开始进行列车后端清洗作业。

（6）列车后端清洗完毕后，列车司机根据信号指示，驾驶列车行至“洗车结束”标处对标停车。

（7）联系洗车值班员，待洗车值班员通知列车司机洗车结束后，结束洗车模式，联系信号楼值班员，根据列车运行计划及进路信号机显示，驾驶列车到指定地点停放。

分组练习

各组成员熟练掌握列车调试内容，小组内成员根据本任务所学的内容，绘制列车调试作业流程图。

评价反馈

学生进行自评，评价自己是否能够正确绘制列车洗车作业流程图，有无关键环节点遗漏，见表1-4-10。

表 1-4-10　学生自评表

班级：	姓名：	学号：	
学习情境	列车洗车作业		
评价项目	评价标准	分值	得分
作业流程	了解列车洗车作业流程，满分；若否，则零分	20	
	掌握列车侧洗及端洗区别，满分；若否，则零分	20	
	掌握列车洗车作业注意事项，满分；若否，则零分	20	
	按作业标准绘制流程图，没有关键点遗漏，满分；若否，则零分	20	
	流程图绘制规范美观，满分；若否，则零分	20	
合计		100	

教师对学生的评价内容包括：报告书写是否工整，报告内容是否出自实训，阐述是否合理、详细，认识体会是否深刻，实训操作是否规范，操作掌握程度是否熟练，见表1-4-11。

表 1-4-11　教师评价表

班级：	姓名：	学号：	
学习情境	列车洗车作业		
评价项目	评价标准	分值	得分
考勤	没有无故缺勤、迟到、早退现象，满分；若否，则零分	15	
执行作业标准	流程图绘制正确，满分；若否，则零分	15	
	流程图绘制美观，满分；若否，则零分	15	
	知识点掌握准确，满分；若否，则零分	15	
协调能力	与小组成员、同学之间能交流合作，协调工作，满分；若否，则零分	15	
职业素养	能做到安全行车、规范操作，满分；若否，则零分	15	
创新意识	通过任务训练，能发现新的问题并及时解决，满分；若否，则零分	10	
合计		100	

巩固练习

一、选择题

1. 车辆基地内调车作业时，列车司机要认真确认前方（　　），并做好手指口呼。

A. 车载信号　　B. 地面信号
C. 车辆状态　　D. 运行计划

2. 调车作业中列车司机发现调车信号发生突变时，应（　　）。

A. 减速运行　　B. 越过后停车
C. 立即停车　　D. 不停车通过

3. 在进行列车调试时，须安排（　　）名司机上岗，列车司机要按实验大纲要求操作，严格控制好速度。

A. 1　　B. 2　　C. 3　　D. 4

4. 以下不属于列车司机退勤要求的是（　　）。

A. 抄写调度命令
B. 交回行车备品
C. 汇报运行情况和驾驶过程中发现的车辆故障
D. 确认下次出勤的时间和地点

5. 列车司机在出勤前，应抄写（　　）。

A. 车辆、线路技术状况
B. 行车预想
C. 调度命令、值乘计划和当日行车安全注意事项
D. 上级通知

6. 下列不属于城市轨道交通列车司机交接班内容的项目有（　　）。

A. 列车表号、车次、车号　　B. 继续有效的行车调度命令
C. 车辆的运行情况、技术状态　　D. 出入段的时刻

7. 在车辆段必须横越线路或在线路中心行走时，应注意（　　）。

A. 人员　　B. 平交道状态
C. 车辆动态　　D. 道岔

8. 城市轨道交通线路中，车场线按照用途不同分为运用线和（　　）。

A. 安全线　　B. 渡线　　C. 存车线　　D. 维修线

9. 城市轨道交通车辆在执行出入段作业时，列车应以RM模式驾驶列车，其限速是（　　）。

A. 15 km/h　　B. 20 km/h　　C. 25 km/h　　D. 30 km/h

10. 城市轨道交通列车在驶入正线前，列车司机必须对列车进行（　　）作业。

A. 开关门　　B. 洗车　　C. 调车　　D. 一次出乘检查

11. 以下是由列车司机造成的影响列车驾驶安全的是（　　）。

A. 纪律松散，不落实出乘标准化作业
B. 精力不集中，带情绪开车
C. 调度命令、值乘计划和当日行车安全注意事项
D. 安全管理规章、制度的适用性存在缺陷

二、填空题

1. 车辆基地主要由____________、列检库、车辆场线路、信号控制楼等组成。

2. 在车辆段范围内指挥列车运行或车辆段调车的信号：以____________和调车专用电台为主，手信号旗/灯为辅。

3. 进行制动机、车门、空压机等动态试验时，决不能触动其____________。

4. 城市轨道交通车辆上的司机室应至少设置____________具灭火器；每个客室应至少设置____________具灭火器。

5. 列车司机出勤时，应做到穿着指定的乘务识别服、携带相应的列车驾驶上岗证件和____________。

6. 城市轨道交通运营单位应配备____________等设备，有条件的可配备毒品检测设备，在出勤时通过检测、问询等方式对司机状态进行检查。

7. 洗车设备是____________的必备设施。

8. 列车司机调车作业动车凭证有____________和信号楼值班员命令。

项目二　正线驾驶作业

学习目标

知识目标

1. 熟悉列车驾驶模式及模式转换。
2. 掌握正线运行及站台作业的操作流程。
3. 掌握终点站折返作业的操作流程。
4. 熟悉列车广播作业内容。

能力目标

1. 能够熟练完成正线驾驶作业。
2. 能够熟练完成列车折返作业。

素养目标

1. 培养爱国主义精神，形成职业意识，能按照标准做好行车相关仪容仪表、手指口呼、标准用语等作业基本要求。
2. 树立大局意识，严格遵守各项规章制度、命令和速度规定。
3. 掌握列车驾驶的基本知识，正确执行各项操作规程，确保城轨电动列车运行安全。

知识体系

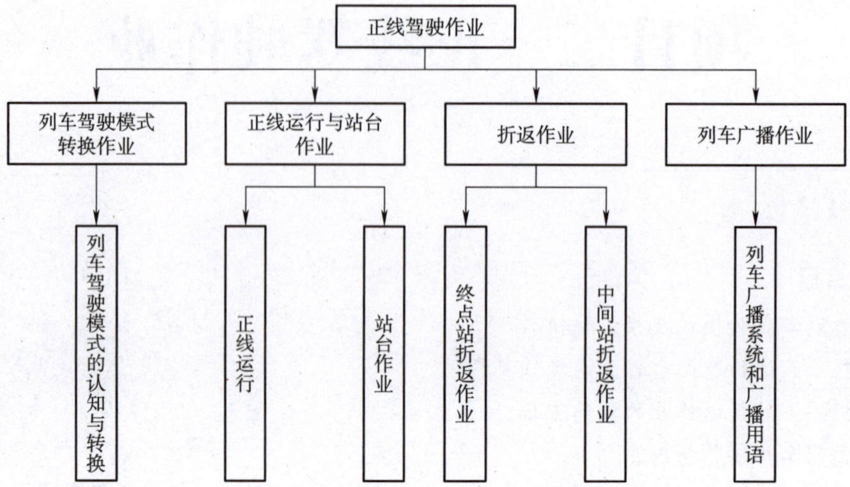
正线驾驶作业
列车驾驶模式转换作业
正线运行与站台作业
折返作业
列车广播作业
列车驾驶模式的认知与转换
正线运行
站台作业
终点站折返作业
中间站折返作业
列车广播系统和广播用语

任务一　列车驾驶模式转换作业

子任务　列车驾驶模式的认知与转换

学习情境描述

每次只要坐在城市轨道交通列车的前端车厢，就能透过驾驶室的小窗口看到列车司机，但是多数情况下列车司机都是坐着不动的状态，这也让很多人产生了疑惑，城市轨道交通列车到底是自动驾驶的，还是像公交车那样手动驾驶的呢?

其实，正常情况下城市轨道交通列车都是全自动驾驶的，但是也有特殊情况，比如列车可能出现故障、到站不能自动停车，这时就需要列车司机来手动进行停车，此外，列车日常检修回库的时候，往往超出自动驾驶模式范围之外，这时候就需要人工去操作了。因此，不同的驾驶情境可能需要不同的驾驶模式，让我们一起来探索列车的各种驾驶模式吧。

任务书

（1）以庞巴迪列车为例，整理列车驾驶模式的分类。

（2）进入实训室，通过列车模拟驾驶操作台，认识并熟悉不同列车驾驶模式，总结列车不同驾驶模式的基本特征及其应用。

（3）学习并熟知哪些驾驶模式之间可以相互转换。

（4）总结列车各模式之间的转换条件。

（5）完成综合训练。

任务分组

学生任务分配见表2-1-1。

表2-1-1　学生任务分配表

<table>
<tr><td>班级</td><td></td><td>组号</td><td></td><td>指导教师</td><td></td></tr>
<tr><td>组长</td><td></td><td>学号</td><td colspan="3"></td></tr>
<tr><td>组员</td><td colspan="5"></td></tr>
<tr><td>任务分工</td><td colspan="5"></td></tr>
</table>

工作准备

（1）阅读任务书，完成小组任务分工，进行小组任务讨论。

（2）通过列车模拟驾驶操作台，认识并熟悉不同列车驾驶模式。

（3）收集列车驾驶模式转换的相关资料，并进行记录。

（4）能够正确进行列车驾驶模式的转换。

知识链接

微 课

列车驾驶模式等级

一、列车驾驶模式的分类

以庞巴迪列车为例，其常用驾驶模式有：ATO模式（列车自动驾驶模式）、SM模式（ATP速度监控下的人工驾驶模式）、RM模式（ATP固定速度下的人工驾驶模式）、AR模式（列车自动折返模式）、URM模式（非限制人工驾驶模式）。

二、不同驾驶模式的基本特征及其应用

一般地，列车出入段/场线、正线、折返线按正方向运行及折返作业时，均以ATO模式为常用模式；当ATO设备故障或有需要时，可将ATO模式转换为SM模式。ATO模式及SM模式均为正常运行模式，而RM模式及URM模式均为非正常模式。

以庞巴迪列车为例，其5种驾驶模式基本特性及应用见表2-1-2。

表 2-1-2　各种驾驶模式的基本特性及应用

驾驶模式	含义	基本特性	应用
ATO 模式	列车自动驾驶模式	最优先级的驾驶模式，无须列车司机操作。列车司机负责监督 ATP/ATO 的显示、列车运行状态及通过的轨道、道岔、信号机的状态，在必要时可进行人工干预	正线列车的正常运行模式
SM 模式	ATP 速度监控下的人工驾驶模式	次优先级的驾驶模式，列车司机控制列车运行，运行速度受 ATP 监控。如果运行速度超过 ATP 允许的速度，列车会发生紧急制动而停车。列车司机负责驾驶列车、监督 ATP 的显示	发生 ATO 故障或特殊情况下的降级运行模式
RM 模式	ATP 固定速度下的人工驾驶模式	列车司机控制列车运行，运行速度不能大于25 km/h，如果超过该速度，列车将产生紧急制动而停车。列车司机负责列车运行安全	列车在车辆段/场范围内的运行，以及在联锁系统、轨道电路、ATP 设备发生故障时，列车紧急制动后的运行模式
AR 模式	列车自动折返模式	列车自动进行折返作业。列车司机负责操作站台端墙处自动折返 DTRO	在设有自动折返功能的折返站所采用的运行模式

续表

驾驶模式	含义	基本特性	应用
URM 模式	非限制人工驾驶模式	故障级驾驶模式，列车运行由列车司机控制。如果使用该模式，必须经过批准、登记。列车运行的安全由行车调度员、车站值班员、列车司机人为保障	车载 ATP 系统或联锁系统发生故障后的降级运行模式

列车运行过程中，随驾驶情景的不同，会进行模式转换，比如当ATO设备故障或有需要时，可将ATO模式转换为SM模式。列车驾驶模式的转换主要包括ATO模式转换为SM模式、RM模式、URM模式，SM模式转换为ATO模式、RM模式、URM模式，RM模式转换为SM模式、URM模式，URM模式转换为RM模式。

列车驾驶模式的转换条件见表2-1-3。

表 2-1-3　列车驾驶模式的转换条件

原驾驶模式	转换后的驾驶模式			
	ATO 模式	SM 模式	RM 模式	URM 模式
ATO 模式	—	无论列车处于运行还是停车状态，列车司机都可使列车立即处于该模式	列车处于正线运行时，需要停车后方可转换；在出入段 / 场线转换轨、速度低于 25 km/h 时，可不停车转换	列车司机确认列车停车后，使用“ATP 切除”开关切除 ATP
SM 模式	列车处于运行（满足一定条件）或停车状态时，列车司机可使列车处于该模式	—	列车处于正线运行时，需要停车后方可转换；在出入段 / 场线转换轨、速度低于 25 km/h 时，可不停车转换	列车司机确认列车停车后，使用“ATP 切除”开关切除 ATP
RM 模式	—	列车获得定位并接收到正确的移动授权后，自动转换为该模式	—	列车司机确认列车停车后，使用“ATP 切除”开关切除 ATP
URM 模式	—	—	车载 ATP 系统可用，列车停车后，列车司机将“ATP 切除”开关恢复至“ATP 正常”位	—

任务实施

（1）分组讨论并掌握列车驾驶模式的分类。

（2）进入实训室分组练习，进行不同驾驶模式的认知与转换作业。要求每人至少练习2次，以提高熟练程度。

微课

全自动无人驾驶列车未来发展

微课

全自动无人驾驶与有人驾驶比较

（3）分组汇报，总结列车驾驶模式的分类及其基本特征和应用。

____

____

____

请认真学习知识链接后，填写表2-1-4进行自我检测。

表2-1-4　列车驾驶模式的转换条件

原驾驶模式	转换后的驾驶模式			
	ATO模式	SM模式	RM模式	URM模式
ATO模式				
SM模式				
RM模式				
URM模式				

评价反馈

学生进行自评，评价自己是否能够熟知哪些列车驾驶模式之间能够相互转换，能否掌握不同列车驾驶模式的转换条件，是否能够按时且正确完成报告内容和实训成果资料，见表2-1-5。

表2-1-5　学生自评表

班级：	姓名：	学号：	
学习情境	列车驾驶模式的认知与转换		
评价项目	评价标准	分值	得分
作业流程	正确进行ATO模式转换，满分；若否，则零分	20	
	正确进行SM模式转换，满分；若否，则零分	20	
	正确进行RM模式转换，满分；若否，则零分	20	
	正确进行URM模式转换，满分；若否，则零分	20	
动作规范	眼看、手指动作正确、标准，满分；若否，则零分	10	
呼唤应答用语	呼唤应答用语准确、完整，满分；若否，则零分	10	
合计		100	

教师对学生在实操任务完成过程及展示成果进行评价，并将评价结果填入教师评价表中，见表2-1-6。

表 2-1-6　教师评价表

<table>
<tr><td colspan="2">班级：</td><td>姓名：</td><td colspan="2">学号：</td></tr>
<tr><td>学习情境</td><td colspan="4">列车驾驶模式的认知与转换</td></tr>
<tr><td>评价项目</td><td colspan="2">评价标准</td><td>分值</td><td>得分</td></tr>
<tr><td>考勤</td><td colspan="2">没有无故缺勤、迟到、早退现象，满分；若否，则零分</td><td>15</td><td></td></tr>
<tr><td rowspan="3">执行作业标准</td><td colspan="2">作业流程正确，满分；若否，则零分</td><td>20</td><td></td></tr>
<tr><td colspan="2">动作规范，满分；若否，则零分</td><td>15</td><td></td></tr>
<tr><td colspan="2">呼唤应答用语准确，满分；若否，则零分</td><td>15</td><td></td></tr>
<tr><td>协调能力</td><td colspan="2">与小组成员、同学之间能交流合作，协调工作，满分；若否，则零分</td><td>10</td><td></td></tr>
<tr><td>职业素养</td><td colspan="2">能做到安全行车、规范操作，满分；若否，则零分</td><td>15</td><td></td></tr>
<tr><td>创新意识</td><td colspan="2">通过任务训练，能发现新的问题并及时解决，满分；若否，则零分</td><td>10</td><td></td></tr>
<tr><td colspan="3">合计</td><td>100</td><td></td></tr>
</table>

任务二　正线运行与站台作业

子任务一　正线运行

学习情境描述

正线驾驶作业是列车司机工作内容的主体部分。在进行正线驾驶作业时，列车司机应正确操作列车设备，严格按照运营时刻表和行车调度员的要求驾驶列车，保证列车安全、正点运行，为乘客提供高质量的出行服务。

任务书

（1）了解正线运行注意事项及要求。

（2）进入实训室，熟练ATO模式下列车正线运行操作流程。

（3）利用实训设备，熟练SM模式下列车正线运行操作流程。

任务分组

学生任务分配见表2-2-1。

表2-2-1　学生任务分配表

<table>
<tr><td>班级</td><td></td><td>组号</td><td></td><td>指导教师</td><td></td></tr>
<tr><td>组长</td><td></td><td>学号</td><td colspan="3"></td></tr>
<tr><td>组员</td><td colspan="5"></td></tr>
<tr><td>任务分工</td><td colspan="5"></td></tr>
</table>

工作准备

（1）阅读任务书，完成小组任务分工，进行小组任务讨论。

（2）收集列车正线运行的相关资料，并进行记录。

（3）准备好实训设备及工具。

知识链接

正线运行注意事项及要求：

（1）司机凭车载信号的显示、运营时刻表的规定和进路防护信号机的显示行车。根据运营时刻表和列车出发计时器DTI的时分，严格掌握停站和运行时刻，确保列车运行安全、准点。

（2）司机在驾驶列车时，除了认真留意显示屏、各种指示灯/按钮的状态之外，还需要加强在运行中眼观、耳听、鼻闻的意识，做到从声音中听出异响、鼻子里闻出异味、手感中觉出异常，时刻注意列车运行中的变化，发现异常时司机先采取措施，然后立即报行车调度员按行车调度员指示执行。

（3）列车运行中坚持“动车集中看，瞭望不间断”，掌握“远看信号，近看道岔”的原则，确认前方进路安全。严格按照行车组织规则的规定及行车调度员的命令控制好列车运行速度，严禁超速。遇危及行车（如弓网故障、线路及其他轨旁设备损坏、超限等）或人身安全的情况时，应立即采取紧急措施并报告行车调度员。

（4）严格执行呼唤应答制度，要求呼唤时机恰当，用语准确响亮。做好“自控、互控、他控”，确保行车安全。

（5）司机按照信号显示行车，准确对标，防止越出停车标、错开车门。正常情况下严禁未对好停车标（误差 ±50 cm）打开车门。

（6）正常情况下列车采用ATO模式驾驶，改变驾驶模式前须要得到行车调度员的授权（行车组织规则中规定的除外）。若需采用URM或RM模式驾驶，司机还应严格按照行车组织规则及线路限速规定的速度执行。区间限速牌前按规定要求降速，严禁超速。

（7）司机采用SM模式驾驶时，进站时注意严格控制速度，准确对标，避免二次启动。

（8）列车故障或其他原因需临时停车，司机需进行应急广播，做好乘客解释工作。在站台如已知停车时间较长，司机应打开车门和屏蔽门，避免不必要的乘客投诉。

（9）当车辆或信号设备发生故障时，按照“先汇报后处理”的原则，根据《电客车应急故障处理指南》或《信号设备故障处理指南》的规定进行处理。司机对电动列车的故障初步处理原则上为4 min司机无法处理或4 min后还无法动车时，通过行车调度员向检调申请技术支援，同时继续处理故障，若7 min后仍不能动车时，按行车调度员指示执行。

（10）出现线路及其他轨旁设备损坏或侵限的情况，司机立即采取紧急停车措施，并报行车调度员。区间列车发生故障时，应尽量维持进站处理；若列车需带故障维持运行至终点站，司机须密切留意列车运行状态。

（11）司机加强与车站联系，严格执行与车站的联控安全措施。车站中转的行车指示或命令须严格复诵并与行车调度员核对清楚，命令不清不准动车，严禁臆测行车，确保列车安全、准点运行。

任务实施

一、列车自动驾驶模式下正线运行的操作流程

（1）当列车以自动驾驶模式运行时，司机应保持坐姿端正，左手放置于操纵台面上，右手放置于靠近主控手柄右侧，双眼目视前方不间断瞭望，确保行车安全。

（2）启动ATO模式时，主控器手柄在“0”位，方向手柄在“向前”位，司机同时按下司机台上的两个“ATO启动”按钮，“ATO启动”按钮亮起。“ATO启动”按钮必须按下至少1 s，这是为了避免无意识地启动列车。成功后，驾驶室的显示器上就会出现ATO指示。当主控器手柄离开“0”位时，列车将退出ATO自动驾驶。

（3）遇区间信号机及道岔时，左手手指并口呼确认信号机显示及道岔位置正确（区间遇信号机和道岔时应按照由近及远的原则，先确认信号显示，后确认道岔位置正确）。

（4）运行中司机要正确开放广播、乘客信息显示系统，通过CCTV系统观察车厢内情况，必要时用人工广播对乘客做好宣传解释工作；监督车载ATP/ATO设备的状态显示，并注意列车运行所经过的线路状况（如道岔、信号机），发现区间内有人员及影响行车的障碍物及其他异常情况时，应立即停车并报告；会车时，要实施前照灯减光，严禁关闭前照灯。

（5）列车进站时要注意瞭望站台情况，危及人身安全时，要果断采取紧急停车措施。到站停车开门后，应将司机控制器手柄置于“制动”位，每站发车时司机根据地面信号机显示的绿色或黄色灯光，同时按下“ATO启动”按钮，给出发车指令。

小提示

列车进入ATO模式后，如果系统设备正常，并且在没有人工干预的情况下，驾驶模式将维持不变。

二、列车人工驾驶模式下正线运行的操作流程

当线路不具备ATO的条件时，列车被迫改用人工驾驶模式，常用的人工驾驶模式有SM模式、RM模式、URM模式，其中RM模式、URM模式属于非正常运营模式，在此仅介绍SM模式下的操作程序。

（1）人工驾驶模式运行时，司机应保持坐姿端正，左手放置于操纵台面上，右手紧握主控手柄并按下“警惕”按钮，把控好速度，不间断瞭望前方进路，确保行车安全。

（2）SM模式下启动列车时，应逐级推动司控器手柄，待列车运行平稳、接近目标速度后再根据线路情况适当调速，使列车以接近目标速度的速度运行，保证正点、安全。

（3）遇区间信号机及道岔时，左手手指并口呼确认信号机显示及道岔位置正确（区间遇信号机和道岔时应按照由近及远的原则，先确认信号显示，后确认道岔位置正确）。

（4）实施常用制动时，应考虑列车速度、线路情况、列车载重等条件，准确掌握制动时机和减速度大小，保持列车均匀减速，严禁突然使用较大的制动力。列车进入车站实施减速直至停车的过程，要求必须逐级制动。

引导问题：列车正线运行时，有哪些注意事项及要求？

分组练习

小组内模拟ATO模式下列车正线运行、SM模式下列车正线运行，互相指出不足之处。要

求每人至少练习2次，以提高熟练程度。

评价反馈

学生进行自评，评价自己是否熟悉正线运行注意事项及要求、ATO模式下列车正线运行操作流程、SM模式下列车正线运行操作流程，是否能够按时完成报告内容，有无任务遗漏，见表2-2-2。

表2-2-2 学生自评表

班级：	姓名：	学号：	
学习情境	正线运行		
评价项目	评价标准	分值	得分
作业流程	正确启动ATO模式，满分；若否，则零分	15	
	能在ATO模式下按规定行车，满分；若否，则零分	20	
	正确启动SM模式，满分；若否，则零分	15	
	能在SM模式下按规定行车，满分；若否，则零分	20	
动作规范	眼看、手指动作正确、标准，满分；若否，则零分	20	
呼唤应答用语	呼唤应答用语准确、完整，满分；若否，则零分	10	
合计		100	

教师对学生在实操任务完成过程及展示成果进行评价，并将评价结果填入教师评价表中，见表2-2-3。

表2-2-3 教师评价表

班级：	姓名：	学号：	
学习情境	正线运行		
评价项目	评价标准	分值	得分
考勤	没有无故缺勤、迟到、早退现象，满分；若否，则零分	15	
执行作业标准	作业流程正确，满分；若否，则零分	20	
	动作规范，满分；若否，则零分	15	
	呼唤应答用语准确，满分；若否，则零分	15	
协调能力	与小组成员、同学之间能交流合作，协调工作，满分；若否，则零分	10	
职业素养	能做到安全行车、规范操作，满分；若否，则零分	15	
创新意识	通过任务训练，能发现新的问题并及时解决，满分；若否，则零分	10	
合计		100	

子任务二　站台作业

学习情境描述

站台作业是列车司机驾驶列车到站停稳后所进行的一系列操作，包括开/关车门、监护乘客上下车、监督设备状态等工作内容。下面主要学习中间站及终点站站台作业操作流程。

任　务　书

（1）了解站台作业注意事项。

（2）利用实训设备，进行中间站列车ATO模式下的站台作业。

（3）利用实训设备，进行中间站列车SM模式下的站台作业。

（4）利用实训设备，进行终点站站台作业。

（5）手指口呼，熟练正线作业呼唤应答语。

任务分组

学生任务分配见表2-2-4。

表 2-2-4　学生任务分配表

班级		组号		指导教师	
组长		学号			
组员					
任务分工					

工作准备

（1）阅读任务书，完成小组任务分工，进行小组任务讨论。

（2）收集站台作业的相关资料，并进行记录。

（3）准备好实训设备及工具。

知识链接

一、站台作业注意事项

（1）站台作业时，进、出驾驶室及跨出站台开关屏蔽门、车门时，应注意列车与站台间的空隙，避免摔伤。屏蔽门与车门不能联动时，必须按照“先开关屏蔽门，后开关车门”的原则执行。

（2）列车进站前，密切观察站台及轨行区安全情况。遇屏蔽门处于隔离状态或故障，且故障屏蔽门处于打开状态时应及早鸣笛示警并限速25 km/h，处于关闭状态时无需鸣笛，遇危及列车运行或人身安全时，立即采取紧急措施。

（3）开门时，司机在按压“开门”按钮后要确认屏蔽门是否开启；关门时，按压“关门”按钮后不间断瞭望空隙和屏蔽门状态。按压“开/关门”按钮时需保持2 s以上，保证车门开、功能正常。

（4）关屏蔽门、车门前应先确认进路防护信号机开放或者具备行车凭证，再关屏蔽门、车门。关屏蔽门、车门时，密切注视空隙状态。关屏蔽门后，应注意确认所有屏蔽门关闭，屏蔽门上方指示灯灭，PSL控制盘“所有门关闭”指示灯亮。关闭车门后应确认驾驶室内“车门关”指示灯亮，且确认空隙没有滞留乘客及异物。

（5）如列车延误情况下，在站台作业时，司机须正确掌握关门时机，即屏蔽门和车门打开后至少保持10 s（终点站必须确认站台岗人员给了清客“好了”信号）后再关门。严禁司机盲目赶点，确保站台作业安全。

（6）当乘客向司机投诉时，司机可用“我们正在处理”或“请咨询车站工作人员”等标准用语，转交车站处理，同时通过对讲机请求车站协助，避免相互拉扯延误时间。一般问题须在15 s内解决，司机转入驾驶室按正常程序动车，并报行车调度员。

（7）需要车站人员协助的情况下，及时通过对讲机与车控室取得联系，并明确协助处理内容。

（8）有站台人员显示“好了”信号的车站，司机须用对讲机回复“好了信号有”，仔细观察CCTV画面确认站台无异常，呼“站台安全”，然后进入驾驶室。

（9）当两人机班值乘时，只需值乘司机一人进行站台作业，非值乘司机在驾驶室进行监控，车门关好后需探头共同确认空隙安全。在驾驶室内两人均需执行手指口呼，终点站时非值乘司机待列车停稳后收拾同机班两人的备品到站台立岗。

二、正线作业呼唤应答语

正线作业呼唤应答用语见表2-2-5（以双列车司机为例）。

表2-2-5　正线作业呼唤应答用语

作业内容	呼唤时机	列车司机		学员/屏蔽门操作员	
		呼唤应答用语	备注	呼唤应答用语	备注
打开车门/屏蔽门	列车停稳、对标准确、气制动施加灯亮起	口呼“开左/右门”		口呼“开屏蔽门”	

续表

作业内容	呼唤时机	列车司机		学员／屏蔽门操作员	
		呼唤应答用语	备注	呼唤应答用语	备注
开门确认	确认车门／屏蔽门完全打开	手指口呼“车门／屏蔽门打开”	站在规定位置，确认车门／屏蔽门完全打开和屏蔽门指示灯亮起后，再手指口呼	手指口呼“车门／屏蔽门打开”	站在规定位置，确认车门／屏蔽门完全打开和屏蔽门指示灯亮起后，再手指口呼
关闭车门／屏蔽门	乘客乘降完毕，关门	口呼“关左／右门”	①与站务人员配合，防止乘客冲撞门； ②清客时，根据站务人员“好了”信号作为关门时机	口呼“关屏蔽门”	
关门确认	确认车门／屏蔽门完全关好	手指口呼“车门关好”	确认车门关闭灯亮起后呼唤	手指口呼“屏蔽门关好”	确认屏蔽门关闭指示灯亮起后呼唤
确认“好了”信号	“好了”手信号显示后	手指口呼“好了信号有”	终点站凭清客“好了”手信号关闭车门，关闭车门后再确认未夹人夹物	手指口呼“好了信号有”	终点站凭清客“好了”手信号关闭车门，关闭车门后再确认未夹人夹物
空隙确认	确认车门与屏蔽门之间未夹人夹物	手指口呼“空隙安全”	在进入驾驶室前确认车门与屏蔽门之间未夹人夹物	手指口呼“空隙安全”	在进入驾驶室前确认车门与屏蔽门之间未夹人夹物
立岗处确认	确认信号开放、道岔位置正确	手指口呼“绿／黄灯好、尖轨开通”	在立岗处确认出站信号开放后再进入驾驶室	手指口呼“绿／黄灯好、尖轨开通”	在立岗处确认出站信 号开放后再进入驾驶室
动车确认	准备动车前确认信号开放、道岔位置正确	手指口呼“车门关好、绿灯／黄灯／引导信号好、尖轨开通”	待学员／屏蔽门操作员确认完信号后方可动车	手指口呼“车门关好、绿灯／黄灯／引导信号好、尖轨开通”	
点击广播	越过出站信号机后	手指口呼“注意报站，下一站××站”	操作广播系统进行报站	手指口呼“注意报站，下一站××站”	监听报站内容
区间确认信号	区间出现绿灯／黄灯／引导信号时	手指口呼“绿灯／黄灯／引导信号好”	越过引导信号，记录行调命令内容	手指口呼“绿灯／黄灯／引导信号好”	协助列车司机记录行调命令内容
	区间出现红灯时	手指口呼“红灯停车”	①遇信号突变时，立即采取紧急措施； ②停车后做好临时停车广播，再次动车前做好二次启动广播	手指口呼“红灯停车”	①遇信号突变时，立即采取紧急措施； ②提醒列车司机做好广播作业
	允许越过红灯时	手指口呼“行调授权越过××信号机”	记录行调命令内容	手指口呼“行调授权越过××信号机”	协助列车司机记录行调命令内容

续表

作业内容	呼唤时机	列车司机		学员 / 屏蔽门操作员	
		呼唤应答用语	备注	呼唤应答用语	备注
区间道岔确认	位于道岔前适当位置	手指口呼“尖轨开通”		手指口呼“尖轨开通”	
限速确认	位于限速标前	手指口呼“限速 × ×”	仅 URM 模式时	手指口呼“限速 × ×”	仅 URM 模式时
限速取消	位于取消限速标前	手指口呼“取消限速”	仅 URM 模式时	手指口呼“取消限速”	仅 URM 模式时
进站确认	距离预告标 300 m 前适当位置	手指口呼“预告标”	控制速度，监听报站，若发现错误应及时纠正	手指口呼“预告标”	控制速度，监听报站，若发现错误应及时纠正
	距离预告标 200 m 前适当位置	手指口呼“200 m、报站”		手指口呼“200 m、报站”	
	距离预告标 100 m 前适当位置	手指口呼“100 m”		手指口呼“100 m”	
进站对标	位于站名标前适当位置	口呼“控制速度”；手指口呼“对标停车”	加强站台线路及屏蔽门瞭望	口呼“控制速度”；手指口呼“对标停车”	加强站台线路及屏蔽门瞭望
进折返线 / 存车线	距离尽头线适当位置	手指口呼“红灯停车”	严格限速运行	手指口呼“红灯停车”	
出折返线 / 存车线	出折返线 / 存车线信号开放	手指口呼“黄灯引导信号好、行调已授权越过 × × 信号机红灯、发车手信号有”	起身确认信号机开放后，手指口呼信号机的显示	手指口呼“黄灯引导信号好、行调已授权越过 × × 信号机红灯、发车手信号有”	确认防护信号机开放后，手指口呼信号机的显示

任务实施

一、中间站列车 ATO 模式下站台作业的操作流程

小提示

为了保证行车安全和乘客人身安全，在ATO模式下，车门的控制一般采用“半自动”方式，即ATO控制车门自动打开，列车司机手动关闭车门；在SM模式下，车门的控制通常采用“手动”方式，即车门的开/关由列车司机人工控制。

ATO模式下站台作业操作流程如图2-2-1所示。

（1）列车停稳后，确认气制动施加灯亮起，先手指确认显示屏上屏蔽门图标已打开，再手指确认显示屏上车门图标全部打开，将主控制器手柄置于制动区，使列车保持在制动状态，携带对讲机，打开驾驶室侧门。

（2）到立岗处立岗，左手斜向下指向屏蔽门中间，确认屏蔽门、车门全部打开，口呼“屏蔽门、车门开启”，确保屏蔽门与车门完全打开并保持10 s及以上。

（3）乘客乘降完毕、DTI显示15 s以下时，进行关门作业。具体步骤如下：先跨半步呼“关车门”，再按下“关门”按钮并保持2 s以上（期间持续观察空隙情况），一脚留在站台，一脚跨入驾驶室，手指口呼“车门、屏蔽门、空隙安全”。

（4）站在立岗处手指口呼“信号好、道岔好”，关闭驾驶室侧门。

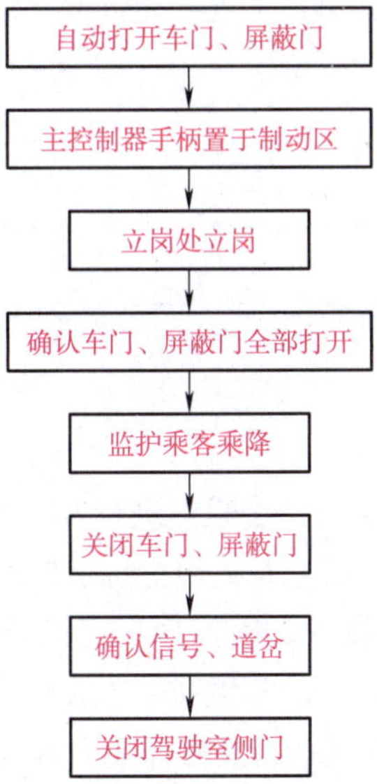

图 2-2-1　ATO 模式下站台作业操作流程

二、中间站列车 SM 模式下站台作业的操作流程

在SM模式下，列车司机人工控制车门的开/关。其中，该模式下的关门作业流程与“ATO模式下站台作业”中关门作业流程一致。手动打开车门流程如下：

（1）按下操纵台上相应侧“开门”按钮并保持2 s以上，打开站台侧车门。

（2）站在驾驶室侧门处等待显示屏显示全列车门的开启情况，待车门全部打开后，打开驾驶室侧门，走出驾驶室。对于装有屏蔽门的站台，还应确认PSL上屏蔽门的开启情况。

（3）手动打开车门时，应执行“先确认、后呼唤、跨半步、再开门”的作业流程（见表2-2-6），以防止因误操作错开车门。

表 2-2-6　手动开门的程序及含义

开门作业流程	含义
先确认	先确认停靠站台和需要打开的车门
后呼唤	执行车门呼唤制度
跨半步	一脚跨入站台，一脚留在驾驶室
再开门	打开相应侧站台车门

三、终点站站台作业操作流程

（1）在列车进站停稳前，广播播报终点站到站通知（可多遍播放）。如有必要，可进行人工语音广播，确保乘客全部下车。

（2）按照标准作业流程进行开门作业，确认车门与屏蔽门全部开启，走出驾驶室，监护乘客下车。

（3）终点站清客作业由站务人员协助完成。当收到清客“好了”手信号后，关闭车门与屏蔽门。

（4）关门作业完毕后，返回驾驶室，待收到允许发车信号后，驾驶列车进行折返作业或返回车辆段/场。

引导问题：简述站台作业注意事项。

分组练习

由教师示范操作后，学生分组练习，小组内进行ATO模式下站台作业操作、SM模式下站台作业操作、终点站站台作业操作。要求每人至少练习2次，以提高熟练程度。

学生分组利用列车驾驶操作台设备，模拟列车司机、站务人员、旁白等角色进行模拟训练。分组练习后，对照1+X站务职业技能等级证书正线运行实操考核标准进行实操考核，记录成绩。1+X站务职业技能等级证书正线运行实操作业内容及考核标准见表2-2-7。

表2-2-7 正线运行实操考核评估表

考核内容	配分	作业内容	评分标准	得分
对标停车	60	在非ATO驾驶模式下，考核司机的对标精准度。全程对标停车考核5次	①停车误差＜0.2 m，不扣分； ②0.2 m≤停车误差≤0.30 m，每次扣2分； ③0.30 m＜停车误差≤0.5 m，每次扣5分； ④停车误差＞0.5 m，每次扣50分； ⑤对标过程中主控手柄回零位，每次扣5分； ⑥对标过程中超速，每次扣10分； ⑦采用自动驾驶对标停车，每次扣50分	
标准化作业	40	区间操作及站台作业标准化	①区间运行作业不标准扣5分/次； ②站台作业不标准扣10分/次； ③呼唤应答不标准扣5分/次； ④出现不安全驾驶习惯扣5分/次	
合计	100			

请将本项任务的重难点及注意事项认真记录。录制本组操作视频。

评价反馈

学生进行自评，评价自己是否能够完成正线运行操作及站台作业操作，是否熟悉呼唤应答用语，作业流程是否规范，是否能做到眼看手指口呼，是否能够按时完成报告内容和实训成果资料，有无任务遗漏，见表2-2-8。

表 2-2-8　学生自评表

班级：	姓名：		学号：
学习情境	站台作业		
评价项目	评价标准	分值	得分
作业流程	依据综合训练考核的得分 ×0.8	80	
动作规范	眼看、手指动作正确、标准，满分；若否，则零分	10	
呼唤应答用语	呼唤应答用语准确、完整，满分；若否，则零分	10	
合计		100	

教师对学生在实操任务完成过程及展示成果进行评价，并将评价结果填入教师评价表中，见表2-2-9。

表 2-2-9　教师评价表

班级：	姓名：		学号：
学习情境	站台作业		
评价项目	评价标准	分值	得分
考勤	没有无故缺勤、迟到、早退现象，满分；若否，则零分	15	
执行作业标准	作业流程正确，满分；若否，则零分	20	
	动作规范，满分；若否，则零分	15	
	呼唤应答用语准确，满分；若否，则零分	15	
协调能力	与小组成员、同学之间能交流合作，协调工作，满分；若否，则零分	10	
职业素养	能做到安全行车、规范操作，满分；若否，则零分	15	
创新意识	通过任务训练，能发现新的问题并及时解决，满分；若否，则零分	10	
合计		100	

任务三 折返作业

子任务一 终点站折返作业

学习情境描述

城市轨道交通列车到达终点站后是如何“调头”到另一边站台的？或者列车在中间站需要运行到另一边站台，它是如何“穿”过去的呢？其实，严格来说城市轨道交通列车是不需要“调头”的，因为列车两端都是“车头”，列车两端都有司机室，具备双向运行能力，如图2-3-1所示，而前面所说的“调头”，这个过程的专业名词为“折返”。

图 2-3-1 列车具有双向运行能力

列车于某一方向运行到达终点站站台后，经过折返线或折返道岔进行转线、换端，将列车转到另一运行方向的起点站站台，准备继续运行的作业过程称为终点站折返作业。

任务书

（1）掌握列车折返概念及作业分类。

（2）熟练终点站列车无人自动折返模式折返作业。

（3）熟练终点站列车人工驾驶模式折返作业。

任务分组

学生任务分配见表2-3-1。

表 2-3-1 学生任务分配表

班级		组号		指导教师	
组长		学号			
组员					
任务分工					

工作准备

（1）阅读任务书，完成小组任务分工，进行小组任务讨论。

（2）收集终点站折返作业相关资料，并进行记录。

（3）结合任务书，分析终点站折返作业难点和常见问题。

知识链接

一、列车折返概念

列车折返是指列车通过进路改变、道岔转换，由一条线路转至另一条线路运行的方式，它是列车司机每天必须进行的作业之一。在折返作业过程中，列车司机操作的熟练程度，直接影响列车的折返效率，进而影响列车的发车间隔。

二、列车折返作业分类

折返作业根据折返位置的不同分为终点站折返和中间站折返，根据折返方式的不同分为站前折返和站后折返。

（1）站前折返

①列车到达终点站站台停稳，接班列车司机换端驾驶，如图2-3-2所示。

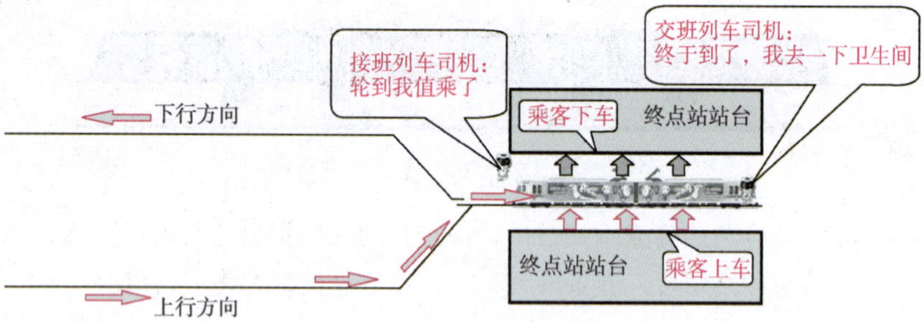

图 2-3-2　站前折返示意图 1

②列车通过站前道岔完成折返，运行至下行方向，如图2-3-3所示。

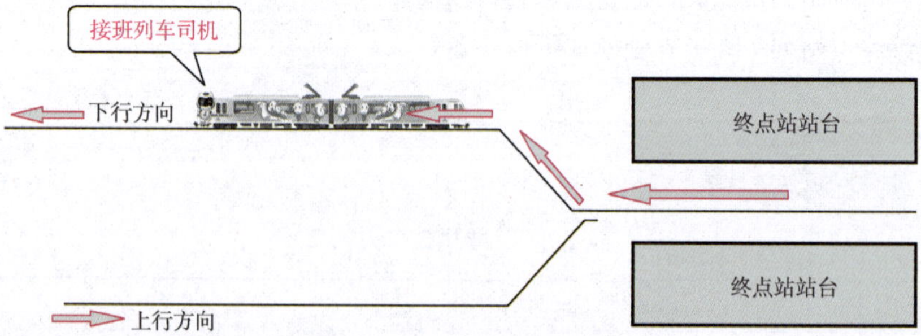

图 2-3-3　站前折返示意图 2

（2）站后折返

①列车到达终点站上行站台，如图2-3-4所示。

②列车进入站后折返线，进行折返作业，如图2-3-5所示。

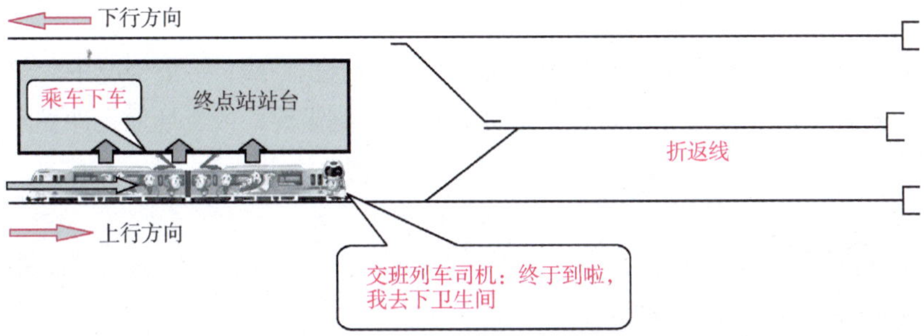

图 2-3-4　站后折返示意图 1

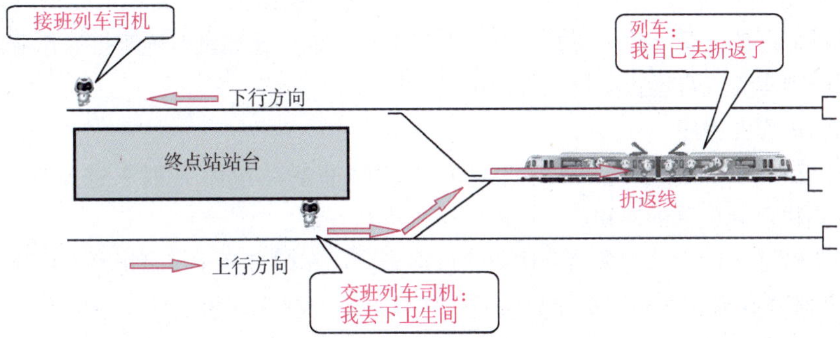

图 2-3-5　站后折返示意图 2

③列车经折返线折返至下行站台，接班列车司机换端驾驶，如图2-3-6所示。

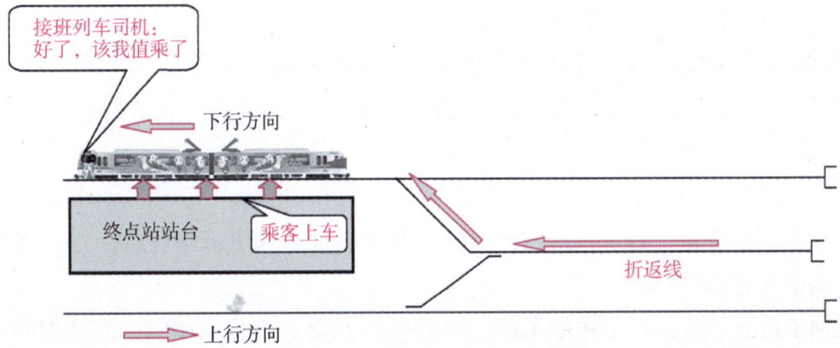

图 2-3-6　站后折返示意图 3

三、列车折返方式优缺点分析

1. 站前折返

优点：折返时间相对较短，因为折返过程在出站后完成，无需进入折返线，列车无需站台清客，乘客能同时上下车，可缩短列车的停站时间。

缺点：存在一定的进路交叉，对行车安全有一定威胁；由于同时上下车，客流量大时，可能会引起站台客流交叉；折返能力相对于站后折返要差一些。

2. 站后折返

优点：无进路的交叉冲突，比站前折返更安全；折返效率较高；无乘客上下车的客流冲突。

缺点：站后折返的不足是列车折返时间相对站前折返长一些；一般情况下，终点站的折返都是采用站后折返，较少使用站前折返；但如果由于进路需要，或者场地条件受限，则使用站前折返。

任务实施

一、终点站列车无人自动折返模式折返

列车无人自动折返模式仅在某些特定区段使用，一般适用于站后折返。该模式下司机负责检查自动折返前乘客已经下车，车门已经关闭，之后操作位于站台端墙处的自动折返按钮DTRO实现列车自动折返，此时司机可以不在车上即不加干预地进行列车折返作业。此处以郑州地铁公司的列车无人自动折返模式为例进行介绍。

1. 到达司机作业程序

（1）司机在列车到达终点站前将携带物品放进备品包内，列车进站时，听到“接××××次司机已到位”的通知后，使用对讲机进行复诵。

（2）列车到站停稳后，正常站台作业确认屏蔽门、车门打开（车辆屏蔽车门图标、PSL盘指示灯），出驾驶室确认乘客下车无异常后，进驾驶室与接车司机交接（主要交接车次、行车调度员命令、列车状况）。

（3）到站台立岗，手指口呼确认站台清客“好了”信号并用对讲机回复“清客完毕，明白”，待信号机正确，口呼“关车门”进行关门作业。

（4）确认屏蔽门、车门关好及空隙安全后，返回驾驶室→确认TOD显示“ATB模式可用”，驾驶模式转至ATB位→按压自动折返按钮，TOD显示“黄色ATB模式”→将主控手柄、方向手柄回零→确认TOD信号屏出现自动折返图标后，关钥匙→离开驾驶室，锁好驾驶室侧门。

（5）确认人员处于安全位置，左手手指口呼“灭灯、道岔好”，确认时刻表开点后，操作站台自动折返DTBO按钮（约3 s后松开），确认列车启动整列出清站台后，方可离开。

2. 接车司机作业程序

（1）提前1 min立岗，列车停稳车门、屏蔽门打开后，打开端墙门，通过驾驶室侧门进入驾驶室与到达司机进行对口交接并查看列车状态卡（主要交接车次、行车调度员命令、列车状况）。

（2）待到达司机关好屏蔽门、车门后方可打开通道门并确认客室无乘客遗留，确认到达司机转换ATB模式，操作自动折返按钮，确认折返图标出现，关闭主控钥匙后方可离开驾驶室并确认通道门关闭。

（3）待列车在折返线停妥后，观察列车到位情况，确认信号显示及道岔位置是否正确，发现异常时，及时破坏折返程序，人工介入。

（4）快速经客室到达对端驾驶室→手指口呼“灭灯、道岔好”→正常折返到站台后待车门、屏蔽门自动打开→手指确认TOD显示屏蔽门、车门打开图标，HMI上显示车门全部打开后→开主控钥匙，将主控手柄拉至全常用制动位，转换驾驶模式，出驾驶室手指口呼“屏蔽

门、车门开启”→返回驾驶室设置广播，确认发车时间、列车状态卡、各指示灯按钮及设备柜开关等，然后到站台立岗。

3. 终点站自动折返作业联控用语

终点站列车自动折返作业，交接双方列车司机联控用语见表2-3-2。

表 2-3-2 自动折返作业联控用语

联控时机	交班列车司机	接班列车司机	备注
列车到达站台中部	复诵，“明白”	接班列车司机已就位	接班列车司机至少提前 1 min 到达指定位置立岗接车
列车停稳、打开车门后	复诵，“收到”	接班列车司机已上车	
交接完毕时	设备正常，安全无事	复诵，“明白”	
关门后按下“AR”按钮	自动折返	复诵，“明白”	
关闭驾驶室侧门后下车	DTRO 折返	复诵，“明白”	确认列车动车后方可离开屏蔽门端门

二、终点站列车人工驾驶模式折返

由于各城市轨道交通运营公司的信号系统、车型及劳动条件（有的线路为单司机，有的线路为双司机，有的线路设折返司机）不尽相同，人工驾驶折返的控制和作业流程也有所区别，但折返的原理和原则都是一样的。此处以郑州地铁公司的人工驾驶折返作业为例进行介绍。

1. ATO或SM模式折返

1）站后折返

（1）到达司机作业程序

①列车到站停稳后，正常站台作业确认屏蔽门、车门开启后→回到驾驶室做清客广播，与接车司机交接（主要交接车次、行车调度员命令、列车状况）。

②到站台手指口呼确认站台的清客“好了”信号并用对讲机回复“清客完毕，明白”→口呼“关车门”→进行站台作业，返回驾驶室。

③打开通道门确认无乘客遗留→锁好驾驶室侧门→左手手指口呼“灭灯、道岔好、推荐速度有”→操作ATO发车按钮（ATP模式需人工驾驶），动车后关驾驶室灯→到达折返线对标停稳，关钥匙。

④将驾驶模式转至AR位，门模式转至AM位，通知接车司机“已关钥匙并转换驾驶模式AR、门模式AM位”→列车折返至站台停稳开门后，通过驾驶室通道门从客室下车，下车后用对讲机通知接车司机“到达司机已下车”。

（2）接车司机作业程序

①提前1 min立岗→列车停稳车门、屏蔽门打开后，进入驾驶室与到达司机进行对口交接并查看列车状态卡（主要交接车次、行车调度员命令、列车状况）。

②待到达司机关好屏蔽门、车门后，方可打开通道门并确认客室无乘客遗留。

③快速经客室到达对端驾驶室后检查各指示灯按钮及设备柜开关等→接到到达司机“已关钥匙并转换驾驶模式AR、门模式AM位”的通知后开钥匙→将驾驶模式转至ATO/S位、门模式转至AM/MM位，手指口呼“灭灯、道岔好，推荐速度有”→正常折返至站台。

④屏蔽门、车门开启后，手指口呼“屏蔽门、车门开启”并确认“到达司机已下车”→返回驾驶室设置广播、确认发车时间、列车状态卡后到站台立岗。

2）站前折返

（1）到达司机作业程序

①站前折返时到达司机需提前通过无线电台通知终点站队长或副队长，并在列车进入终点站时通过对讲机呼叫接车司机，通知接车司机“××次列车进行站前折返”。

②列车到站停稳后，正常站台作业确认屏蔽门、车门开启，回到驾驶室关钥匙，将驾驶模式转至ATB位，门模式转至AM位，通过驾驶室对讲与接车司机交接（主要交接车次、行车调度员命令、列车状况）。

③关驾驶室灯，通过驾驶室侧门下车，下车后用对讲机通知接车司机“到达司机已下车”，同时监听接车司机的回复。

（2）接车司机作业程序

①接到列车采用站前折返的通知，提前1 min在下行站台头端司机立岗处接车，列车进站时，注意观察列车运行状态是否正常。

②确认屏蔽门、车门打开后，从驾驶室侧门上车，打开驾驶室灯通过驾驶室对讲与到达司机进行交接（主要交接车次、行车调度员命令、列车状况）。

③交接完毕，开钥匙，将驾驶模式转至ATO/ATP位，门模式转至AM/MM位，设置广播，确认时刻表发车时间、列车状态卡，检查驾驶室各指示灯按钮及设备柜开关等，到站台立岗，收到到达司机已下车的通知后，通过对讲机回复。

④按时刻表，看信号关门动车。

2. RM或URM模式折返

司机人工驾驶以RM或URM模式进入折返线，按规定速度对标停车，进行更换操纵台作业，发车条件具备后以RM或URM模式出站。

1）站后折返

（1）到达司机作业程序

①列车到站停稳后，正常站台作业确认屏蔽门、车门开启后→回到驾驶室做清客广播，与接车司机交接（主要交接车次、行车调度员命令、列车状况）。

②到站台手指口呼确认站台的清客“好了”信号并用400 M电台回复“清客完毕，明白”→口呼“关屏蔽门”并操作屏蔽门关门按钮，确认PSL盘上“门全关且锁紧”绿灯亮后，将屏蔽门模式开关置于“自动”位并取下PSL盘钥匙→口呼“关车门”并跨半步操作关门按钮保持2 s以上（关门期间，持续观察空隙情况）→一脚跨站台一脚跨驾驶室手指口呼“屏蔽门关好、车门关好，空隙安全”→站在立岗处手指口呼“黄灯好、道岔好”。

③打开通道门确认无乘客遗留→锁好驾驶室侧门→左手手指口呼“黄灯好，道岔好”→动车关驾驶室灯→到达折返线对标停稳。待接车司机通知可以关钥匙时，关钥匙。

④将驾驶模式转至ATB位，门模式转至AM位（NRM模式需将ATP切除开关置于NOR位，并恢复ATC车门旁路）通知接车司机已关钥匙→列车折返至站台停稳开门后，通过驾驶室通道门从客室下车，下车后用400 M电台通知接车司机“到达司机已下车”。

（2）接车司机作业程序

①提前1 min立岗→列车停稳车门、屏蔽门打开后，进入驾驶室与到达司机进行对口交接并查看列车状态卡（主要交接车次、行车调度员命令、列车状况）。

②待到达司机关好屏蔽门、车门后，方可打开通道门并确认客室无乘客遗留。

③快速经客室到达对端驾驶室→确认信号机开放后通知到达司机关钥匙→接到到达司机“已关钥匙并转换驾驶模式ATB、门模式AM位”的通知后，开钥匙转驾驶模式（ATP切除开关转至NRM位，驾驶模式转至RM位，ATC车门旁路转至DBY位）、门模式转至MM位，手指口呼确认“黄灯好、道岔好”→正常折返到站台。

④人工打开车门、屏蔽门→手指口呼“屏蔽门、车门开启”并确认“到达司机已下车”→返回驾驶室设置广播、确认发车时间、列车状态卡、各指示灯按钮及设备柜开关等后到站台立岗。

2）站前折返

（1）到达司机作业程序

①列车到站停稳后将主控手柄置于全常用制动位，并打开驾驶室灯，确认开门侧方向，到达司机通过对讲机联控接车司机开屏蔽门，确认屏蔽门开启，到达司机操作开门按钮，手指确认HMI上显示车门全部打开，到站台立岗处手指口呼“屏蔽门、车门开启”。

②回到驾驶室关钥匙，将驾驶模式转至ATB位，门模式转至AM位（NRM模式需将ATP切除开关打至NOR位，并恢复ATC车门旁路），通过驾驶室对讲与接车司机交接（主要交接车次、行车调度员命令、列车状态等）。

③关驾驶室灯，通过驾驶室侧门下车，下车后用对讲机通知接车司机“到达司机已下车”。

（2）接车司机作业程序

①提前1 min在司机立岗处接车，列车进站时，注意观察列车运行状态是否正常。

②确认列车停稳，通过对讲机与到达司机联控，用PSL盘钥匙打开屏蔽门，从驾驶室侧门上车，打开驾驶室灯，通过驾驶室对讲与到达司机进行交接（主要交接车次、行车调度员命令、列车状况）。

③交接完毕，开钥匙，将主控手柄置于全常用制动位，将驾驶模式转至RM位，门模式转至 MM位，设置广播，确认时刻表发车时间、列车状态卡，检查驾驶室各指示灯按钮及设备柜开关等，到站台立岗，收到到达司机已下车的通知后，通过对讲机回复。

④出站信号开放，使用RM模式出站，在越过出站信号机前通过车载信号系统显示屏显示，确认列车已升级到ATO或SM模式后方可继续运行，如未升级到ATO或SM模式，应按 RM模式运行到规定信号机，仍未升级到ATO或SM模式按ATP故障处理。

以终点站站后折返为例，折返作业操作流程如图2-3-7所示。

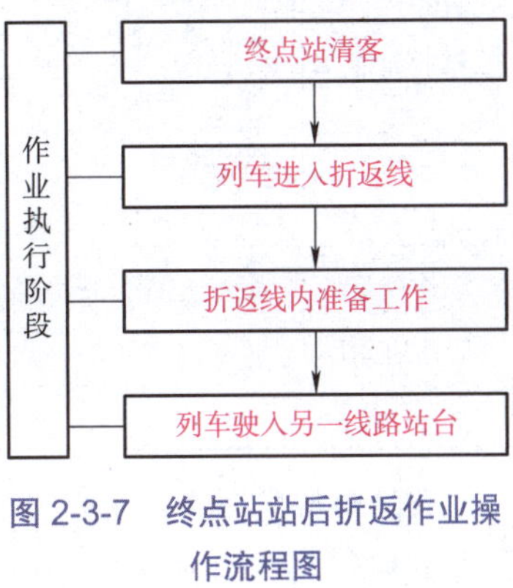

图2-3-7　终点站站后折返作业操作流程图

课外拓展

列车操纵台的转换

无论是站前折返还是站后折返，无论是单司机折返还是双司机折返，都必须进行换端操作，即列车操纵台的转换。换端操作包括对终端驾驶室和始端驾驶室的操作。

终端驾驶室：将司控器手柄置于“紧急”位，“方向转换”开关置于“0”位；“门选向”开关置于“0”位，断开各负载开关，断开“BHB”（高速断路器）开关，确认驾驶室各开关位置正确；取出激活钥匙；携带钥匙及备品，锁好驾驶室门，由客室通道到达另一端驾驶室。

始端驾驶室：司机到达另一端驾驶室后，使用钥匙激活驾驶室，“方向转换”开关置于“前”位，闭合各负载开关；闭合“BHB”开关，进行简略制动试验，确认各仪表和指示灯显示正常，转换操纵台作业完毕。

引导问题：什么是列车折返，并简述折返作业的分类及其优缺点。

教师示范后，学生分组练习。小组内分别模拟终点站列车无人自动折返模式折返作业和终点站列车人工驾驶模式折返作业，互相指出不足之处。要求每人至少练习2次，以提高熟练程度。

评价反馈

学生进行自评，评价自己是否能够理解终点站折返模式，是否熟悉终点站自动折返和人工驾驶折返作业流程，是否能够按时完成报告内容，有无任务遗漏，见表2-3-3。

表 2-3-3　学生自评表

班级：	姓名：	学号：	
学习情境	终点站折返作业		
评价项目	评价标准	分值	得分
作业流程	完成终点站列车无人自动折返模式下到达司机作业程序，满分；若否，则零分	13	
	完成终点站列车无人自动折返模式下接车司机作业程序，满分；若否，则零分	13	
	完成终点站列车人工驾驶模式下站后折返到达司机作业程序，满分；若否，则零分	13	
	完成终点站列车人工驾驶模式下站后折返接车司机作业程序，满分；若否，则零分	13	
	完成终点站列车人工驾驶模式下站前折返到达司机作业程序，满分；若不，则零分	13	
	完成终点站列车人工驾驶模式下站前折返接车司机作业程序，满分；若否，则零分	13	
动作规范	眼看、手指动作正确、标准，满分；若否，则零分	11	
呼唤应答用语	呼唤应答用语准确、完整，满分；若否，则零分	11	
合计		100	

教师对学生在实操任务完成过程及展示成果进行评价，并将评价结果填入教师评价表中，见表2-3-4。

表 2-3-4　教师评价表

班级：	姓名：	学号：	
学习情境	终点站折返作业		
评价项目	评价标准	分值	得分
考勤	没有无故缺勤、迟到、早退现象，满分；若否，则零分	15	
执行作业标准	作业流程正确，满分；若否，则零分	20	
	动作规范，满分；若否，则零分	15	
	呼唤应答用语准确，满分；若否，则零分	15	
协调能力	与小组成员、同学之间能交流合作，协调工作，满分；若否，则零分	10	
职业素养	能做到安全行车、规范操作，满分；若否，则零分	15	
创新意识	通过任务训练，能发现新的问题并及时解决，满分；若否，则零分	10	
合计		100	

子任务二　中间站折返作业

学习情境描述

中间站折返即小交路折返，是指因发生特殊情况，线路不能满足列车正常运行或行车调度员根据客流情况调整列车运行方向而采用的在中间车站站台完成折返的一种行车方式。

任务书

（1）掌握中间站折返作业的注意事项。

（2）利用实训设备，熟练完成中间站折返操作程序。

（3）完成综合训练。

任务分组

学生任务分配见表2-3-5。

表 2-3-5　学生任务分配表

班级		组号		指导教师	
组长		学号			
组员					
任务分工					

工作准备

（1）阅读任务书，进行任务思考。

（2）收集中间站折返作业资料，并进行记录。

（3）在熟练进行终点站折返作业基础上，练习中间站折返作业。

（4）结合任务书，分析中间站折返作业难点和常见问题。

知识链接

中间站折返作业的注意事项：

（1）确保客室内无乘客遗留。

（2）在进入折返线、存车线时，列车司机必须认真确认信号、道岔位置是否正确，一旦发现异常，立即停车。

（3）在折返线、存车线需要对标停车时，应严格执行限速对标。

（4）在折返线、存车线停稳后，列车司机按照行车调度员的指示执行。

任务实施

中间站折返作业的操作流程：

（1）当收到行车调度员指令需要启动中间站折返作业时，认真复诵行车调度员指令，并在司机日志上记录相关调度命令内容。

（2）及时做好乘客广播作业："各位乘客，因运营组织需要，本次列车终点站为××站，请各位乘客到站后下车，给您带来不便，深表歉意。"

（3）列车到站停稳后，打开车门、屏蔽门进行人工语音清客，凭站务人员清客"好了"手信号关门，并按照行车调度员的指示执行。

引导问题：中间站折返作业有哪些注意事项？

____

____

____

教师示范后，学生分组练习，模拟进行中间站折返作业，互相指出不足之处。要求每人至少练习2次，以提高熟练程度。

结合终点站折返作业、中间站折返作业，进行自动折返及交接班作业演练，见表2-3-6。

表2-3-6　自动折返及交接班作业

序号	执行内容	执行标准
交班司机进站开关门及交接作业		
1	进站停稳，车门打开后，确认站台门、车门开启	参照上下客监护作业执行，此处不评判
2	通过预置的清客广播清客	通过车辆显示屏，选择预置的"终点站清客"广播，进行清客
3	待接班司机到达后，与接班司机进行交接作业	交接内容：车次、行调命令、故障 （用语："××次，车况良好，运行正常。"）
4	接班司机复诵	接班司机复诵："××次，车况良好，运行正常。"
5	确认清客完毕，准备关门	确认车站给出清客"好了"信号，口呼："好了信号有。"
6	关闭车门	行为动作参照上下客监护作业执行
交班司机折返作业		
1	驾驶模式转"OFF"位	手指驾驶模式选择开关，口呼"转OFF"，将驾驶模式转"OFF"位
2	将主控手柄和方向开关置于"0"位置	将主控手柄和方向开关置于"0"位置
3	激活无人驾驶折返模式	按压"无人驾驶折返模式"按钮

续表

序号	执行内容	执行标准
4	确认无人驾驶折返模式激活	眼看、手指折返按钮，口呼："无人驾驶折返模式黄灯亮，无人驾驶折返模式激活。"
5	关闭主控钥匙并取出	关闭主控钥匙并取出
6	将主控钥匙交给接班司机	将主控钥匙交给接班司机
接班司机自动折返作业		
1	确认交班司机已下车，确认信号、道岔	手指信号机 / 道岔，口呼："信号正确、道岔位置正确，推荐速度有。"
2	按压 ATO 启动按钮，启动列车折返	同时按下两个"ATO 启动"按钮，列车开始自动折返
3	携钥匙走到另外一端司机室	携钥匙走到另外一端司机室
4	等待列车自动折返完成	等待列车自动折返完成
5	折返完成后，激活换端后的司机室	将主控钥匙插入主控制器钥匙开关中，将钥匙转至"开"位置
6	方向置前	将方向手柄置"前"位
7	驾驶模式打至"PM"位	驾驶模式打至"PM"位
8	进行站台开关门作业	参照上下客监护作业执行
9	以 ATO 模式启动列车运营	启动列车，以 ATO 模式继续运营

分组练习后，依据1+X城市轨道交通站务职业技能等级证书列车折返及交接班作业实操考核评分标准进行考核，综合计算机及人工评分方式进行测评。评分标准见表2-3-7。

表 2-3-7　折返及交接班作业评分表

考核内容	配分	作业内容	评分标准	评分方式	扣分	得分
折返及交接班作业	90	按照标准流程进行折返及交接班作业，操作全部要求按顺序执行，详细内容见表 2-3-6	正常操作步骤 10 项，每项配分 9 分；按顺序操作且结果正确不扣分；遗漏操作或者操作错误，扣完分值（9 分）；操作结果正确但顺序错误，扣 3 分	计算机自动评分		
	6	作业过程中，需确认设备（或操作）时，要求手指眼看设备，并口呼设备名称及设备状态（或操作），如：× × 设备，良好（或至 × × 位置）；共 3 项内容	① 确认时，未进行手指眼看口呼，每次扣 2 分； ② 共确认 3 次，配分 6 分	人工评分		
	4	交接班对话时，需口呼对话内容	① 对话时，未口呼对话内容，每次扣 2 分； ② 共对话 2 次，配分 4 分	人工评分		
合计	100					
备注	此项考核内容按百分制进行评分，最终计入技能操作成绩 = 得分 × 计入技能操作成绩比例					

请同学们将本项任务的重难点及注意事项认真记录。录制本组操作视频。

评价反馈

学生进行自评，评价自己是否能够完成折返及交接班作业，是否熟悉呼唤应答用语，作业流程是否规范，是否能做到眼看手指口呼，是否能够按时完成报告内容和实训成果资料，有无任务遗漏，见表2-3-8。

表 2-3-8　学生自评表

<table>
<tr><td colspan="2">班级：</td><td colspan="3">姓名：　　　　　　学号：</td></tr>
<tr><td>学习情境</td><td colspan="4">中间站折返作业</td></tr>
<tr><td colspan="2">评价项目</td><td>评价标准</td><td>分值</td><td>得分</td></tr>
<tr><td rowspan="16">作业流程</td><td rowspan="4">交班司机进站开关门及交接作业</td><td>确认站台门、车门开启，满分；若否，则零分</td><td>2</td><td></td></tr>
<tr><td>通过预置的清客广播清客，满分；若否，则零分</td><td>5</td><td></td></tr>
<tr><td>与接班司机进行交接作业，满分；若否，则零分</td><td>5</td><td></td></tr>
<tr><td>确认清客完毕，关闭车门，满分；若否，则零分</td><td>5</td><td></td></tr>
<tr><td rowspan="4">交班司机折返作业</td><td>将驾驶模式转“OFF”位，满分；若否，则零分</td><td>5</td><td></td></tr>
<tr><td>将主控手柄和方向开关置于“0”位置，满分；若否，则零分</td><td>5</td><td></td></tr>
<tr><td>激活无人驾驶折返模式并确认，满分；若否，则零分</td><td>5</td><td></td></tr>
<tr><td>关闭主控钥匙并取出交给接班司机，满分；若否，则零分</td><td>5</td><td></td></tr>
<tr><td rowspan="8">接班司机自动折返作业</td><td>确认交班司机已下车，确认信号、道岔，满分；若否，则零分</td><td>2</td><td></td></tr>
<tr><td>按压 ATO 启动按钮，启动列车折返，满分；若否，则零分</td><td>5</td><td></td></tr>
<tr><td>携钥匙走到另外一端司机室，满分；若否，则零分</td><td>5</td><td></td></tr>
<tr><td>等待列车自动折返完成，激活换端后的司机室，满分；若否，则零分</td><td>5</td><td></td></tr>
<tr><td>将方向手柄置“前”位，满分；若否，则零分</td><td>5</td><td></td></tr>
<tr><td>将驾驶模式置“PM”位，满分；若否，则零分</td><td>5</td><td></td></tr>
<tr><td>进行站台开关门作业，满分；若否，则零分</td><td>5</td><td></td></tr>
<tr><td>以 ATO 模式启动列车运营，满分；若否，则零分</td><td>5</td><td></td></tr>
<tr><td>动作规范</td><td></td><td>眼看、手指动作正确、标准，满分；若否，则零分</td><td>11</td><td></td></tr>
<tr><td>呼唤应答用语</td><td></td><td>呼唤应答用语准确、完整，满分；若否，则零分</td><td>15</td><td></td></tr>
<tr><td colspan="3">合计</td><td>100</td><td></td></tr>
</table>

教师对学生在实操任务完成过程及展示成果进行评价，并将评价结果填入教师评价表中，见表2-3-9。

表 2-3-9　教师评价表

<table>
<tr><td colspan="4">班级：　　　　　　　　　　　　姓名：　　　　　　　　　　　　学号：</td></tr>
<tr><td>学习情境</td><td colspan="3">中间站折返作业</td></tr>
<tr><td>评价项目</td><td>评价标准</td><td>分值</td><td>得分</td></tr>
<tr><td>考勤</td><td>没有无故缺勤、迟到、早退现象，满分；若否，则零分</td><td>15</td><td></td></tr>
<tr><td rowspan="3">执行作业标准</td><td>作业流程正确，满分；若否，则零分</td><td>20</td><td></td></tr>
<tr><td>动作规范，满分；若否，则零分</td><td>15</td><td></td></tr>
<tr><td>呼唤应答用语准确，满分；若否，则零分</td><td>15</td><td></td></tr>
<tr><td>协调能力</td><td>与小组成员、同学之间能交流合作，协调工作，满分；若否，则零分</td><td>10</td><td></td></tr>
<tr><td>职业素养</td><td>能做到安全行车、规范操作，满分；若否，则零分</td><td>15</td><td></td></tr>
<tr><td>创新意识</td><td>通过任务训练，能发现新的问题并及时解决，满分；若否，则零分</td><td>10</td><td></td></tr>
<tr><td colspan="2">合计</td><td>100</td><td></td></tr>
</table>

任务四　列车广播作业

子任务　列车广播系统和广播用语

学习情境描述

司机作为行车组织的最前线执行人员，肩负着安全驾驶列车、快捷运送乘客、保证人身安全的重大任务，必须将乘客服务置于工作的出发点，时刻牢记“安全第一、服务乘客”的运营理念。在执勤过程中，司机必须时刻关注各车厢中乘客的状态，对乘客真正负起应有的责任，积极主动地与车上乘客进行沟通，正确表达行车必要信息，使乘客获得良好感受，提高服务质量。司机的广播作业能力不仅体现在人工广播的流畅性上，更表现在突发事件发生时，冷静准确、恰到好处地设计广播词的能力上。司机出色的广播作业能力，可使乘客积极配合司机的工作，实现安全运营的目标。

任务书

（1）掌握列车广播系统的作用及构成。

（2）熟悉列车广播系统的功能。

（3）掌握列车广播作业内容。

（4）掌握人工广播标准用语。

（5）设置不同情景，进行广播用语练习。

任务分组

学生任务分配见表2-4-1。

表 2-4-1　学生任务分配表

班级		组号		指导教师	
组长		学号			
组员					
任务分工					

工作准备

（1）阅读任务书，完成小组任务分工，进行小组任务讨论。

（2）收集列车广播用语资料，并进行记录。

（3）总结不同广播用语适用情境。

知识链接

一、列车广播系统的作用及构成

列车广播系统是城市轨道交通运营、行车组织的必要手段，能为乘客提供高质量的广播和信息显示。列车广播作业是司机与乘客进行沟通、交流的有效手段，其主要作用有：对乘客广播，通知列车到站、离站、线路换乘、时间表变更、列车误点、各种安全状况等；播放音乐改善列车车内环境；在发生突发事件或紧急情况时，组织指挥事故抢险，提高应急响应能力。

列车广播设备主要由驾驶室设备、客室设备和辅助设备构成。两端的驾驶室各有一套设备，两套设备互为热备份，当一方为主机时，另一方则为子机，主机负责信息的播出。客室设备的数量因列车编组数不同而不同。

驾驶室主要设备包括：驾驶室广播系统主控设备、司机控制单元、驾驶室对讲装置。客室主要设备包括：客室主控设备、电子地图显示、乘客紧急通话装置、客室噪声检测器、音响。

二、列车广播系统的功能

根据城市轨道交通列车运行的实际需要，列车在进行数字式语音自动广播的同时，应能保证人工播放站名和注意事项、两端驾驶室之间的对讲通话、电子地图信息播放、功能优先级设置、客室紧急报警通话、预录紧急广播信息、从控制中心对列车进行广播等内容的实施。广播信息内容以数字音频方式存储在SD卡存储器内，可提供中文和英文报站内容。

1. 自动语音广播

系统提供自动语音广播功能，广播系统控制器接收到列车的速度信号、关门信号，并把它作为语音自动播放的启动信号，控制列车运行过程中的全自动语音广播。自动语音广播内容包括预报列车前方到站和列车到站信息以及服务用语等插播信息。

2. 半自动语音广播

根据列车运行的状态，由司机通过驾驶室广播系统主控面板上的按键操作实现预报前方到站、报到站和其他广播内容，广播内容为预录制的语音信息。

3. 人工语音广播

司机通过广播系统的主用话筒向客室车厢播放实时语音信息。

4. 功能优先级

功能优先级可以设置。高级别的广播可以打断低级别的广播，而低级别的广播要等候高级别广播结束后才能开始播放，被高级别打断的低级别广播在高级别结束后自动恢复。

系统默认的优先级设置为运营控制中心对列车的广播（紧急广播）、乘客紧急报警、驾驶室对讲、人工语音广播、自动语音广播和实时新闻播放。以上优先级别为通用建议序列，在使用中可以对优先级别进行修改。

运营控制中心对列车的广播级别最高，可通过车载无线设备进入列车有线广播系统，从而向列车乘客进行广播。当紧急广播出现时，列车广播系统的广播主机会自动撤销当时正在进行的人工和自动广播，而将紧急广播信息送至客室。

5. 乘客紧急报警通话

乘客紧急报警通话装置用于车厢内出现紧急情况时乘客向驾驶室报警，可实现乘客与司机的双向通话。

在每个客室中设有两个紧急报警器，位于车门上方或侧边，该报警器具有双向通话功能，用于乘客向司机报告紧急事件。乘客报警后，在驾驶室可听到蜂鸣器的声响报警，在列车状态显示屏上显示报警乘客的位置和列车编号、车厢编号等位置信息，乘客可以与司机进行通话，以便司机根据现场情况采取相关措施进行处理。处理结束后，司机在操纵台上按下取消报警键，客室端报警按键恢复等待状态，完成此次报警通话。

在某一位乘客报警通话期间，若有其他乘客报警时，系统会储存其呼叫信息，在当前乘客报警结束后，已被储存等待的乘客报警将会继续自动进行音响报警。

乘客报警的时间和通话内容将被记录在硬盘上，用于后续事件情况查询。司机可以在乘客报警、紧急广播、列车广播内部通信之间进行选择和切换。

6. 电子地图信息显示

在客室乘客信息系统LED屏幕上进行站名汉字显示或站名地图显示，使声音广播报站与文字或地图显示同步进行。屏幕的显示内容和显示方式可通过广播设备的主控面板经通信息网络串口进行设置和操作。

三、列车广播作业内容

在列车运营过程中，广播内容可以分为：常规广播、特殊广播、紧急广播、人工广播、列车服务广播和推广信息广播等几部分。

常规广播主要指前方到站、到站、列车离站时播放的信息，这些信息一般是事先录制好的；特殊广播指在运营中出现特殊状况时的广播信息，如运营延误、到站清客等；紧急广播指在运营中出现紧急情况时播放的信息，如区间清客、紧急撤离等，在紧急情况下司机必须能通过广播缓解乘客的紧张情绪；人工广播适用于列车在运营中接到需发布的实时信息，如列车通过站台不停车、临时增加运营时间等；服务广播和推广信息广播是为乘客的乘车需求提供更好的帮助和遏制乘客乘车时的非正常行为，服务广播有开门方向提示，推广信息广播有让座提示等。

任务实施

熟练人工广播标准用语。在人工广播时，应尽量使用文明用语，如您、请、谢谢、对不起等。特殊和紧急情况下的广播内容应首先引起乘客注意，再简单说明情况和原因，最后委婉地提出要求。下面列举了一些特殊和紧急情况下的人工广播用语（见表2-4-2），在实际工作中，司机应能根据具体情况迅速有效地组织语言，正确进行广播。

表 2-4-2　列车运营应急广播用语

序号	广播名	广播内容	广播频率及要求	备　注
1	临时停车广播（5 min 以内）	尊敬的各位乘客，现在是临时停车，请您稍候，为了您和他人的安全，请勿触动车上的设备，请勿靠近车门，感谢您的谅解与合作	两语各播放一次	系统自动每 2 min 播放一次，人工操作终止
2	列车在区间故障持续停车广播	尊敬的各位乘客，由于临时故障，现正在加紧处理，请您耐心等候，请勿触动车上的设备，请勿靠近车门，感谢您的谅解与合作	两语各播放一次	系统自动每 2 min 播放一次，接到通知后终止
3	列车在站内故障持续停车广播（5 min 以上）	尊敬的各位乘客，由于临时故障，现正在加紧处理，请勿触动车上的设备，请勿靠近车门，有急事的乘客请改乘其他交通工具，感谢您的谅解与合作	两语各播放一次	系统自动每 2 min 播放一次，人工操作终止
4	列车清客广播	尊敬的各位乘客，由于设备故障 / 运营组织需要，本次列车将退出服务，请全体乘客下车，给您出行带来不便，我们深表歉意	两语各播放一次	系统自动连续播放直至清客完毕，人工操作终止
5	限速行车广播	尊敬的各位乘客，由于运营需要 / 天气原因，现需限速行车，不便之处敬请原谅	两语各播放一次	每个区间播放一次，人工操作终止
6	部分屏蔽门打不开广播	尊敬的各位乘客，因部分屏蔽门不能自动打开，请从开启的屏蔽门处下车，感谢您的配合	两语各播放一次	开门前播放一次
7	全部屏蔽门打不开广播	尊敬的各位乘客，因屏蔽门不能自动打开，请按照屏蔽门开门指引，打开屏蔽门下车，感谢您的配合	两语各播放一次	开门前播放一次
8	车厢火警广播	各位乘客请注意，车厢内发生火情，请保持镇定，取出座位底下的灭火器扑灭火源，请勿触动列车上的其他设备，工作人员将马上到现场处理	接到火灾消息后两语各播放一次	系统自动每 2 min 播放一次，人工操作终止
9	不停站通过广播	尊敬的各位乘客请注意，由于运营组织需要，本次列车将不在下一站停靠，需在该站下车的乘客，请在其他站下车，给您出行带来不便，我们深表歉意	两语各播放一次	列车在前一个站动车前播放一次
10	列车再次启动广播	尊敬的乘客请注意，列车将再次启动，请坐好扶稳	两语各播放一次	启动前播放一次
11	列车站内疏散广播	各位乘客请注意，由于列车发生险情，请全体乘客下车，听从工作人员的指引，迅速离开车站	两语各播放一次	连续播放直至清客完毕，人工操作终止
12	终点站清客	××终点站到了，请所有乘客全部下车，多谢合作	两语各播放一次	到达××终点站停稳后播放一次
13	车门故障（旁路时）	各位乘客请注意，由于车门故障，为了您的安全，请不要靠近车门，多谢合作	车门发生故障处理后需要旁路动车前，两语各播放一次	每个区间播放一次

续表

序号	广播名	广播内容	广播频率及要求	备　注
14	清客回场	各位乘客请注意，本次列车将退出服务，请所有乘客下车，多谢合作，请工作人员下车	两语各播放一次	列车结束服务到达××站时
15	区间故障救援广播	各位尊敬的乘客，由于临时故障，现正在加紧处理，请您耐心等候，请勿触动车上的设备，请勿靠近车门，感谢您的谅解与合作	两语各播放一次	司机在做救援准备前播一次
16	前方车站发生险情广播	各位乘客请注意，由于前方车站发生险情，请全体乘客在此站下车，给您出行带来不便，我们深表歉意	两语各播放一次	接到列车调度员通知后在前方车站停车开门后播一次
17	运行中车门解锁广播	请解锁车门的乘客注意，请勿靠近车门，以免发生危险。列车进站后将有工作人员前来处理，谢谢您的合作	两语各播放一次	出现故障信息后马上广播，系统自动连续播放直至处理完毕
18	区间头部/尾部/两端疏散（区间有疏散平台）广播	各位乘客请注意，由于列车发生险情，需要进行紧急疏散，请您不要惊慌，有序地从打开的车门离开车厢，进入疏散平台，往列车前进方向的头部/尾部/两端方向行走，穿高跟鞋的乘客请脱鞋，听从工作人员的指引。步行前往车站，请注意安全	两语连续播放	连续播放直至清客完毕，人工操作终止
19	区间头部/尾部/两端疏散（区间无疏散平台）广播	各位乘客请注意，由于发生险情，需要从列车头部/尾部/两端疏散，请不要惊慌，请您到列车头部/尾部后，按照车厢与驾驶室之间通道门的操作指引打开通道门，进入驾驶室，按照驾驶室内紧急疏散门的操作指引打开疏散门，步行前往车站，请注意安全	两语连续播放	连续播放直至清客完毕，人工操作终止
20	乘客报警	报警乘客请注意，报警系统已经启动，为了您和他人的安全，请勿触动车上设备，勿靠近车门，保持镇定，列车马上进站，将有工作人员协助处理	接到乘客报警的信息后两语各播放一次	系统自动每 2 min 播放一次，人工操作终止
21	乘客报警（不能动车）	各位乘客请注意，乘客报警已启动，请大家保持安静，不要靠近车门，工作人员马上到现场处理，多谢合作	接到乘客报警的信息后两语各播放一次	系统自动每 2 min 播放一次，人工操作终止

引导问题 1：列车广播设备主要由哪些构成？

引导问题 2：列车广播内容分为哪几部分？

请同学们组内讨论，自行设置不同情景，进行广播用语练习，完成表2-4-3。

表 2-4-3　广播用语情景演练

	设置情景	模拟角色	广播用语
组长（　　）			
组员（　　）			
组员（　　）			
组员（　　）			
组员（　　）			
组员（　　）			
组员（　　）			
组员（　　）			

评价反馈

学生进行自评，评价自己是否能够理解列车广播作业内容，是否熟练不同情境下的列车广播用语使用，是否能够按时完成报告内容，有无任务遗漏，见表2-4-4。

表 2-4-4　学生自评表

班级：	姓名：	学号：	
学习情境	列车广播系统和广播用语		
评价项目	评价标准	分值	得分
作业内容	正确进行常规广播，满分；若否，则零分	8	
	正确进行特殊广播，满分；若否，则零分	8	
	正确进行紧急广播，满分；若否，则零分	8	
	正确进行人工广播，满分；若否，则零分	8	
	正确进行列车服务广播和推广信息广播，满分；若否，则零分	8	
动作规范	眼看、手指动作正确、标准，满分；若否，则零分	20	
列车广播用语	熟练掌握人工广播用语，能根据不同情境正确使用列车广播用语，满分；若否，则零分	40	
合计		100	

教师对学生在实操任务完成过程及展示成果进行评价，并将评价结果填入教师评价表中，见表2-4-5。

表 2-4-5 教师评价表

班级：	姓名：	学号：	
学习情境	列车广播系统和广播用语		
评价项目	评价标准	分值	得分
考勤	没有无故缺勤、迟到、早退现象，满分；若否，则零分	15	
执行作业标准	作业流程正确，满分；若否，则零分	15	
	动作规范，满分；若否，则零分	15	
	呼唤应答用语准确，满分；若否，则零分	20	
协调能力	与小组成员、同学之间能交流合作，协调工作，满分；若否，则零分	10	
职业素养	能做到安全行车、规范操作，满分；若否，则零分	15	
创新意识	通过任务训练，能发现新的问题并及时解决，满分；若否，则零分	10	
合计		100	

巩固练习

一、填空题

1. 庞巴迪列车常用驾驶模式有________、________、________、________、________。

2. ATO模式及SM模式均为________（正常/非正常）运行模式；而RM模式及URM模式均为________（正常/非正常）模式。

3. 列车广播系统可实现________、________、人工语音广播、乘客紧急报警通话、广播优先级设置等功能。

4. 在列车运营过程中，列车广播内容可分为常规广播、特殊广播、紧急广播、________、________等。

5. 列车于某一方向运行到达终点站站台后，经过________或________进行转线、换端，将列车转到另一运行方向的起点站站台，准备继续运行的作业过程称为终点站折返作业。

二、选择题

1. 列车ATO驾驶模式属于（ ）。
   A. 最优先级　B. 次优先级
   C. 运行速度不能大于25 km/h　D. 故障级驾驶模式

2. 当启动ATO模式时，将主控制器手柄置于（ ）。
   A. 牵引位　B. 0位　C. 制动位　D. 不需要司机操作

3.（ ）次优先级的驾驶模式，列车司机控制列车运行，运行速度受ATP监控。
   A. ATO　B. SM　C. RM　D. AR

4. 非限制人工驾驶模式是（ ）。
   A. ATO　B. SM　C. RM　D. AR

5. 列车广播设备主要包括（ ）。
   A. 驾驶室设备　B. 客室设备
   C. 辅助设备　D. 以上都是

三、简答题

1. 简述终点站站后折返作业操作流程。

2. 简述列车自动折返接班列车司机的作业流程。

3. 手动打开车门时，应执行“先确认、后呼唤、跨半步、再开门”的作业流程，请详细解释“先确认、后呼唤、跨半步、再开门”的含义。

4. 列车广播系统的功能有哪些?

5. 简述中间站折返作业的操作流程。

6. 简述终点站站台作业操作流程。

7. 简述ATO模式下站台作业操作流程。

8. 简述SM模式下列车正线运行操作流程。

项目三　非正常情况下的行车作业

学习目标

知识目标

1. 了解特殊天气对行车的影响、掌握特殊天气下的行车作业，包括处理要点及操作步骤。

2. 掌握特殊情况下的行车作业，包括处理要点及操作步骤。

3. 掌握遇突发事件下的行车作业，包括处理要点及操作步骤。

能力目标

1. 能正确判断天气条件，并进行规范的行车作业。

2. 能够规范完成列车反方向运行、推进运行、退行、冒进信号的行车作业。

3. 能正确规范完成区间发生列车火灾、区间无电、区间隧道积水、区间有人、异物侵限、接触网有异物、乘客报警、车门夹人的行车作业。

素养目标

1. 培养爱国主义精神，形成职业意识，能按照标准做好行车相关仪容仪表、手指口呼、标准用语等作业基本要求。

2. 树立大局意识，严格遵守各项规章制度、命令和速度规定，正确执行各项操作规程，确保电动列车运行安全。

3. 提高驾驶综合水平，严格按照要求规范使用司机室设备，爱护车辆，平稳操纵，精心驾驶。

4. 树立畅通意识，提高个人综合能力，妥善应对各类车辆故障和运营突发事件，保障行车秩序。

知识体系

- 非正常情况下的行车作业
  - 进行特殊天气下的行车作业
    - 进行雾天的行车作业
    - 进行雨天的行车作业
    - 进行大风天的行车作业
    - 进行遇霜、雪天的行车作业
  - 进行特殊情况下的行车作业
    - 进行列车反方向作业
    - 进行列车推进作业
    - 进行列车退行作业
    - 进行列车冒进信号作业
  - 进行遇突发事件的行车作业
    - 进行区间列车火灾的行车作业
    - 进行区间接触网停电的行车作业
    - 进行区间隧道积水的行车作业
    - 进行区间有人的行车作业
    - 进行异物侵限的行车作业
    - 进行接触网有异物的行车作业
    - 进行区间乘客报警的行车作业
    - 进行区间车门夹人的行车作业

任务一　进行特殊天气下的行车作业

子任务一　进行雾天的行车作业

微课

掌握特殊天气下的行车作业

学习情境描述

雾天驾驶时，列车司机应提高警惕，注意观察道岔位置及信号灯光。如果瞭望困难（雨、霜、雪天等，见图3-1-1），应及时报OCC，并按其指示行车。必要时可开启前照灯，适时鸣笛，严格控制车速，随时准备停车。

图3-1-1　雾、雪、霜、雨、大风天气

任务书

冬季多大雾天气，城市轨道交通高架站之间及附近区间各条线路从场段到正线隧道之间，列车都是在地面或高架上行驶的，虽然驾驶室视野开阔，但是要保证大雾天气下列车行驶安全也是需要靠多个岗位人员协同作业的。假如遇到雾天，请正确完成雾天时的行车作业。

任务分组

学生任务分配见表3-1-1。

表3-1-1　学生任务分配表

班级		组号		指导教师	
组长		学号			
组员					
任务分工					

工作准备

准备工具与器材：列车驾驶模拟器、司机包、司机手账、操纵台激活钥匙、三角钥匙、四角钥匙、手持电台、手电筒、口头调度命令记录单及其他记录单和相应工具。

知识链接

一、雾天司机的操作

（1）雾天能见度下降、瞭望距离不足，影响司机的观察和判断，应小心驾驶。

（2）司机在出乘前应准确地判断大雾天当日的能见度，做到心中有数，能见度越小，驾驶时越要提高警惕。

二、瞭望距离不足时司机的操作

（1）瞭望困难时，应及时将情况报告行调，开启前照灯，适时鸣笛，适当降低速度。

（2）当看不清信号、道岔时，宁可停车确认也不可盲目臆测行车。

（3）必须规范呼唤应答的执行标准，集中注意力，在通过岔区时应提前减速并观察信号显示灯光、道岔开通位置是否正确，确保信号、道岔正确。

（4）按标准使用车载电台或手持电台与行调或综控员随时保持联络呼唤，报告当前的情况，以保证安全运行。

（5）在保证安全、正点的前提下，注意行车速度，以不高于规定速度运行。

（6）在运行中多鸣笛、鸣长笛进行警示，接近信号要慢，控制好列车速度，随时准备停车。

（7）列车在进行折返作业时，司机应将列车速度控制在20 km/h以下，当确认信号、道岔位置正确后，司机经呼唤应答方可动车。

任务实施

列车在行车过程中如遇大雾天气会造成瞭望距离不足，此时列车需要限速运行，限制速度见表3-1-2。

表 3-1-2　瞭望距离不足时列车的限制速度

瞭望距离（m）	限制速度（km/h）
小于 100	45
小于 50	25
小于 30	10
不足 5	立即停车

案例：发布大雾黄色预警

某日，地铁13号线立水桥——霍营、上地——五道口两区段行车受到影响，能见度仅二三十米（见图3-1-2），司机不得不停车瞭望信号，造成早高峰一些列车晚点，大量乘客滞留车站。

8点10分至8点50分的40分钟高峰时间里，地铁13号线回龙观站和立水桥站分别进行了临时封闭，站前广场最多时挤满了上千人。

图 3-1-2　雾天行车视野

引导问题1：雾天影响什么样的线路？雾天会给行车带来哪些影响？

引导问题2：请总结雾天时列车司机的规范操作程序。

分组练习

小组内模拟练习雾天的运行操作，互相指出不足之处。要求每人针对此种情况至少练习2次，以提高熟练程度。

评价反馈

学生进行自评。评价自己是否熟悉呼唤应答用语，作业流程是否规范，是否能做到眼看手指口呼，是否能够按时完成报告内容和实训演练，有无任务遗漏，见表3-1-3。

表 3-1-3　学生自评表

班级：	姓名：	学号：	
学习情境	进行雾天的行车作业		
评价项目	评价标准	分值	得分
作业流程	报告 OCC，满分；若否，则零分	14	
	按规定行车，满分；若否，则零分	14	
	未超出规定速度，满分；若否，则零分	14	
	对雾天行车能够作出快速反应，满分；若否，则零分	14	
	按流程进行雾天的行车作业，满分；若否，则零分	14	
动作规范	眼看、手指动作正确、标准，满分；若否，则零分	15	
呼唤应答用语	呼唤应答用语准确、完整，满分；若否，则零分	15	
合计		100	

教师对学生在实操任务完成过程及展示成果进行评价，并将评价结果填入教师评价表中，见表 3-1-4。

表 3-1-4　教师评价表

班级：	姓名：	学号：	
学习情境	进行雾天的行车作业		
评价项目	评价标准	分值	得分
考勤	没有无故缺勤、迟到、早退现象，满分；若否，则零分	15	
执行作业标准	作业流程符合雾天行车标准，满分；若否，则零分	15	
	动作规范，满分；若否，则零分	15	
	呼唤应答用语准确，满分；若否，则零分	15	
协调能力	与小组成员、同学之间能交流合作，协调工作，满分；若否，则零分	10	
职业素养	能做到安全行车、规范操作，满分；若否，则零分	20	
创新意识	通过任务训练，能发现新的问题并及时解决，满分；若否，则零分	10	
合计		100	

子任务二　进行雨天的行车作业

学习情境描述

列车司机在雨天驾驶列车时，应时刻注意线路情况，发现影响正常行车时，立即上报OCC，并按其指示行车。例如：注意控制车速，通过道岔等位置时应提前减速，遇到危及行车安全的情况时应立即停车等。注意对于雨、雪、霜天，在地面线运行的列车应关闭电制动。

任务书

雨天对安全行车的影响是巨大的。雨天时，司机的视线受阻；轨道黏着力变小，若不能正确控制列车牵引和制动就会造成车轮打滑；雨天还有可能造成正线地势较低处的部分电缆被水浸泡，造成电缆局部短路打火，影响电网正常供电。另外，雨天还会造成城市轨道交通客流激增，这对客运服务也造成了极大的挑战，如图3-1-3所示。假如遇到下雨天气，请正确进行遇雨天时的行车作业。

图3-1-3　雨水倒灌地铁站

任务分组

学生任务分配见表3-1-5。

表 3-1-5　学生任务分配表

班级		组号		指导教师	
组长		学号			
组员					
任务分工					

工作准备

准备工具与器材：列车驾驶模拟器、司机包、司机手账、操纵台激活钥匙、三角钥匙、四角钥匙、手持电台、手电筒、口头调度命令记录单及其他记录单和相应工具。

知识链接

雨天时某市城轨列车司机的操作注意事项如下：

（1）司机在雨天操纵列车时，应时刻观察线路情况并保持与行车调度员联系，发现影响行车应立即上报，不应贸然行车。当雨大影响视线时，司机应通过呼唤应答确认线路情况，保证列车正常运行。

（2）司机在使用司机控制器手柄进行牵引时，当出现打滑时应立即将手柄回到“惰行”位，待速度正常时再重新使用手柄进行低级位牵引。在使用司机控制器手柄进行制动时，要适当延长制动距离，应时刻警惕打滑的出现，当打滑现象出现时不应使用紧急制动按钮，应使用低级位常用制动将速度控制好，视实时速度，根据情况追加或缓解，确保在规定位置停车。

（3）司机驾驶列车通过线路上的岔区时，应提前减速并观察信号显示灯光、道岔位置是否正确。

（4）列车在运行中发现积水漫过道床排水沟时，如接触轨能正常供电，司机应以能随时停车的速度运行，并及时将情况报告给行车调度员或车站综控员。

（5）因水灾造成路基塌陷、滑坡等危及行车安全时，应立即停车，将情况如实报告给行车调度员，按其指示行车。

任务实施

引导问题1： 雨天影响什么样的线路？雨天会给行车带来哪些影响？

引导问题2： 请总结雨天时列车司机的规范操作程序。

分组练习

小组内模拟练习雨天的行车作业，互相指出不足之处。要求每人针对此种情况至少练习2次，以提高熟练程度。

评价反馈

学生进行自评。评价自己是否熟悉呼唤应答用语，雨天作业流程是否规范，是否能做到眼看手指口呼，是否能够按时完成报告内容和实训演练，有无任务遗漏，见表3-1-6。

表 3-1-6　学生自评表

班级：	姓名：		学号：
学习情境	进行雨天的行车作业		
评价项目	评价标准	分值	得分
作业流程	报告OCC，满分；若否，则零分	14	
	按规定行车，满分；若否，则零分	14	
	未超出规定速度，满分；若否，则零分	14	
	对雨天行车能够作出快速反应，满分；若否，则零分	14	
	按流程进行雨天的行车作业，满分；若否，则零分	14	
动作规范	眼看、手指动作正确、标准，满分；若否，则零分	15	
呼唤应答用语	呼唤应答用语准确、完整，满分；若否，则零分	15	
合计		100	

教师对学生在实操任务完成过程及展示成果进行评价，并将评价结果填入教师评价表中，见表3-1-7。

表 3-1-7　教师评价表

班级：	姓名：	学号：	
学习情境	进行雨天的行车作业		
评价项目	评价标准	分值	得分
考勤	没有无故缺勤、迟到、早退现象，满分；若否，则零分	15	
执行作业标准	作业流程符合雨天行车标准，满分；若否，则零分	15	
	动作规范，满分；若否，则零分	15	
	呼唤应答用语准确，满分；若否，则零分	15	
协调能力	与小组成员、同学之间能交流合作，协调工作，满分；若否，则零分	10	
职业素养	能做到安全行车、规范操作，满分；若否，则零分	20	
创新意识	通过任务训练，能发现新的问题并及时解决，满分；若否，则零分	10	
合计		100	

子任务三　进行大风天的行车作业

学习情境描述

大风是一种灾害性天气，给人们的生活带来许多不便，严重时还会造成巨大的生命财产损失。大风灾害四季均有，频率高、范围广、灾情重，冬季主要以寒潮大风为主，还伴有强烈的降温。大风可颠覆车辆，使列车脱轨，或使之失控和停驶。大风还可能刮起异物到车辆限界内，影响列车正常运行。

任务书

列车司机在大风天驾驶列车，如发现风力过大，危及行车安全时，应及时报行车调度员，并按其指示行车。例如，应根据情况适当减速，必要时立即停车。一旦发现有异物侵限时，应立即停车并报告行车调度员，并按其指示执行。假如遇到大风天气，请正确进行遇大风天时的行车作业。

任务分组

学生任务分配见表3-1-8。

表 3-1-8　学生任务分配表

班级		组号		指导教师	
组长		学号			
组员					
任务分工					

工作准备

准备工具与器材：列车驾驶模拟器、司机包、司机手账、操纵台激活钥匙、三角钥匙、四角钥匙、手持电台、手电筒、口头调度命令记录单及其他记录单和相应工具。

知识链接

表3-1-9是某城市城轨列车遇大风天气下的行车速度。

表3-1-9　某城市城轨列车遇大风天的行车速度

风力等级	运行线路区段	列车运行限制
9级及以上	风力波及线路区段或行调通知的范围之内	停止运行
8级	风力波及线路区段或行调通知的范围之内	以不超过25 km/h的速度运行
7级	风力波及线路区段或行调通知的范围之内	以不超过60 km/h的速度运行

任务实施

案例：

某日大风，地铁13号线回龙观站附近一简易房屋顶被大风刮落，砸在地铁铁轨上，造成地铁列车短暂停运近10 min。铁轨上有4块1 m×4 m大小的薄铁板，还有塑料泡沫等物品。

引导问题1： 大风天影响什么样的线路？大风天会给行车带来哪些影响？为什么大风能吹翻列车？

引导问题2： 请总结大风天时列车司机的规范操作程序。

分组练习

小组内模拟练习大风天的运行操作，互相指出不足之处。要求每人针对此种情况至少练习2次，以提高熟练程度。

评价反馈

学生进行自评。评价自己是否熟悉呼唤应答用语，作业流程是否规范，是否能做到眼看手指口呼，是否能够按时完成报告内容和实训成果资料，有无任务遗漏，见表3-1-10。

表 3-1-10　学生自评表

班级：	姓名：	学号：	
学习情境	进行大风天的行车作业		
评价项目	评价标准	分值	得分
作业流程	报告 OCC，满分；若否，则零分	14	
	按规定行车，满分；若否，则零分	14	
	未超出规定速度，满分；若否，则零分	14	
	对大风天行车能够作出快速反应，满分；若否，则零分	14	
	按流程进行大风天的行车作业，满分；若否，则零分	14	
动作规范	眼看、手指动作正确、标准，满分；若否，则零分	15	
呼唤应答用语	呼唤应答用语准确、完整，满分；若否，则零分	15	
合计		100	

教师对学生在实操任务完成过程及展示成果进行评价，并将评价结果填入教师评价表中，见表3-1-11。

表 3-1-11　教师评价表

班级：	姓名：	学号：	
学习情境	进行大风天的行车作业		
评价项目	评价标准	分值	得分
考勤	没有无故缺勤、迟到、早退现象，满分；若否，则零分	15	
执行作业标准	作业流程符合大风天行车标准，满分；若否，则零分	15	
	动作规范，满分；若否，则零分	15	
	呼唤应答用语准确，满分；若否，则零分	15	
协调能力	与小组成员、同学之间能交流合作，协调工作，满分；若否，则零分	10	
职业素养	能做到安全行车、规范操作，满分；若否，则零分	20	
创新意识	通过任务训练，能发现新的问题并及时解决，满分；若否，则零分	10	
合计		100	

子任务四　进行霜、雪天的行车作业

学习情境描述

列车司机在霜、雪天驾驶列车时，应时刻注意线路情况，控制好车速。一旦发现影响正常行车时，应立即上报OCC，并按其指示行车。注意遇雨、雪、霜天时，在地面线运行的列车应关闭电制动。

任务书

如图3-1-4所示为大雪天气工人清理轨道，当出现大范围降雪和降霜时，可能会导致：尖轨滑床板冰冻、尖轨与基本轨无法密贴、接触轨冰冻无法与受流器接触造成机车无电、钢轨冰冻造成车辆牵引制动受影响、乘客摔伤等。大雪天还会导致能见度下降、司机视线受阻，以及轨道黏着力变小，车轮易打滑。假如遇到霜、雪天气，请正确进行遇霜、雪天时的行车作业。

图 3-1-4　大雪天气工人清理轨道

任务分组

学生任务分配见表3-1-12。

表 3-1-12　学生任务分配表

班级		组号		指导教师	
组长		学号			
组员					
任务分工					

工作准备

准备工具与器材：列车驾驶模拟器、司机包、司机手账、操纵台激活钥匙、三角钥匙、四角钥匙、手持电台、手电筒、口头调度命令记录单及其他记录单和相应工具。

知识链接

某城市雪、霜天时对城轨列车司机的操作规定如下：

（1）司机在雪天、有冰霜的天气下操纵列车时，应时刻观察线路情况并保持与行车调度员联系，发现影响行车应立即上报，不应贸然行车。

（2）从停车库出车时，司机在确认降雪高度不超过接触轨但超过走行轨时，应立即与段、场信号楼联系，待轨面出清后方可动车。

（3）列车启动时，司机控制牵引各级位要顺序操作，严格遵守“逐级牵引”的要求，防止发生空转；如发生空转，及时将司机控制器退回“惰行”位，空转结束后方可继续操作运行。

（4）在使用司机控制器制动时，应时刻注意打滑现象的出现。在接近下坡或将要进站时，应提前采用小级位制动，防止打滑现象的出现。

（5）在雨、雪、冰、霜等易产生车轮打滑现象的天气下，列车从高架站、地面站出站时，应合理使用司机控制器手柄进行牵引，平稳启动列车以免造成车轮打滑。进站时，应时刻注意站前标所在位置，当看到站前标时，应采取制动措施，当列车到车站尾端墙时，车速应控制在规定速度以内，以防冒进信号事故的发生，保证列车平稳。

任务实施

案例：

某日，上海因大雪紧急启动地铁应急预案。“凌晨5点30分左右，已向各地面车站发出了紧急通知。”安服部告诉记者，虽然今天的最低气温还未到零度下，但为了做好防范工作，总调室已启动了应急预案：工作人员提前半小时上班，在容易积雪的车站出入口铺设了防滑麻袋；清洁工加强不间断的清扫工作，防止积雪；在各车站竖起了“小心路滑”的黄色警示牌，并加强广播宣传提醒乘客。应急预案还特别要求梅陇停车基地、上海火车站站、中山公园站、上海南站站、石龙路站等折返车站，以及宝山路、虹桥路两个共线运营的接口车站要预防道岔结冰。在特殊天气下，每晚擦洗道岔后要洒上工业盐。

引导问题1： 雪天、霜天影响什么样的线路？雪天、霜天会给行车带来哪些影响？

引导问题2： 请总结雪天、霜天时列车司机的规范操作程序。

分组练习

小组内模拟练习雪天、霜天情况下的运行操作，互相指出不足之处。要求每人针对此种情况至少练习2次，以提高熟练程度。

评价反馈

学生进行自评。评价自己是否熟悉呼唤应答用语，作业流程是否规范，是否能做到眼看手指口呼，是否能够按时完成报告内容和实训成果资料，有无任务遗漏，见表3-1-13。

表 3-1-13　学生自评表

班级：	姓名：	学号：	
学习情境	进行遇霜、雪天的行车作业		
评价项目	评价标准	分值	得分
作业流程	报告 OCC，满分；若否，则零分	14	
	按规定行车，满分；若否，则零分	14	
	未超出规定速度，满分；若否，则零分	14	
	对霜、雪天行车能够作出快速反应，满分；若否，则零分	14	
	按流程进行霜、雪天的行车作业，满分；若否，则零分	14	
动作规范	眼看、手指动作正确、标准，满分；若否，则零分	15	
呼唤应答用语	呼唤应答用语准确、完整，满分；若否，则零分	15	
合计		100	

教师对学生在实操任务完成过程及展示成果进行评价，并将评价结果填入教师评价表中，见表3-1-14。

表 3-1-14　教师评价表

班级：	姓名：	学号：	
学习情境	进行遇霜、雪天的行车作业		
评价项目	评价标准	分值	得分
考勤	没有无故缺勤、迟到、早退现象，满分；若否，则零分	15	
执行作业标准	作业流程符合霜、雪天行车标准，满分；若否，则零分	15	
	动作规范，满分；若否，则零分	15	
	呼唤应答用语准确，满分；若否，则零分	15	
协调能力	与小组成员、同学之间能交流合作，协调工作，满分；若否，则零分	10	
职业素养	能做到安全行车、规范操作，满分；若否，则零分	20	
创新意识	通过任务训练，能发现新的问题并及时解决，满分；若否，则零分	10	
合计		100	

任务二　进行特殊情况下的行车作业

子任务一　进行列车反方向作业

微 课

掌握特殊情况下的行车作业

学习情境描述

特殊情况是相对于正常情况而言的，主要是指由于特殊天气、火灾、行车事故、突发事件、运行秩序紊乱等原因不能继续采用正常情况下行车组织方法组织轨道交通行车的情况。在非正常情况下司机要保持沉着冷静，按照操作流程处理，尽量避免在薄弱环节上出现问题，防止事态的进一步扩大。

各城市轨道交通系统在其行车组织规则中对双线区段线路规定了上、下行列车的运行方向和对应的上、下行线。正常情况下，上行方向列车在上行线运行，下行方向列车在下行线运行，即双线正方向运行。列车反方向运行是指在双线单方向运行的区间因自然灾害、线路故障等原因按有关规定临时组织列车在线路上与规定方向反向运行。

任 务 书

请按正确进行列车反方向行车作业。

任务分组

学生任务分配见表3-2-1。

表 3-2-1　学生任务分配表

班级		组号		指导教师	
组长		学号			
组员					
任务分工					

工作准备

准备工具与器材：列车驾驶模拟器、司机包、司机手账、操纵台激活钥匙、三角钥匙、四角钥匙、手持电台、手电筒、口头调度命令记录单及其他记录单和相应工具。

知识链接

一、列车反方向运行的条件

（1）由于开行救援列车或行调进行运行调整等需要时，组织列车反方向运行。

（2）在线路封锁施工、发生自然灾害或因事故中断行车等特殊情况下，经行调准许反方向运行。

（3）列车反方向运行，应按规定程序进行审批，专运列车反方向运行必须得到公司主管领导准许，客运列车反方向运行必须得到值班主任准许，方可以行调的调度命令下达执行。

（4）相应运行区段变更闭塞方式为电话闭塞，办理发车和接车进路，司机须确认行车凭证（路票）后，根据综控员的发车手信号发车。

（5）行调应对反方向运行列车重点跟踪调度指挥，确保行车安全。

二、反方向运行时司机的操作

（1）接收行调的反方向运行命令，注意调度命令的复诵和记录。

小提示

记录是为了有据可查，以明确责任分工；复诵是为了确认指令，以保证指令的准确性。

（2）反方向运行时，需要切除ATP对列车的控制，因此列车发车前，司机应将“ATP”开关置于“分”位，选择到“非限制人工驾驶”模式。

（3）司机接到综控员发放的行车凭证（路票）后，确认列车启动条件具备，看发车手信号启动列车。

（4）运行中要加强瞭望，按规定鸣示音响信号，速度不得超过35 km/h。

（5）进站前要适时采取制动措施，凭综控员的引导手信号进站，进站速度不得超过25 km/h，并做好随时停车的准备，无引导手信号时要将列车停于车站外方。

（6）重新领取路票前往下一个区间。

小提示

列车连续反方向运行时，列车司机必须在各站主动停车，领取新的行车凭证（路票）。

一般情况下，正线列车要求正向牵引运行，但遇到正向前部驾驶设备故障、列车救援等情况时，需要用到推进运行。

三、反方向运行时的行车组织——发车站

（1）核对运行计划，确认列车的车次和位置。

（2）确认发车区间空闲后，向接车站请求闭塞。

（3）接收电话电报号码及承认时分，填写“行车日志”。

（4）办理发车进路。

（5）填写路票，将路票交递给司机，手信号发车。

（6）本次列车出发后，向接车站通报列车车次及发车时分，双方填写“行车日志”。

（7）待列车从接车站发出后，接收到闭塞解除时分，填写“行车日志”。

四、反方向运行时的行车组织——接车站

（1）等待发车站的闭塞请求。

（2）接到发车站的闭塞请求后，确认接车区间、接车线路空闲，办理接车进路。

（3）向发车站发出电话电报号码及时分，填写“行车日志”。

（4）接收发车站发车次及时分，填写“行车日志”。

（5）待列车到达出站信号机内方，显示引导手信号将列车引导进站。

（6）列车整列到达后，填写“行车日志”，并向发车站发出闭塞解除时分，再次填写“行车日志”。

任务实施

引导问题：列车反向运行时，作为列车司机应该怎样应对？

____

____

____

分组练习

（1）小组内模拟练习列车反方向情况下的运行操作，互相指出不足之处。要求每人针对每种情况至少练习2次，以提高熟练程度。

____

____

____

（2）总结小组练习时主要存在的问题点。

____

____

____

评价反馈

学生进行自评。评价自己是否熟悉呼唤应答用语，作业流程是否规范，是否能做到眼看手指口呼，是否能够按时完成报告内容和实训成果资料，有无任务遗漏，见表3-2-2。

表 3-2-2 学生自评表

班级：	姓名：	学号：	
学习情境	进行列车反方向作业		
评价项目	评价标准	分值	得分
作业流程	接收到行车调度员命令后开始作业，满分；若否，则零分	13	
	按规定记录和复诵调度指令，满分；若否，则零分	13	
	切除 ATP 系统，满分；若否，则零分	13	
	没有超出规定速度，满分；若否，则零分	13	
	进站前采取制动措施后凭信号限速进站，满分；若否，则零分	13	
	进站后领取新的行车凭证，满分；若否，则零分	13	
动作规范	眼看、手指动作正确、标准，满分；若否，则零分	11	
呼唤应答用语	呼唤应答用语准确、完整，满分；若否，则零分	11	
合计		100	

教师对学生在实操任务完成过程及展示成果进行评价，并将评价结果填入教师评价表中，见表3-2-3。

表 3-2-3 教师评价表

班级：	姓名：	学号：	
学习情境	进行列车反方向作业		
评价项目	评价标准	分值	得分
考勤	没有无故缺勤、迟到、早退现象，满分；若否，则零分	15	
执行作业标准	作业流程符合列车反方向行车标准，满分；若否，则零分	15	
	动作规范，满分；若否，则零分	15	
	呼唤应答用语准确，满分；若否，则零分	15	
协调能力	与小组成员、同学之间能交流合作，协调工作，满分；若否，则零分	10	
职业素养	能做到安全行车、规范操作，满分；若否，则零分	20	
创新意识	通过任务训练，能发现新的问题并及时解决，满分；若否，则零分	10	
合计		100	

子任务二　进行列车推进作业

学习情境描述

一般情况下，列车编组时，两端均有驾驶室，在列车尾部驾驶室操纵列车按线路规定方向运行或救援列车推送被救援列车运行为推进运行。列车进入正线运行往往要求正向牵引运行，但遇到正向前部驾驶设备故障、进行列车救援或车辆段调车作业时，可采用推进运行。

任 务 书

请正确进行列车推进作业。

任务分组

学生任务分配见表3-2-4。

表3-2-4　学生任务分配表

班级		组号		指导教师	
组长		学号			
组员					
任务分工					

工作准备

准备工具与器材：列车驾驶模拟器、司机包、司机手账、操纵台激活钥匙、三角钥匙、四角钥匙、手持电台、手电筒、口头调度命令记录单及其他记录单和相应工具。

知识链接

一、列车推进运行时应遵循的规定

（1）列车推进运行，必须得到行调的命令准许，必须有引导员在列车前端驾驶室引导，无人引导时，禁止推进运行。

（2）因天气影响，难以辨认信号时，禁止列车推进运行。

（3）在30‰及以上的下坡道推进运行时，禁止在该坡道上停车作业，并注意列车的运行安全。

（4）列车推进运行的限速要求按《行车组织规则》的规定执行。

二、列车推进运行时司机（以双司机为例）的操作

（1）司机确认列车当前已不能使用前端操纵台时，立即向行调汇报。

（2）得到行调准许后，广播通知清客。

（3）清客完毕后，司机关断前端操纵台，切除操纵端ATP设备，副司机前往尾端驾驶室。

（4）司机确认好行车命令、信号后，使用对讲装置通知尾端司机进行列车激活作业。

（5）尾端司机激活操纵台后，通知前端司机做好推进准备工作。

（6）前端司机在得到尾端司机的通知后，再次确认信号，通知尾端司机开始推进。

（7）尾端司机操纵控制器手柄逐级牵引列车推进运行，速度不得超过30 km/h，列车的牵引、惰行、制动凭前端司机的指令操纵。

（8）前端司机应认真确认线路、信号、道岔状态，遇有紧急情况，果断采取紧急停车措施。停车后立即向行调说明情况，经妥善处理后方能继续运行。

（9）推进运行的操作须由两名司机合作完成，在推进运行过程中必须严格执行呼唤确认信号制度，前后司机保持不间断联系。若列车为单司机运行，前端司机的工作由引导员担任。

任务实施

引导问题：列车推进作业时，作为列车司机应该怎样应对？

分组练习

（1）进行关断前端操纵台的练习，总结自己的欠缺点。

（2）进行激活尾端操纵台的练习，总结自己的欠缺点。

（3）小组内模拟练习列车推进运行情况下的操作，互相指出不足之处。要求每人针对每种情况至少练习2次，以提高熟练程度。

（4）总结小组练习时主要存在的问题点。

评价反馈

学生进行自评。评价自己是否熟悉呼唤应答用语，作业流程是否规范，是否能做到眼看手指口呼，是否能够按时完成报告内容和实训成果资料，有无任务遗漏，见表3-2-5。

表 3-2-5　学生自评表

班级：	姓名：	学号：	
学习情境	进行列车推进作业		
评价项目	评价标准	分值	得分
作业流程	报告行车调度员列车推进运行，满分；若否，则零分	13	
	按规定切除 ATP 系统，满分；若否，则零分	13	
	清客，满分；若否，则零分	13	
	能够与另一名司机很好地配合，满分；若否，则零分	13	
	前端列车司机进行行车指令、信号的确认，满分；若否，则零分	13	
	尾端列车司机按规定激活列车并通知前端列车司机，满分；若否，则零分	13	
动作规范	眼看、手指动作正确、标准，满分；若否，则零分	11	
呼唤应答用语	呼唤应答用语准确、完整，满分；若否，则零分	11	
合计		100	

教师对学生在实操任务完成过程及展示成果进行评价，并将评价结果填入教师评价表中，见表3-2-6。

表 3-2-6　教师评价表

班级：	姓名：	学号：	
学习情境	进行列车推进作业		
评价项目	评价标准	分值	得分
考勤	没有无故缺勤、迟到、早退现象，满分；若否，则零分	15	
执行作业标准	作业流程符合列车推进作业标准，满分；若否，则零分	15	
	动作规范，满分；若否，则零分	15	
	呼唤应答用语准确，满分；若否，则零分	15	
协调能力	与小组成员、同学之间能交流合作，协调工作，满分；若否，则零分	10	
职业素养	能做到安全行车、规范操作，满分；若否，则零分	20	
创新意识	通过任务训练，能发现新的问题并及时解决，满分；若否，则零分	10	
合计		100	

子任务三　进行列车退行作业

学习情境描述

列车在区间因自然灾害、线路故障、坡停等原因不能继续向前运行而退行至最近车站，或列车部分或全部车厢越过站台需退回站台内办理乘降作业称为列车退行，列车退行可以推进或牵引运行。退行时列车的运行方向与原运行方向相反，是一种非正常操作，须与行调联系，得到准许后，方可进行。

任务书

按列车退行的要求进行列车退行作业。

任务分组

学生任务分配见表3-2-7。

表 3-2-7　学生任务分配表

班级		组号		指导教师	
组长		学号			
组员					
任务分工					

工作准备

准备工具与器材：列车驾驶模拟器、司机包、司机手账、操纵台激活钥匙、三角钥匙、四角钥匙、手持电台、手电筒、口头调度命令记录单及其他记录单和相应工具。

知识链接

一、列车退行时司机的操作

（1）司机判断列车需要退行时，利用车载电台或手持电台与行调联系。

（2）得到准许后，司机通过广播向乘客播放关于列车退行的通知。

（3）司机将驾驶模式转换至“RM”（限制人工驾驶模式）位，切断地面信号系统对列车的控制，将“方向选择开关”置于“后”位，以不超过15 km/h的速度将列车退行至规定位置。

（4）退行列车到达车站后，司机应及时向行调报告，根据行调的命令进行下一步处理。

二、列车退行时的注意事项

（1）退行时司机须确认列车性能是否良好，动车前，确认接收到行调的授权，不可擅自操作。

（2）列车退行进入车站时，车站接车人员应在进站站台端处显示引导信号，列车在进站站台端外必须一度停车，确认引导信号正确方可进站（后端推进退回车站难以确认时，车站应做好站台防护工作）。

（3）一般情况下，车载ATP系统对列车退行有距离限制，当退行的距离接近限定值时，列车会自动启动紧急制动，如果这时列车还未退至规定位置，司机需要再次启动列车退行。列车退行的距离限制可以被预先设置，各城市轨道交通集团公司可根据线路情况进行不同的规定。

任务实施

引导问题：列车退运行时，作为列车司机应该怎样应对？

____

____

____

分组练习

（1）小组内模拟练习列车退行运行情况下的操作，互相指出不足之处。要求每人针对每种情况至少练习2次，以提高熟练程度。

____

____

____

（2）总结小组练习时主要存在的问题点。

____

____

____

评价反馈

学生进行自评。评价自己是否熟悉呼唤应答用语，作业流程是否规范，是否能做到眼看手指口呼，是否能够按时完成报告内容和实训成果资料，有无任务遗漏，见表3-2-8。

表 3-2-8　学生自评表

班级：	姓名：	学号：	
学习情境	进行列车退行作业		
评价项目	评价标准	分值	得分
作业流程	能够正确判断列车需要退行作业，满分；若否，则零分	13	
	列车退行作业前报告行车调度员，满分；若否，则零分	13	
	通过广播向乘客播放列车退行通知，满分；若否，则零分	13	
	将驾驶模式转为 RM，满分；若否，则零分	13	
	若未退行到站，按正常流程启动列车并到站，满分；若否，则零分	13	
	到站后及时联系行调并按行调指令进行下一步处理，满分；若否，则零分	13	
动作规范	眼看、手指动作正确、标准，满分；若否，则零分	11	
呼唤应答用语	呼唤应答用语准确、完整，满分；若否，则零分	11	
合计		100	

教师对学生在实操任务完成过程及展示成果进行评价，并将评价结果填入教师评价表中，见表 3-2-9。

表 3-2-9　教师评价表

班级：	姓名：	学号：	
学习情境	进行列车退行作业		
评价项目	评价标准	分值	得分
考勤	没有无故缺勤、迟到、早退现象，满分；若否，则零分	15	
执行作业标准	作业流程符合列车退行作业标准，满分；若否，则零分	15	
	动作规范，满分；若否，则零分	15	
	呼唤应答用语准确，满分；若否，则零分	15	
协调能力	与小组成员、同学之间能交流合作，协调工作，满分；若否，则零分	10	
职业素养	能做到安全行车、规范操作，满分；若否，则零分	20	
创新意识	通过任务训练，能发现新的问题并及时解决，满分；若否，则零分	10	
合计		100	

子任务四　进行列车冒进信号作业

学习情境描述

列车冒进信号是指在未经授权的情况下，列车前端任何一部分越过进路防护信号机显示的停车信号。发生冒进信号，司机应立即向调度员报告，再根据指示进行办理。

任务书

请正确进行列车冒进信号的处理作业。

任务分组

学生任务分配见表3-2-10。

表 3-2-10　学生任务分配表

班级		组号		指导教师	
组长		学号			
组员					
任务分工					

工作准备

准备工具与器材：列车驾驶模拟器、司机包、司机手账、操纵台激活钥匙、三角钥匙、四角钥匙、手持电台筒、手电筒、口头调度命令记录单及其他记录单和相应工具。

知识链接

列车冒进信号，凡是满足下列条件之一的均属于列车冒进信号：列车前端任何一部分越过固定信号显示的停车信号或规定的手信号显示地点；停车列车越过信号机或警冲标；不含因紧急情况扣车、信号突变等，致使列车采取紧急制动后越出信号机的情况。

实际运营过程中，行调收到司机列车冒进信号的报告后，应根据列车冒进防护信号机的实际距离及线路情况决定列车是否退回或继续运行，灵活处理。

一般情况下，末班车或乘客无返乘条件的列车发生冒进出站信号机时，应组织列车退回站内规定位置；在ATP系统正常的安全防护下，列车不可能冒进停止信号，若信号显示红灯，列车将在无限接近信号机时被强制紧急制动，从而实现对闭塞区间的防护；司机在驾驶列车运行时，应时刻保持高度集中的注意力，防止冒进信号的发生。

列车冒进信号的处理及操作如下。

1. 列车部分冒进出站信号机

当列车部分冒进出站信号机时，司机应立即利用车载电台与行车调度员联系，报告冒进的相关事项。

若冒进的为进行信号，司机接到退行命令后，按照列车退行的处理方法操作列车退回站内规定位置，同时利用列车广播向乘客做好宣传解释工作。另一方面，行车调度员通知车站做好接车准备，车站广播通告站内候车的乘客有关列车退行的注意事项，综控员向司机显示手信号，使列车退回到规定的位置。列车退回后，使出站信号机重新开放。司机在具备发车条件后，与行车调度员联系，恢复原驾驶模式运行。

若冒进的为停止信号，司机接到退行命令后，按照列车退行的处理方法操作列车退回站内规定位置，同时利用列车广播向乘客做好宣传解释工作。另一方面，行车调度员通知车站做好接车准备，车站广播通告站内候车的乘客有关列车退行的注意事项，综控员扣车、关闭出站信号机，向司机显示手信号，使列车退回到规定的位置。司机按照站台作业要求完成乘客乘降的同时，综控员与行车调度员共同确认闭塞区间空闲，与前方站综控员联系确认符合闭塞条件后，解除扣车，使出站信号机重新开放。司机在具备发车条件后，与行车调度员联系，恢复原驾驶模式运行。此时的列车到达时刻以列车退回到规定的停车位置并停稳时为准。

2. 末班车的处理

末班车或乘客无返乘条件的列车冒进出站信号机时，无论是部分冒进还是整列冒进出站信号机，司机均应按照行车调度员的口头命令，操作列车退回站内规定的停车位置。

列车退回站内时，行车调度员与车站综控员应共同确认后续列车的位置，对后续列车采取相应的防护措施，保证退行列车及后续列车的安全。

任务实施

引导问题：列车发生冒进信号运行时，作为列车司机应该怎样应对？

____

____

____

分组练习

（1）小组内模拟练习列车冒进信号运行情况下的操作，互相指出不足之处。要求每人针对每种情况至少练习2次，以提高熟练程度。

____

____

____

（2）总结小组练习时主要存在的问题点。

评价反馈

学生进行自评。评价自己是否熟悉呼唤应答用语，作业流程是否规范，是否能做到眼看手指口呼，是否能够按时完成报告内容和实训成果资料，有无任务遗漏，见表3-2-11。

表 3-2-11　学生自评表

班级：	姓名：		学号：
学习情境	进行列车冒进信号作业		
评价项目	评价标准	分值	得分
作业流程	报告行车调度员，满分；若否，则零分	13	
	没有未经行车调度员准许擅自动车，满分；若否，则零分	13	
	广播安抚乘客，满分；若否，则零分	13	
	按退行方法操作列车，满分；若否，则零分	13	
	按综控员的手信号退回到站内规定位置，满分；若否，则零分	13	
	具备发车条件联系行车调度员，满分；若否，则零分	13	
动作规范	眼看、手指动作正确、标准，满分；若否，则零分	11	
呼唤应答用语	呼唤应答用语准确、完整，满分；若否，则零分	11	
合计		100	

教师对学生在实操任务完成过程及展示成果进行评价，并将评价结果填入教师评价表中，见表3-2-12。

表 3-2-12　教师评价表

班级：	姓名：		学号：
学习情境	进行列车冒进信号作业		
评价项目	评价标准	分值	得分
考勤	没有无故缺勤、迟到、早退现象，满分；若否，则零分	15	
执行作业标准	作业流程符合列车冒进信号的处理，满分；若否，则零分	15	
	动作规范，满分；若否，则零分	15	
	呼唤应答用语准确，满分；若否，则零分	15	
协调能力	与小组成员、同学之间能交流合作，协调工作，满分；若否，则零分	10	
职业素养	能做到安全行车、规范操作，满分；若否，则零分	20	
创新意识	通过任务训练，能发现新的问题并及时解决，满分；若否，则零分	10	
合计		100	

任务三　进行遇突发事件的行车作业

子任务一　进行区间列车火灾的行车作业

微课

掌握遇突发事件时的行车作业

学习情境描述

突发事件是指不定时间、不定地点发生的影响城市轨道交通列车安全运行的突发性事件，因其突发性和偶然性，故要求城轨电动列车司机必须需具备良好的心理素质及应变能力，来应对各种突发情况。突发事件在这里有两层含义：一是事件发生、发展的速度很快，出乎意料；二是事件难以应对，必须采取非常规方法来处理。

例如火灾发生后，应快速作出反应，贯彻“救人第一，救人与灭火同步进行”的原则，积极疏散乘客，进行施救。把握好起火初期，采取正确的应急措施，有效扑灭火灾，最大限度地减少人员伤亡和设备损失。

任务书

以区间列车中部发生火灾，能维持列车进站的情况为例，进行火灾的行车作业处理。

任务分组

学生任务分配见表3-3-1。

表 3-3-1　学生任务分配表

班级		组号		指导教师	
组长		学号			
组员					
任务分工					

工作准备

准备工具与器材：列车驾驶模拟器、司机包、司机手账、操纵台激活钥匙、三角钥匙、四角钥匙、手持电台、手电筒、手提灯、止轮器、防护服、绝缘手套、绝缘鞋、手信号灯、绿色许可证、信号旗、快速分离器、口头调度命令记录单、列车状态记录单、故障记录单及其他记录单和相应工具。

知识链接

一、列车火灾的处理

1. 司机基本处理原则

（1）列车着火后，列车司机应向乘客详细查询如下情况：起火冒烟的车辆及位置、火势大小及烟雾浓度、起火原因、人员伤亡情况及设备损毁程度。

（2）然后将这些内容立即向控制中心调度员报告，同时说清楚列车车次、所处位置。同时安抚乘客情绪，指导乘客使用车厢中的灭火器灭火自救。

2. 在处理突发事件时，司机应如下处理：

进站：指不管遇到何种突发事件，司机必须想方设法维持列车进站处理，只有列车进站处理，乘客才能在司机和车站人员帮助下安全妥当处理，进站救人是应对所有列车突发事件应急处理的首要原则。

开门：是指凡列车停在站台（含列车完全停准、部分车厢在站台、对标不准等）遇到突发事件时，第一时间按规定开车门。

广播：打开车门进行清客或疏散时，必须广播安抚乘客。

清客（或疏散）：遇列车火灾、列车爆炸、列车危险化学品泄漏、毒气袭击、列车劫持人质等突发公共应急事件，危及乘客安全时，司机应该第一时间决定进行清客或疏散。

“进站、开门、广播、清客”八字诀顺序不能颠倒，环环相扣，如遇区间列车火灾、爆炸等造成列车不能进站，司机可以先打开疏散平台侧的车门，广播引导乘客疏散，再报行调。

3. 列车在区间发生火灾时的处理

（1）应尽量将列车驶入前方站，再进行处理。这样有几个好处：一是便于利用站台疏散乘客。在区间发生火灾，地下隧道狭窄，火势比较集中，烟雾不易散发，逃生困难；乘客只能沿轨道前往车站，走行距离长，乘客本身比较恐慌，再加上人员密集，容易造成混乱。二是便于利用车站内的消防设备设施灭火。车站空间相对开阔，消防设施全面，车站人员较多，有利于组织扑救火灾。

（2）如果列车无法驶入前方站，列车司机立即报告行调后，将列车停在区间，安排乘客紧急疏散。根据火灾位置、烟雾扩散方向，打开相应的疏散门，广播通知乘客向安全的方向疏散，下车后迅速步行前往车站。

（3）车站接到列车疏散命令后，打开屏蔽门，派人携带无线通讯设备及防护用品，前往区间协助列车清客，将乘客领回车站。准备好消防器材，选择合适位置协助灭火，并启动通风系统排出烟雾。

4.列车在车站发生火灾时的处理

列车司机应迅速打开站台侧所有车门，使用车内灭火器进行扑救，对乘客进行广播疏散，配合车站工作人员将乘客疏散到安全区域。

5.行调的处理

（1）确定列车发生火灾后，及时报告119火警、110报警中心，并根据情况报告120急救中心、公安部门。

（2）停止续行列车的开行，并停止相邻线路的行车。

（3）应使本线续行的列车及相邻线路的列车进入就近车站停车，避免在区间停车，以免引起乘客恐慌。

（4）彻底灭火后，组织开行救援列车，将着火列车拉到附近的停车场、车辆段或侧线。

（5）由维修部门检查、修复损坏的线路及其他设备后，清理轨道，及时开通线路。

二、某车型区间列车火灾处理（见表3-3-2）

表3-3-2　区间列车火灾处理

序号	作业程序	作业内容
1	确认火灾报警位置	“车辆显示屏”发出火灾报警 ①作业：点击“车辆显示屏”查看“火/烟状态”界面 ②口呼：××车厢火灾报警
2	确认火灾报警情况	手指眼看：观察“列车模拟终端”，确认火灾情况
3	汇报行调，列车位置及火灾情况	①接通电话：司机手持联控电话，单击“联控显示屏”中的“行调”按键，接通电话 ②报告行调：司机在“联控显示屏”中单击选择语句“行调，××次列车在××站—××站上/下行区间××车厢发生火灾，经判断，可运行至前方站。”并口呼语句后，点击“完毕”按钮 ③行调回复：行调在“联控显示屏”中单击选择语句“××次，做好乘客安抚工作，维持进站处理。”并口呼语句后，单击“完毕”按钮 ④复诵：司机在“联控显示屏”中单击选择语句“××次，做好乘客安抚工作，维持进站处理，司机明白。”并口呼语句后，单击“完毕”按钮 ⑤结束通话：挂断电话
4	广播安抚乘客	紧急广播：通过“车辆显示屏”选择播放预置的“车厢火警”紧急广播
5	确认开门	列车运行到站停稳后5 s内： ①手指眼看：“信号显示屏” ②口呼：“开左（右）门”
6	通知车站协助处理	①接通电话：司机手持联控电话，单击“联控显示屏”中的“车站”按键，接通电话 ②通知车站：司机在“联控显示屏”中单击选择语句“站台，上/下行方向列车，第×节车厢发生火灾，请协助灭火，疏散乘客。”并口呼语句后，单击“完毕”按钮 ③站台回复：站台在“联控显示屏”中单击选择语句“上/下行方向列车，第×节车厢发生火灾，协助灭火，疏散乘客，站台收到。”并口呼语句后，单击“完毕”按钮 ④结束通话：挂断电话

续表

序号	作业程序	作业内容
7	广播疏散乘客	紧急广播：通过“车辆显示屏”选择播放预置的“列车站内疏散”紧急广播
8	施加停放制动、分断主断路器、降下受电弓、断开蓄电池	作业： ①按下“停放制动施加”按钮，施加停放制动，“停放制动施加”灯亮 ②按下“主断分”按钮，分断主断路器，“主断分”按钮灯亮 ③按下“受电弓降”按钮，降下受电弓，“受电弓降”灯亮 ④将“列车激活”自复位开关置于“分”位，断开蓄电池
9	穿戴好防毒面具进行灭火	作业：取出司机室灭火器，对着火警预设点屏幕（列车模拟终端显示屏）进行试喷
10	合上蓄电池、升起受电弓、合上主断路器、停放制动缓解、关闭列车车门	作业： ①将“列车激活”自复位开关置于“合”位，合上蓄电池 ②按下“受电弓升”按钮，升起受电弓，“受电弓升”灯亮 ③按下“主断合”按钮，闭合主断路器，“主断合”按钮灯亮 ④按下“停放制动缓解”按钮，缓解停放制动，“停放制动缓解”灯亮 ⑤按下“关左／右门”按钮，关闭列车车门
11	确认发车条件	①手指眼看：列车“所有车门关闭”灯亮、“车辆显示屏”和“信号显示屏” ②口呼：车门关好、车态良好、具备发车条件
12	报告行调，申请退出服务	①接通电话：司机手持联控电话，单击“联控显示屏”中的“行调”按键，接通电话 ②报告行调：司机在“联控显示屏”中单击选择语句“行调，××次列车在××站车厢火灾已扑灭，申请退出服务。”并口呼语句后，单击“完毕”按钮 ③行调回复：行调在“联控显示屏”中单击选择语句“××次，申请退出服务，行调同意。”并口呼语句后，单击“完毕”按钮 ④结束通话：挂断电话

任务实施

引导问题1：一旦列车发生火灾，作为列车司机的你应该如何处理？

引导问题2：列车在区间发生火灾应该如何处理呢？

分组练习

（1）小组内模拟练习列车发生火灾时的操作，互相指出不足之处。要求每人针对每种情况至少练习2次，以提高熟练程度。

（2）总结小组练习时主要存在的问题点。

评价反馈

学生进行自评。评价自己是否熟悉呼唤应答用语，作业流程是否规范，是否能做到眼看手指口呼，是否能够按时完成报告内容和实训成果资料，有无任务遗漏，见表3-3-3。

表3-3-3　学生自评表

班级：	姓名：		学号：
学习情境	进行区间列车火灾的行车作业		
评价项目	评价标准	分值	得分
作业流程	确认火灾报警位置，满分；若否，则零分	7	
	确认火灾报警情况，满分；若否，则零分	7	
	汇报行调，列车位置及火灾情况，满分；若否，则零分	7	
	广播安抚乘客，满分；若否，则零分	7	
	确认开门，满分；若否，则零分	7	
	通知车站协助处理，满分；若否，则零分	7	
	广播疏散乘客，满分；若否，则零分	7	
	施加停放制动、分断主断路器、降下受电弓、断开蓄电池，满分；若否，则零分	7	
	穿戴好防毒面具进行灭火，满分；若否，则零分	7	
	合上蓄电池、升起受电弓、合上主断路器、停放制动缓解、关闭列车车门，满分；若否，则零分	7	
	确认发车条件，满分；若否，则零分	7	
	报告行调，申请退出服务，满分；若否，则零分	7	
动作规范	眼看、手指动作正确、标准，满分；若否，则零分	8	
呼唤应答用语	呼唤应答用语准确、完整，满分；若否，则零分	8	
合计		100	

教师对学生在实操任务完成过程及展示成果进行评价，并将评价结果填入教师评价表中，见表3-3-4。

表 3-3-4　教师评价表

班级：	姓名：		学号：
学习情境	进行区间列车火灾的行车作业		
评价项目	评价标准	分值	得分
考勤	没有无故缺勤、迟到、早退现象，满分；若否，则零分	15	
执行作业标准	作业流程符合列车区间火灾处理标准，满分；若否，则零分	15	
	动作规范，满分；若否，则零分	15	
	呼唤应答用语准确，满分；若否，则零分	15	
协调能力	与小组成员、同学之间能交流合作，协调工作，满分；若否，则零分	10	
职业素养	能做到安全行车、规范操作，满分；若否，则零分	20	
创新意识	通过任务训练，能发现新的问题并及时解决，满分；若否，则零分	10	
合计		100	

子任务二　进行区间接触网停电的行车作业

学习情境描述

城市轨道交通大面积停电是威胁城市轨道交通安全运营的一个重要因素。大面积停电是指城市轨道交通系统整体或较大范围内电力供应中断，严重影响列车运行和乘客的正常出行。同时还会引起乘客恐慌、引发次生事故和灾害。因此，在应对大面积停电时，应尽快修复故障、恢复正常运营，以减小事故造成的影响。

任　务　书

以区间接触网停电，无法维持列车进站为例，进行区间接触网停电行车作业。

任务分组

学生任务分配见表3-3-5。

表 3-3-5　学生任务分配表

班级		组号		指导教师	
组长		学号			
组员					
任务分工					

工作准备

准备工具与器材：列车驾驶模拟器、司机包、司机手账、操纵台激活钥匙、三角钥匙、四角钥匙、手持电台、手电筒、手提灯、止轮器、防护服、绝缘手套、绝缘鞋、手信号灯、绿色许可证、信号旗、快速分离器、口头调度命令记录单、列车状态记录单、故障记录单及其他记录单和相应工具。

知识链接

一、区间无电情况分类

1. 正线载客列车

（1）司机遇到线路停电应迅速报告行车调度员，报告内容包括停电时间、地点、列车情况

（正常照明、事故照明）、影响情况、报告人的职务和姓名。

（2）信息报告后，按行车调度员指示执行，尽量维持列车进站。

（3）进站后打开屏蔽门、车门，报行车调度员按行车调度员指示执行（与行车调度员沟通）。

（4）如果列车一部分停在站内或全部停在隧道内且无法维持进站，司机应立即报告行车调度员，并按行车调度员的指示执行。若列车一部分停在站内，司机人工打开靠站台区能够对应的车门、屏蔽门（应急门），组织乘客下车清客；若全部停在隧道内，司机播放广播安抚乘客，按照行车调度员的指示执行，如需区间疏散乘客按区间乘客疏散程序执行。

2. 为非载客列车

（1）非载客列车遇正线接触网停电时，司机立即紧急停车，报告行调。

（2）司机按行调指示执行。

3. 车场内发生电动列车遇接触网停电（未降弓）时

（1）司机立即紧急停车，报告车场调度。

（2）按车场调度指示执行。

二、某车型区间接触网停电处理（表 3-3-6）

表 3-3-6　区间接触网停电处理

序号	作业程序	作业内容
1	司机广播安抚乘客	紧急广播：通过“车辆显示屏”选择播放预置的“临时停车”紧急广播
2	确认接触网无网压	作业：单击“车辆显示屏”查看网压及受电弓状态，确认接触网无网压
3	报告行调，列车位置及应急情况	① 接通电话：司机手持联控电话，单击“联控显示屏”中的“行调”按键，接通电话 ② 报告行调：司机在“联控显示屏”中单击选择语句“行调，×× 次列车在 ×× 站—×× 站上/下行区间受电弓在升弓状态，列车无网压，列车迫停区间。”并口呼语句后，点击“完毕”按钮 ③ 行调回复：行调在“联控显示屏”中单击选择语句“×× 次，待车站人员到达，执行区间疏散程序。”并口呼语句后，单击“完毕”按钮 ④ 复诵：司机在“联控显示屏”中单击选择语句“×× 次，待车站人员到达，执行区间疏散程序，司机明白。”并口呼语句后，单击“完毕”按钮 ⑤ 结束通话：挂断电话
4	施加停放制动，降下受电弓	作业：按下“停放制动施加”按钮，施加停放制动，“停放制动施加”灯亮。按下“受电弓降”按钮，降下受电弓
5	确认车站人员到达，打开车门	作业：前向视景显示器弹出“车站人员已到达”提醒信息后，打开疏散平台侧第一个客室车门，并开启列车头灯远光
6	广播疏散乘客	紧急广播：通过“车辆显示屏”选择播放预置的“列车区间疏散”紧急广播
7	疏散完毕后恢复车门	① 手指眼看：前向视景显示器弹出的“乘客疏散完成”提醒信息 ② 口呼：乘客疏散完成 ③ 作业：通过“列车模拟终端”手动恢复车门

续表

序号	作业程序	作业内容
8	接收行调命令并复诵	① 接通电话：行调手持联控电话，单击“联控显示屏”中的“司机”按键，接通电话 ② 行调通知司机：行调在“联控显示屏”中单击选择语句“××次，接触网已恢复供电，司机恢复正常运行。”并口呼语句后，单击“完毕”按钮 ③ 司机复诵：司机在“联控显示屏”中单击选择语句“接触网已恢复供电，司机恢复正常运行，司机明白。”并口呼语句后，单击“完毕”按钮 ④ 结束通话：挂断电话
9	升起受电弓	作业：司机按“受电弓升”按钮，升起受电弓；单击“车辆显示屏”查看网压正常
10	合上主断路器、缓解停放制动	① 作业：按下主断合按钮，合上主断路器；按下“停放制动缓解”按钮，缓解停放制动，“停放制动缓解”灯亮 ② 手指眼看：“所有车门关闭”灯亮、“车辆显示屏”和“信号显示屏” ③ 口呼：车门关好、车态良好、具备发车条件
11	列车启动	作业：启动列车恢复运行

任务实施

引导问题： 总结列车发生区间停电列车司机的具体操作？

______

______

______

分组练习

（1）小组内模拟练习列车发生正线载客停电的操作，互相指出不足之处。要求每人针对每种情况至少练习2次，以提高熟练程度。

______

______

______

（2）总结小组练习时主要存在的问题点。

______

______

______

评价反馈

学生进行自评。评价自己是否熟悉呼唤应答用语，作业流程是否规范，是否能做到眼看手指口呼，是否能够按时完成报告内容和实训成果资料，有无任务遗漏，见表3-3-7。

表 3-3-7　学生自评表

班级：	姓名：	学号：	
学习情境	进行区间接触网停电的行车作业		
评价项目	评价标准	分值	得分
作业流程	司机广播安抚乘客，满分；若否，则零分	8	
	确认接触网无网压，满分；若否，则零分	8	
	报告行调，列车位置及应急情况，满分；若否，则零分	8	
	施加停放制动，降下受电弓，满分；若否，则零分	8	
	确认车站人员到达，打开车门，满分；若否，则零分	8	
	广播疏散乘客，满分；若否，则零分	8	
	疏散完毕后恢复车门，满分；若否，则零分	8	
	接收行调命令并复诵，满分；若否，则零分	8	
	升起受电弓，满分；若否，则零分	8	
	合上主断路器、缓解停放制动，满分；若否，则零分	8	
	启动列车，满分；若否，则零分	8	
动作规范	眼看、手指动作正确、标准，满分；若否，则零分	6	
呼唤应答用语	呼唤应答用语准确、完整，满分；若否，则零分	6	
合计		100	

教师对学生在实操任务完成过程及展示成果进行评价，并将评价结果填入教师评价表中，见表 3-3-8。

表 3-3-8　教师评价表

班级：	姓名：	学号：	
学习情境	进行区间接触网停电的行车作业		
评价项目	评价标准	分值	得分
考勤	没有无故缺勤、迟到、早退现象，满分；若否，则零分	15	
执行作业标准	作业流程符合列车区间无电执行标准，满分；若否，则零分	15	
	动作规范，满分；若否，则零分	15	
	呼唤应答用语准确，满分；若否，则零分	15	
协调能力	与小组成员、同学之间能交流合作，协调工作，满分；若否，则零分	10	
职业素养	能做到安全行车、规范操作，满分；若否，则零分	20	
创新意识	通过任务训练，能发现新的问题并及时解决，满分；若否，则零分	10	
合计		100	

子任务三 进行区间隧道积水的行车作业

学习情境描述

当大雨天发生雨水倒灌、遇到防水管道漏水或者其他情况时，可能会造成城轨列车的行车隧道积水，积水会影响列车的运行安全甚至威胁乘客生命安全。那么发生隧道积水时列车司机应该快速采取正确的应急措施，保证行车安全。

任务书

以区间隧道积水为例，进行区间隧道积水行车作业。

任务分组

学生任务分配见表3-3-9。

表 3-3-9 学生任务分配表

班级		组号		指导教师	
组长		学号			
组员					
任务分工					

工作准备

准备工具与器材：列车驾驶模拟器、司机包、司机手账、操纵台激活钥匙、三角钥匙、四角钥匙、手持电台、手电筒、手提灯、止轮器、防护服、绝缘手套、绝缘鞋、手信号灯、绿色许可证、信号旗、快速分离器、口头调度命令记录单、列车状态记录单、故障记录单及其他记录单和相应工具。

知识链接

轨道列车在行车作业过程中遇隧道积水应根据积水的情况作出正确的判断，例如：列车司机在列车运行中发现区间防水管漏水，要立即向行车调度员报告，并根据水势和消防水管是否有明显移位等情况，判断是否可以通过积水区段。如果可以通过，按相关的规定限速通过，如果不能通过，应报告行车调度员，按其指示处理。后续列车也应按限速要求通过，并确认消防水管状态、漏水量和区间线路纵断面最低处（水标线位置）的积水情况，及时报告行车调度员。遇区间停车时，及时利用广播安抚乘客。

一、区间积水的主要行车作业流程

（1）司机及其他行车有关人员在运行中发现区间防水管漏水、地面水灌入及不明原因积水时要立即向行调报告。

（2）首发司机根据水势和消防水管是否明显移位等情况，确认是否可以通过。

（3）积水区段行车按行调要求执行。

（4）列车进入积水区间的速度规定：当积水浸到轨底时，该区段限速25 km/h；当积水浸到轨腰时，该区段限速15 km/h；当积水漫过轨面时，原则上列车不准通过积水段；若必须通过时，须限速5 km/h。

（5）后续列车按限速要求通过，并确认消防水管状态、漏水量和区间线路纵断面最低处积水情况。

（6）遇区间停车时，及时播放车厢广播安抚乘客。

（7）抢险完毕后，恢复正常的驾驶模式行车。

二、某车型区间隧道积水处理（见表3-3-10）

表3-3-10　区间隧道积水处理

序号	作业流程	考核内容和流程
1	立即停车	作业：发现隧道前方积水，立即制动停车
2	司机广播安抚乘客	紧急广播：通过“车辆显示屏”选择播放预置的“临时停车”紧急广播
3	确认积水情况	① 手指眼看：前方积水 ② 口呼：“线路积水，未没过轨面。”
4	报告行调，列车位置及应急情况	① 接通电话：司机手持联控电话，单击“联控显示屏”中的“行调”按键，接通电话 ② 报告行调：司机在“联控显示屏”中单击选择语句“行调，×× 次列车在 ×× 站—×× 站上/下行区间发现隧道积水未没过轨面，现已停车。”并口呼语句后，单击“完毕”按钮 ③ 行调回复：行调在“联控显示屏”中单击选择语句“×× 次，以（或转）人工驾驶模式，限速15 km/h通过积水区段后，恢复正常运行。” ④ 司机复诵：司机在“联控显示屏”中单击选择语句“×× 次，以（或转）人工驾驶模式，限速15 km/h通过积水区段后，恢复正常运行，司机明白。”并口呼语句后，单击“完毕”按钮 ⑤ 结束通话：挂断电话
5	限速15 km/h通过积水区段	作业：采用人工驾驶，限速15 km/h通过积水区段
6	恢复正常驾驶模式运行	作业：通过积水区域后，恢复正常驾驶模式运行

续表

序号	作业流程	考核内容和流程
7	汇报行调	① 接通电话：司机手持联控电话，单击“联控显示屏”中的“行调”按键，接通电话 ② 报告行调：司机在“联控显示屏”中单击选择语句“行调，××次已限速通过积水区段，现已恢复正常运行。”并口呼语句后，单击“完毕”按钮 ③ 行调回复：行调在“联控显示屏”中单击选择语句“××次，已限速通过积水区段，现已恢复正常运行，行调收到。”并口呼语句后，单击“完毕”按钮 ④ 结束通话：挂断电话

任务实施

引导问题1：总结发现行车区间积水司机的具体操作程序？

引导问题2：列车进入积水区间的速度有何规定？

分组练习

（1）小组内模拟练习发现行车区间隧道积水的操作，互相指出不足之处。要求每人针对每种情况至少练习2次，以提高熟练程度。

（2）总结小组练习时主要存在的问题点。

评价反馈

学生进行自评。评价自己是否熟悉呼唤应答用语，作业流程是否规范，是否能做到眼看手指口呼，是否能够按时完成报告内容和实训成果资料，有无任务遗漏，见表3-3-11。

表 3-3-11　学生自评表

班级：	姓名：		学号：
学习情境	进行区间隧道积水的行车作业		
评价项目	评价标准	分值	得分
作业流程	发现隧道前方积水，立即制动停车，满分；若否，则零分	11	
	司机广播安抚乘客，满分；若否，则零分	11	
	确认积水情况，满分；若否，则零分	11	
	报告行调，列车位置及应急情况，满分；若否，则零分	11	
	限速 15 km/h 通过积水区段，满分；若否，则零分	11	
	通过积水路段恢复正常驾驶模，满分；若否，则零分	11	
	汇报行调通过积水路段，满分；若否，则零分	11	
动作规范	眼看、手指动作正确、标准，满分；若否，则零分	11.5	
呼唤应答用语	呼唤应答用语准确、完整，满分；若否，则零分	11.5	
合计		100	

教师对学生在实操任务完成过程及展示成果进行评价，并将评价结果填入教师评价表中，见表3-3-12。

表 3-3-12　教师评价表

班级：	姓名：		学号：
学习情境	进行区间隧道积水的行车作业		
评价项目	评价标准	分值	得分
考勤	没有无故缺勤、迟到、早退现象，满分；若否，则零分	15	
执行作业标准	作业流程符合区间隧道积水行车标准，满分；若否，则零分	15	
	动作规范，满分；若否，则零分	15	
	呼唤应答用语准确，满分；若否，则零分	15	
协调能力	与小组成员、同学之间能交流合作，协调工作，满分；若否，则零分	10	
职业素养	能做到安全行车、规范操作，满分；若否，则零分	20	
创新意识	通过任务训练，能发现新的问题并及时解决，满分；若否，则零分	10	
合计		100	

子任务四　进行区间有人的行车作业

学习情境描述

城轨列车所行线路一般是不允许行人穿越轨道线路或翻越保护网进入线路，同时也禁止在轨道线路上行走、坐卧。

任务书

以区间有人为例，请进行区间有人的行车作业。

任务分组

学生任务分配见表3-3-13。

表 3-3-13　学生任务分配表

班级		组号		指导教师	
组长		学号			
组员					
任务分工					

工作准备

准备工具与器材：列车驾驶模拟器、司机包、司机手账、操纵台激活钥匙、三角钥匙、四角钥匙、手持电台、手电筒、手提灯、止轮器、防护服、绝缘手套、绝缘鞋、手信号灯、绿色许可证、信号旗、快速分离器、口头调度命令记录单、列车状态记录单、故障记录单及其他记录单和相应工具。

知识链接

列车司机在行车区间发现区间有人需立即采取紧急制动，广播告知乘客临时停车。初步判断现场情况，并向OCC报告。若列车头部撞上人，应听从事故处理主任的指示；若列车头部未撞人，确认该人员已处于不侵限位置后，按照行车调度员的指示，限速15 km/h运行。

一、某车型区间有人处理作业（见表 3-3-14）

表 3-3-14　区间有人处理作业

序号	作业流程	考核内容和流程
1	立即停车	作业：发现区间有人，立即制动停车
2	司机广播安抚乘客	紧急广播：通过“车辆显示屏”选择播放预置的“临时停车”紧急广播
3	报告行调，列车位置及应急情况	① 接通电话：司机手持联控电话，单击“联控显示屏”中的“行调”按键，接通电话 ② 报告行调：司机在“联控显示屏”中单击选择语句“行调，××次列车在××站—××站上/下行区间发现有人，不影响运营，未与人员碰撞。”并口呼语句后，单击“完毕”按钮 ③ 行调回复：行调在“联控显示屏”中单击选择语句“××次，司机下车将人员带上列车。” ④ 司机复诵：司机在“联控显示屏”中单击选择语句“××次，下车将人员带上列车，司机明白。”并口呼语句后，单击“完毕”按钮 ⑤ 结束通话：挂断电话
4	下车将人员带上列车	作业： ① 按下“停放制动施加”按钮，施加停放制动 ② 拔下并携带“主控钥匙” ③ 通过“列车模拟终端”下车将人员带上列车
5	报告行调，恢复运行	① 接通电话：司机手持联控电话，单击“联控显示屏”中的“行调”按键，接通电话 ② 报告行调：司机在“联控显示屏”中单击选择语句“行调，××次列车在××站—××站上/下行区间人员已带上列车，申请恢复运行。”并口呼语句后，单击“完毕”按钮 ③ 行调回复：行调在“联控显示屏”中单击选择语句“××次，申请恢复运行，行调同意。”并口呼语句后，单击“完毕”按钮 ④ 结束通话：挂断电话
6	恢复运行	启动列车，恢复运行

二、列车在区间或站内撞人，不同岗位工作人员的操作作业

1. 站台岗

（1）发现列车在站内撞人，立即按压紧急停车按钮。

（2）协助值班站长等进入轨行区抬运被撞乘客。

（3）处理完毕后，按规定接发列车。

2. 列车司机

（1）司机发现区间或站内轨道上有人时，立即施加紧急制动。

（2）播放临时停车广播安抚乘客。列车广播词：“各位乘客请注意，现在是临时停车，由于前方发生人员侵入轨道线路事件，公安机关正在积极处理，列车很快将恢复运行，由此给您带来不便，请谅解。”

（3）报告行调发生的情况（列车在站内时，按行调或事故处理主任的指示清客）。

（4）事故处理主任到达后，关闭司机台并取出钥匙，将钥匙交事故处理主任，听从事故处

理主任的指挥。

（5）当需移动列车时，司机确认所有工作人员在安全区域，升弓、合主断，以限速3 km/h的速度移动列车，并做好随时停车的准备。

（6）当线路出清后，按事故处理主任和行调指示，确认所有人员处于不侵限的位置，限速15 km/h的速度运行到前方站退出服务。

3. 行车值班员

（1）接报列车撞人，如在车站（包括站前、站后轨道区段）按压紧急停车按钮进行防护，通知驻站警察和120，报告值班站长。

（2）向行调申请进入轨行区。

（3）通过CCTV监视站台及站厅情况，视情况控制进站客流。做好乘客广播，利用PIS系统发布列车延误的信息。

（4）车站广播词："各位乘客请注意，由于发生人员侵入轨道线路事件，公安机关正在积极处理，列车很快将恢复运行，由此给您带来不便，请谅解。"

（5）接值班站长通知线路出清后，向行调报告开通线路（复位ESB），恢复正常运营。

4. 值班站长

（1）指派员工在出入口接应120医护人员。

（2）接行调清客命令后，安排车站员工做好列车清客工作。

（3）组织车站工作人员携带备品，得到行调同意，设置安全防护措施，并接收司机列车钥匙后进入轨行区。

（4）对伤者进行安抚，根据伤势情况组织将伤者抬出轨行区或由120医护人员抬出轨行区（如伤者被列车压住时，根据现场警察意见进行处理）。

（5）收集和记录伤者资料，并联系其家人。

（6）出清线路后撤除安全防护，并通知行车值班员，将列车钥匙交还司机。

（7）如列车由原司机驾驶时，作为引导员添乘列车，协助司机。

（8）120救护人员到场后视情况安排1名站务员陪同送往医院。

（9）将事故处理过程写成报告，并向OCC及上级领导汇报。

5. 行调

（1）接报后做好记录，报告值班主任及通知相关车站，指定车站进入轨行区进行处理。

（2）调整列车运行，在列车压人的区间（车站）的后方站扣车并通知车站及司机，向全线发布列车延误的信息，指示车站做好乘客广播及客运服务工作。

（3）根据车站的请求批准车站工作人员进入轨行区。

（4）按值班主任清客指示，通知车站、司机对列车进行清客。

（5）监视其他列车的运行状态，均衡列车的间隔，通过CCTV监视相关车站的客流情况。

（6）接车站线路出清报告后，及时开通线路（若在车站发生，指示车站复位ESB），调整列车运行，恢复正常运营。

任务实施

引导问题1： 总结发现行车区间有人列车司机的具体操作？

引导问题2： 总结发现行车区间有人行车值班员的具体操作？

引导问题3： 总结发现行车区间有人值班站长的具体操作？

引导问题4： 总结发现行车区间有人行调的具体操作？

分组练习

（1）小组内模拟练习发现行车区间有人的操作，互相指出不足之处。要求每人针对每种情况至少练习2次，以提高熟练程度。

（2）总结小组练习时主要存在的问题点。

评价反馈

学生进行自评。评价自己是否熟悉呼唤应答用语，作业流程是否规范，是否能做到眼看手指口呼，是否能够按时完成报告内容和实训成果资料，有无任务遗漏，见表3-3-15。

表 3-3-15　学生自评表

班级：	姓名：	学号：	
学习情境	进行区间有人的行车作业		
评价项目	评价标准	分值	得分
作业流程	发现区间有人，立即制动停车，满分；若否，则零分	13	
	广播安抚乘客，满分；若否，则零分	13	
	报告行调列车位置及应急情况，满分；若否，则零分	13	
	下车将人员带上列车，满分；若否，则零分	13	
	报告行调恢复运行，满分；若否，则零分	13	
	处理完毕启动列车，恢复运行，满分；若否，则零分	13	
动作规范	眼看、手指动作正确、标准，满分；若否，则零分	11	
呼唤应答用语	呼唤应答用语准确、完整，满分；若否，则零分	11	
合计		100	

教师对学生在实操任务完成过程及展示成果进行评价，并将评价结果填入教师评价表中，见表3-3-16。

表 3-3-16　教师评价表

班级：	姓名：	学号：	
学习情境	进行区间有人的行车作业		
评价项目	评价标准	分值	得分
考勤	没有无故缺勤、迟到、早退现象，满分；若否，则零分	15	
执行作业标准	作业流程符合区间有人的行车作业标准，满分；若否，则零分	15	
	动作规范，满分；若否，则零分	15	
	呼唤应答用语准确，满分；若否，则零分	15	
协调能力	与小组成员、同学之间能交流合作，协调工作，满分；若否，则零分	10	
职业素养	能做到安全行车、规范操作，满分；若否，则零分	20	
创新意识	通过任务训练，能发现新的问题并及时解决，满分；若否，则零分	10	
合计		100	

子任务五　进行异物侵限的行车作业

学习情境描述

异物侵入行车设备限界影响列车正常运行，可能导致设备设施的损坏，造成线路中断运营，导致乘客滞留，降低乘客乘车效率，同时诱发社会舆论对城市轨道交通的不良影响，乘客对城市轨道交通的满意度下降。

任务书

列车司机在行车区间发现区间异物侵限需立即采取紧急制动，广播告知乘客临时停车。请正确进行发生异物侵限的行车作业。

任务分组

学生任务分配见表3-3-17。

表 3-3-17　学生任务分配表

班级		组号		指导教师	
组长		学号			
组员					
任务分工					

工作准备

准备工具与器材：列车驾驶模拟器、司机包、司机手账、操纵台激活钥匙、三角钥匙、四角钥匙、手持电台、手电筒、手提灯、止轮器、防护服、绝缘手套、绝缘鞋、手信号灯、绿色许可证、信号旗、快速分离器、口头调度命令记录单、列车状态记录单、故障记录单及其他记录单和相应工具。

知识链接

一、城市轨道交通侵限的异物分类

（1）不会影响行车的异物：城市轨道交通在线路上经常会出现胶袋、纸张、布料及小动物等异物，这类异物不出现在线路钢轨附近一般不会对行车造成影响。

（2）可能影响行车的异物：线路上的气球、雨伞、线路旁侵限设备、外界进入的物体及隧道壁开裂脱落等异物，将对列车运行造成直接的威胁。

二、某车型异物侵限处理作业（见表 3-3-18）

表 3-3-18　异物侵限处理作业

序号	作业流程	考核内容和流程
1	立即停车	作业：发现轨行区有物品侵限时，立即制动停车
2	司机广播安抚乘客	紧急广播：通过“车辆显示屏”选择播放预置的“临时停车”紧急广播
3	报告行调，列车位置及应急情况	① 接通电话：司机手持联控电话，单击“联控显示屏”中的“行调”按键，接通电话 ② 报告行调：司机在“联控显示屏”中单击选择语句“行调，× × 次列车在 × × 站—× × 站上 / 下行区间发现异物侵限，列车迫停区间，申请下车清除异物。”并口呼语句后，单击“完毕”按钮 ③ 行调回复：行调在“联控显示屏”中单击选择语句“× × 次，申请下车清除异物，行调同意。”并口呼语句后，单击“完毕”按钮 ④ 结束通话：挂断电话
4	下车清除异物	作业： ① 按下“停放制动施加”按钮，施加停放制动 ② 拔下并携带“主控钥匙” ③ 通过“列车模拟终端”下车清除异物
5	报告行调，恢复运行	① 接通电话：司机手持联控电话，单击“联控显示屏”中的“行调”按键，接通电话 ②报告行调：司机在“联控显示屏”中单击选择语句“行调，× × 次列车在 × × 站—× × 站上 / 下行区间侵限异物已清除，申请恢复运行。”并口呼语句后，单击“完毕”按钮 ③ 行调回复：行调在“联控显示屏”中单击选择语句“× × 次，申请恢复运行，行调同意。”并口呼语句后，单击“完毕”按钮 ④ 结束通话：挂断电话
6	恢复运行	启动列车，恢复运行

任务实施

引导问题 1：发生异物侵限时司机应该怎么做？

引导问题2：总结发生异物侵限时司机的具体操作程序？

分组练习

（1）小组内模拟练习发生异物侵限的操作，互相指出不足之处。要求每人针对每种情况至少练习2次，以提高熟练程度。

（2）总结小组练习时主要存在的问题点。

评价反馈

学生进行自评。评价自己是否熟悉呼唤应答用语，作业流程是否规范，是否能做到眼看手指口呼，是否能够按时完成报告内容和实训成果资料，有无任务遗漏，见表3-3-19。

表 3-3-19　学生自评表

班级：	姓名：	学号：	
学习情境	进行异物侵限的行车作业		
评价项目	评价标准	分值	得分
作业流程	发现轨行区有物品侵限时，立即制动停车，满分；若否，则零分	13	
	广播安抚乘客，满分；若否，则零分	13	
	报告行调列车位置及应急情况，满分；若否，则零分	13	
	下车清除异物，满分；若否，则零分	13	
	报告行调恢复运行，满分；若否，则零分	13	
	处理完毕启动列车，恢复运行，满分；若否，则零分	13	
动作规范	眼看、手指动作正确、标准，满分；若否，则零分	11	
呼唤应答用语	呼唤应答用语准确、完整，满分；若否，则零分	11	
合计		100	

教师对学生在实操任务完成过程及展示成果进行评价，并将评价结果填入教师评价表中，见表3-3-20。

表 3-3-20　教师评价表

班级：	姓名：		学号：	
学习情境	进行异物侵限的行车作业			
评价项目	评价标准		分值	得分
考勤	没有无故缺勤、迟到、早退现象，满分；若否，则零分		15	
执行作业标准	作业流程符合异物侵限运行标准，满分；若否，则零分		15	
	动作规范，满分；若否，则零分		15	
	呼唤应答用语准确，满分；若否，则零分		15	
协调能力	与小组成员、同学之间能交流合作，协调工作，满分；若否，则零分		10	
职业素养	能做到安全行车、规范操作，满分；若否，则零分		20	
创新意识	通过任务训练，能发现新的问题并及时解决，满分；若否，则零分		10	
合计			100	

子任务六　进行接触网有异物的行车作业

学习情境描述

在大风天气下，一些较轻的物体容易被风吹起，悬挂于接触网上。接触网异物按悬挂位置一般可分为承力索处悬挂物、吊弦处悬挂物、接触导线处悬挂物。接触网挂有异物可能会影响列车的正常运行，需要尽快清除。

任务书

请正确进行接触网挂有异物的行车作业。

任务分组

学生任务分配见表3-3-21。

表3-3-21　学生任务分配表

班级		组号		指导教师	
组长		学号			
组员					
任务分工					

工作准备

准备工具与器材：列车驾驶模拟器、司机包、司机手账、操纵台激活钥匙、三角钥匙、四角钥匙、手持电台、手电筒、手提灯、止轮器、防护服、绝缘手套、绝缘鞋、手信号灯、绿色许可证、信号旗、快速分离器、口头调度命令记录单、列车状态记录单、故障记录单及其他记录单和相应工具。

知识链接

列车司机在列车运行过程中一旦发现运行线路的接触网悬挂异物时，应减速（或停车）确认异物的悬挂位置和悬挂状态，判断其是否影响行车，并进行以下操作。

（1）确认接触网悬挂异物不影响行车时，向行车调度员报告接触网悬挂异物的确切地点、悬挂物的类型、悬挂位置等信息，并说明不会影响行车后，列车正常通过。

（2）确认接触网悬挂异物影响行车时，向行车调度员报告（内容同上），说明会影响行车，然后按以下办法通过。

①降速、降弓滑行通过异物悬挂地点，通过后再升弓，按正常速度运行。

②列车位于长、大坡道处，滑行很容易造成列车制动失效，使列车失去控制。此时可以先降下前弓，低速运行。前弓通过异物悬挂地点后停车，然后升起前弓，降下后弓，启动列车，低速运行，待后弓通过异物悬挂地点后恢复正常运行。

如果以上办法均不适用，列车司机应在异物悬挂地点停车，向行车调度员请求支援，利用广播安抚乘客，待异物清除后，恢复列车运行。

以某车型为例，操作要点见表3-3-22。

表3-3-22　接触网有异物的处理作业

序号	作业流程	考核内容和流程
1	立即紧急停车	作业：立即拍下“紧急停车按钮”停车
2	施加停放制动	作业：列车停稳后，按下“停放制动施加”按钮，施加停放制动
3	司机广播安抚乘客	紧急广播：通过“车辆显示屏”选择播放预置的“临时停车”紧急广播
4	报告行调，列车位置及应急情况	①接通电话：司机手持联控电话，单击“联控显示屏”中的“行调”按键，接通电话 ②报告行调：司机在“联控显示屏”中单击选择语句“行调，××次列车在××站—××站上/下行区间发现接触网挂有异物，影响行车，列车已降弓停车。”并口呼语句后，单击“完毕”按钮 ③行调回复：行调在“联控显示屏”中单击选择语句“××次，做好乘客安抚工作，等待检修人员到达清除异物。” ④司机复诵：司机在“联控显示屏”中单击选择语句“××次，做好乘客安抚工作，等待检修人员到达清除异物，司机明白。”并口呼语句后，单击“完毕”按钮 ⑤结束通话：挂断电话
5	人工广播安抚乘客	作业：按压“广播”按钮 口呼：“各位乘客，由于前方接触网挂有异物，列车暂时无法通行，检修人员正在清理，请您耐心等待，多谢合作。”
6	接收行调命令并复诵	（行调在接到异物清除信息后通知司机） ①接通电话：行调手持联控电话，单击“联控显示屏”中的“司机”按键，接通电话 ②行调通知司机：行调在“联控显示屏”中单击选择语句“××次，接触网异物已清除，恢复正常运行。”并口呼语句后，单击“完毕”按钮 ③司机复诵：司机在“联控显示屏”中单击选择语句“××次，接触网已清除异物，恢复正常运行，司机明白。”并口呼语句后，单击“完毕”按钮 ④结束通话：挂断电话

续表

序号	作业流程	考核内容和流程
7	升起受电弓、合上主断路器、停放制动缓解	作业： ①按下“受电弓升”按钮，升起受电弓，“受电弓升”灯亮 ②按下“主断合”按钮，闭合主断路器，“主断合”按钮灯亮 ③按下“停放制动缓解”按钮，缓解停放制动，“停放制动缓解”灯亮
8	启动列车，恢复正常运行	作业：启动列车恢复运行

任务实施

引导问题1： 发现接触网悬挂异物司机应如何操作？

引导问题2： 总结发现接触网悬挂异物的具体操作程序？

分组练习

（1）小组内模拟练习发生接触网发现异物的操作，互相指出不足之处。要求每人针对每种情况至少练习2次，以提高熟练程度。

（2）总结小组练习时主要存在的问题点。

评价反馈

学生进行自评。评价自己是否熟悉呼唤应答用语，作业流程是否规范，是否能做到眼看手指口呼，是否能够按时完成报告内容和实训成果资料，有无任务遗漏，见表3-3-23。

表 3-3-23　学生自评表

班级：	姓名：		学号：
学习情境	进行接触网有异物的行车作业		
评价项目	评价标准	分值	得分
作业流程	发现接触网有异物时时，立即制动停车，满分；若否，则零分	10	
	列车停稳后，按下“停放制动施加”按钮，施加停放制动，满分；若否，则零分	10	
	广播安抚乘客，满分；若否，则零分	10	
	报告行调列车位置及应急情况，满分；若否，则零分	10	
	人工广播安抚乘客，满分；若否，则零分	10	
	报告行调恢复运行，满分；若否，则零分	10	
	升起受电弓、合上主断路器、停放制动缓解，满分；若否，则零分	10	
	处理完毕启动列车，恢复正常运行，满分；若否，则零分	10	
动作规范	眼看、手指动作正确、标准，满分；若否，则零分	10	
呼唤应答用语	呼唤应答用语准确、完整，满分；若否，则零分	10	
合计		100	

教师对学生在实操任务完成过程及展示成果进行评价，并将评价结果填入教师评价表中，见表 3-3-24。

表 3-3-24　教师评价表

班级：	姓名：		学号：
学习情境	进行接触网有异物的行车作业		
评价项目	评价标准	分值	得分
考勤	没有无故缺勤、迟到、早退现象，满分；若否，则零分	15	
执行作业标准	作业流程符合接触网有异物运行标准，满分；若否，则零分	15	
	动作规范，满分；若否，则零分	15	
	呼唤应答用语准确，满分；若否，则零分	15	
协调能力	与小组成员、同学之间能交流合作，协调工作，满分；若否，则零分	10	
职业素养	能做到安全行车、规范操作，满分；若否，则零分	20	
创新意识	通过任务训练，能发现新的问题并及时解决，满分；若否，则零分	10	
合计		100	

子任务七　进行区间乘客报警的行车作业

学习情境描述

每列城轨列车的每节车厢都安装有乘客紧急报警装置，在列车运行过程中或者是列车在站台停靠时，车厢内发生任何突发状况，如有乘客晕倒、火灾等，乘客都可以通过乘客紧急报警装置及时与司机联系，将情况告知司机，进而等待列车司机的进一步处理。

任务书

列车司机收到紧急报警器的报警后，通过对讲向现场乘客了解情况，报告行调度员；列车运行到前方车站后，通知车站派人到现场确认。请正确进行列车发生乘客报警的行车作业。

任务分组

学生任务分配见表3-3-25。

表 3-3-25　学生任务分配表

班级		组号		指导教师	
组长		学号			
组员					
任务分工					

工作准备

准备工具与器材：列车驾驶模拟器、司机包、司机手账、操纵台激活钥匙、三角钥匙、四角钥匙、手持电台、手电筒、手提灯、止轮器、防护服、绝缘手套、绝缘鞋、手信号灯、绿色许可证、信号旗、快速分离器、口头调度命令记录单、列车状态记录单、故障记录单及其他记录单和相应工具。

知识链接

一、发生乘客报警的处理作业

1.发现可燃气体/液体泄漏

（1）了解可燃气体/液体泄漏情况，迅速向行调、就近车站报告；若列车驾驶室有登乘人员的，司机应立即通知登乘人员到现场确认。

（2）保持列车运行至前方车站，并广播安抚乘客，到站后开启车门，引导乘客疏散。

（3）若列车在隧道内不能前行，则应打开驾驶室疏散门（或隧道疏散平台一侧车门），引导乘客往就近车站方向疏散。

（4）其他情况按行调指示执行。

2. 车上发现可疑物品

（1）车厢的乘客报警按钮（DAB）报警后，通过司机对讲向现场乘客了解情况，报告行调。

（2）运行到前方车站后，通知车站派人到现场确认。

（3）确认列车上有可疑物品后，报行调，协助车站处理。

（4）需清客时，播放清客广播，协助车站清客。

（5）确认清客完毕后，报行调，配合值班站长的处理。

3. 发生劫持人质事件

（1）当列车上乘客被劫持时，在车站时不动车，在运行中则维持进站停车，立即报行调、车站，并做好安全防护，防止被歹徒劫持或进入驾驶室。

（2）当司机被劫持时，尽量将歹徒引往离驾驶室较远的地方；当被迫驾驶时，如在车站则人为设置故障导致不能动车，如在运行中则尽量维持进站停车。

（3）报警方式：不能直接报警时可采取长时间按压对讲设备以将对话传出，或人为制造故障等方式。

4. 发生乘客打架纠纷事件

发现列车上有乘客发生纠纷或打架时，及时报告行调；在站停车发现时，及时通知车站进行处理；原则上司机不到现场处理。

5. 乘客报警

（1）列车在区间运行中，乘客按压乘客报警按钮

司机马上广播安抚乘客："报警的乘客请注意，报警系统已启动，请不要触动车上设备，不要靠近车门，保持镇定，列车马上进站，将有工作人员协助处理。"马上报告行调，并维持列车进站；列车进站停车后，马上打开车门，并利用对讲机通知车站进行处理；确认车站处理完毕，确认站台岗的"好了"信号后关门，按信号显示动车。

（2）列车在停站时，乘客按压乘客报警按钮

保持车门打开，并利用对讲机通知车站进行处理；报告行调，并做好临时停车的广播；确认车站处理完毕，确认站台岗的"好了"信号后关门，按信号显示动车。

（3）列车在站内启动后，乘客按压乘客报警按钮

马上人工介入，快速停车，做好广播，二次启动列车对标；开屏蔽门/车门，通知车站派人前往处理；报告行调，并做好临时停车的广播；联系车站了解处理情况；确认车站处理完毕，站台"好了"信号后关门，按信号显示动车。

二、某车型区间乘客报警处理作业（见表 3-3-26）

表 3-3-26　区间乘客报警处理作业

序号	作业程序	作业内容
1	确认乘客报警	① 作业：点击“车辆显示屏”查看“乘客报警”界面 ② 口呼：“× × 车厢乘客报警。”
2	与乘客通话	① 作业：司机按压“乘客对讲”按钮接通对讲 ② 乘客语音：“车上有人晕倒，需要救治。” ③ 回复乘客：“请照顾好病人，待列车进站后，马上安排人员救治。”
3	报告行调，列车位置及乘客报警情况	① 接通电话：司机手持联控电话，单击“联控显示屏”中的“行调”按键，接通电话 ② 报告行调：司机在“联控显示屏”中单击选择语句“行调，× × 次列车在 × × 站—× × 站上 / 下行区间车厢有乘客晕倒，需在前方站停车，请求救助。”并口呼语句后，单击“完毕”按钮 ③ 行调回复：行调在“联控显示屏”中单击选择语句“× × 次，车厢内有乘客晕倒，需在前方站停车，请求救助，行调收到。”并口呼语句后，单击“完毕”按钮 ④ 结束通话：挂断电话
4	维持列车进站对标停车，打开车门、站台门	作业：列车进站对标停车后，打开车门、站台门
5	通知车站协助处理	① 接通电话：司机手持联控电话，单击“联控显示屏”中的“车站”按键，接通电话 ② 通知车站：司机在“联控显示屏”中单击选择语句“站台，× × 方向列车，× × 车厢乘客晕倒，请求救助。”并口呼语句后，单击“完毕”按钮 ③ 站台回复：站台在“联控显示屏”中单击选择语句“× × 方向列车，× × 车厢乘客晕倒，请求救助，站台收到。”并口呼语句后，单击“完毕”按钮 ④ 结束通话：挂断电话
6	司机广播安抚乘客	紧急广播：通过“车辆显示屏”选择播放预置的“临时停车”紧急广播
7	确认车站人员给出乘客救援完成信号	① 手指眼看：“好了信号”提醒信息 ② 口呼：“好了信号有。”
8	报告行调	① 接通电话：司机手持联控电话，单击“联控显示屏”中的“行调”按键，接通电话 ② 报告行调：司机在“联控显示屏”中单击选择语句“行调，× × 次列车在 × × 站车厢乘客已救治完毕，申请恢复运行。”并口呼语句后，单击“完毕”按钮 ③ 行调回复：行调在“联控显示屏”中单击选择语句“× × 次，申请恢复运行，行调同意。”并口呼语句后，单击“完毕”按钮 ④ 结束通话：挂断电话
9	启动列车，恢复正常运行	作业：启动列车恢复运行

任务实施

引导问题 1：发现乘客报警后，司机应如何操作？

____

____

____

引导问题2：总结发现乘客报警后，司机的具体操作程序？

分组练习

（1）小组内模拟练习发生乘客报警的操作，互相指出不足之处。要求每人针对每种情况至少练习2次，以提高熟练程度。

（2）总结小组练习时主要存在的问题点。

评价反馈

学生进行自评。评价自己是否熟悉呼唤应答用语，作业流程是否规范，是否能做到眼看手指口呼，是否能够按时完成报告内容和实训成果资料，有无任务遗漏，见表3-3-27。

表 3-3-27　学生自评表

班级：	姓名：	学号：	
学习情境	进行区间乘客报警的行车作业		
评价项目	评价标准	分值	得分
作业流程	点击“车辆显示屏”查看“乘客报警”界面，满分；若否，则零分	10	
	与乘客通话，满分；若否，则零分	10	
	报告行调，确认列车位置及乘客报警情况，满分；若否，则零分	10	
	维持列车进站对标停车，打开车门、站台门，满分；若否，则零分	10	
	通知车站协助处理，满分；若否，则零分	10	
	广播安抚乘客，满分；若否，则零分	10	
	确认车站人员给出乘客救援完成信号，满分；若否，则零分	10	
	报告行调，满分；若否，则零分	10	
	启动列车，恢复正常运行，满分；若否，则零分	10	
动作规范	眼看、手指动作正确、标准，满分；若否，则零分	5	
呼唤应答用语	呼唤应答用语准确、完整，满分；若否，则零分	5	
合计		100	

教师对学生在实操任务完成过程及展示成果进行评价，并将评价结果填入教师评价表中，见表3-3-28。

表 3-3-28　教师评价表

班级：	姓名：		学号：
学习情境	进行区间乘客报警的行车作业		
评价项目	评价标准	分值	得分
考勤	没有无故缺勤、迟到、早退现象，满分；若否，则零分	15	
执行作业标准	作业流程符合区间乘客报警的执行标准，满分；若否，则零分	15	
	动作规范，满分；若否，则零分	15	
	呼唤应答用语准确，满分；若否，则零分	15	
协调能力	与小组成员、同学之间能交流合作，协调工作，满分；若否，则零分	10	
职业素养	能做到安全行车、规范操作，满分；若否，则零分	20	
创新意识	通过任务训练，能发现新的问题并及时解决，满分；若否，则零分	10	
合计		100	

子任务八　进行区间车门夹人的行车作业

学习情境描述

城轨列车车门夹人夹物的意外时有发生，其主要发生在节假日、上下班高峰期等大客流时段，老人和儿童容易发生意外。主要原因在于乘客安全意识不足，赶时间上下车。比如列车车门已在慢慢关闭，还有乘客往车厢里走，人进去了，但物品被车门夹住；还有乘客分趟搬运行李，车门关闭前未能及时搬上车，导致人和行李被车门夹住。

任务书

列车发生夹人事件可能发生在列车未启动时和列车已启动时。请正确进行列车发生夹人的行车作业。

任务分组

学生任务分配见表3-3-29。

表3-3-29　学生任务分配表

<table>
<tr><td>班级</td><td></td><td>组号</td><td></td><td>指导教师</td><td></td></tr>
<tr><td>组长</td><td></td><td>学号</td><td colspan="3"></td></tr>
<tr><td>组员</td><td colspan="5"></td></tr>
<tr><td>任务分工</td><td colspan="5"></td></tr>
</table>

工作准备

准备工具与器材：列车驾驶模拟器、司机包、司机手账、操纵台激活钥匙、三角钥匙、四角钥匙、手持电台、手电筒、手提灯、止轮器、防护服、绝缘手套、绝缘鞋、手信号灯、绿色许可证、信号旗、快速分离器、口头调度命令记录单、列车状态记录单、故障记录单及其他记录单和相应工具。

知识链接

一、车门/屏蔽门夹人夹物处理原则

（1）站台岗应在站台两端的紧急停车按钮处值岗，发现夹人夹物应及时向司机显示停车信号，并按压紧急停车按钮。

（2）行车值班员在列车到站期间应加强监控，观察站台岗是否有异常，需要时，可按下IBP盘上的紧急停车按钮。

（3）司机在关门期间应重点监控是否有抢上乘客，不要急于动车，应观察站台岗是否显示紧停手信号。

（4）列车车门夹人夹物动车后应及时汇报清楚，并由司机统一处理，车站不得开启屏蔽门或应急门来处理车门夹人夹物。

（5）司机动车后接到夹人夹物处理命令后，应先进行客室广播再迅速前往现场处理。

（6）车站站台工作人员应熟记车站紧急停车按钮处对应的列车车厢号码和车门编号，便于及时准确地汇报。

（7）车站人员及时通知相关专业人员恢复站台紧急停车按钮盖板。

二、列车未动车时的处理程序

1.站台岗

（1）发现夹人夹物，立即就近按动紧急停车按钮。

（2）在赶赴现场察看的同时将情况报告车控室。

（3）向司机显示停车手信号，示意司机重新打开车门/屏蔽门。

（4）人或物撤出后，向车控室报告，并向司机显示“好了”信号。

（5）值班站长到场后，协助调查处理。

2.行车值班员

（1）发现异常或接到报告后，通知值班站长前往处理，并向行调汇报。

（2）利用CCTV观察现场情况。

（3）需要时，通知公安或城轨执法人员到场协调处理。

（4）接到人或物撤出通知后，取消紧急停车，并汇报行调。

3.值班站长

（1）赶赴现场处理，调查事件原因。

（2）如发生客伤事故，按客伤处理程序办理。

（3）若是乘客抢上抢下造成时，寻找目击证人，并记录详细资料。

（4）事件处理完毕后，将有关情况通报行调，同时对乘客进行教育，对蛮不讲理的乘客通知公安或城轨执法人员到场协调处理。

4.列车司机

（1）如接到报告或观察到夹人夹物后，应重新打开车门和屏蔽门，待人和物撤离后，再关闭屏蔽门和车门。

（2）如司机发现而站台岗未发现夹人夹物处所时，应通知车控室。

（3）凭站台岗“好了”信号，关闭车门和屏蔽，确认车门/屏蔽门无夹人夹物、屏蔽门和车门之间空隙无滞留人或物。

（4）凭行调指令动车。

三、列车已动车时的处理程序

1.站台岗

（1）发现列车车门/屏蔽门夹人夹物，列车已启动，立即就近按动紧急停车按钮。

（2）立即将情况报告车控室，如列车尚未出站且所在位置在站台有效范围内，应前往夹人夹物现场了解情况和处理。

（3）如列车未停车，应立即报车控室。

2.行车值班员

（1）发现异常或接到报告后，立即向行调汇报，并通知值班站长到现场处理。如列车未停止运行，应立即向行调汇报；不能立即与行调通话时，应通知前方站扣停列车进行处理。

（2）利用CCTV观察现场情况。需要时，通知公安或运管办到场协调处理。

（3）接到行调通知后，取消紧急停车，恢复正常运作。

3.值班站长

（1）赶赴现场，协助司机进行处理。

（2）调查事件原因，并检查是否对车站设备造成影响，将有关情况通报行调。

4.行调

（1）接到报告后，通知司机前往现场处理。

（2）通知前方站安排人员到指定车厢了解情况，采取相应的处理措施。

（3）接司机夹人夹物处理完毕报告后，通知车站取消紧急停车，指示司机动车。

（4）对设备造成影响时，还应通知相关部门前往处理，指示后续列车的运行。

5.列车司机

（1）列车产生不明原因紧急制动后汇报行调（如运行中获知夹人或夹物信息应立即停车）。

（2）接到车站或行调（乘客报警）有关夹人夹物处理指示后确认具体位置，做好乘客安抚广播。

（3）携带手持台前往现场采用单个车门紧急解锁方式处理（解锁前要确保附近乘客的安全）。

（4）处理完毕，恢复车门，汇报行调，凭行调指令动车。

（5）汇报标准用语：“行调，×次列车夹人（夹物）处理完毕，有（无）乘客受伤”。

四、某车型区间车门夹人处理作业（见表3-3-30）

表3-3-30　区间车门夹人处理作业

序号	作业程序	作业内容
1	立即按压“重开门”按钮打开车门	作业：发现车门夹人，立即（3 s内）按压“重开门”按钮打开车门

续表

序号	作业程序	作业内容
2	通知车站协调处理	① 接通电话：司机手持联控电话，单击“联控显示屏”中的“车站”按键，接通电话 ② 通知车站：司机在“联控显示屏”中单击选择语句“车站，××次关门作业时车门夹人，车门已打开，请求协助处理。”并口呼语句后，单击“完毕”按钮 ③ 车站回复：车站在“联控显示屏”中单击选择语句“××次车门夹人，请求协助处理，车站收到。” ④ 结束通话：挂断电话
3	报告行调，车门夹人	① 接通电话：司机手持联控电话，单击“联控显示屏”中的“行调”按键，接通电话 ②报告行调：司机在“联控显示屏”中单击选择语句“行调，××次在××站，因车门夹人，临时停车处理。”并口呼语句后，单击“完毕”按钮 ③ 行调回复：行调在“联控显示屏”中单击选择语句“××次在××站，因车门夹人，临时停车处理，行调收到。”并口呼语句后，单击“完毕”按钮 ④ 结束通话：挂断电话
4	司机广播安抚乘客	紧急广播：通过“车辆显示屏”选择播放预置的“临时停车”紧急广播
5	待车站救助完成后，确认好了信号	① 手指眼看：“好了信号”提醒信息 ② 口呼：“好了信号有。”
6	关闭车门、站台门	作业：关闭车门、站台门
7	报告行调，申请恢复运行	① 接通电话：司机手持联控电话，单击“联控显示屏”中的“行调”按键，接通电话 ② 报告行调：司机在“联控显示屏”中单击选择语句“行调，××次在××站车门夹人已处理完毕，申请恢复运行。”并口呼语句后，单击“完毕”按钮 ③ 行调回复：行调在“联控显示屏”中单击选择语句“××次，在××站车门夹人已处理完毕，申请恢复运行，行调同意。”并口呼语句后，单击“完毕”按钮 ④ 结束通话：挂断电话
8	启动列车，恢复正常运行	作业：启动列车恢复运行

任务实施

引导问题1：发现车门夹人车辆未动时司机应如何操作？

引导问题2：总结发现车门夹人时，司机的具体操作程序？

分组练习

（1）小组内模拟练习发生车门夹人的操作，互相指出不足之处。要求每人针对每种情况至少练习2次，以提高熟练程度。

（2）总结小组练习时主要存在的问题点。

分组比赛，每组每次派出1人进行突发事件下的运行操作比赛，一人协助配合（不计分），由教师根据本任务所学的内容随机模拟情景，4人分别作答，教师按下表给每人评分，总成绩最高的小组获胜。

评价反馈

学生进行自评。评价自己是否熟悉呼唤应答用语，作业流程是否规范，是否能做到眼看手指口呼，是否能够按时完成报告内容和实训成果资料，有无任务遗漏，见表3-3-31。

表 3-3-31　学生自评表

班级：	姓名：	学号：	
学习情境	进行区间车门夹人的行车作业		
评价项目	评价标准	分值	得分
作业流程	发现车门夹人立即按压“重开门”按钮打开车门，满分；若否，则零分	10	
	通知车站协调处理，满分；若否，则零分	10	
	报告行调车门夹人，满分；若否，则零分	10	
	广播安抚乘客，满分；若否，则零分	10	
	待车站救助完成后确认好了信号，满分；若否，则零分	10	
	关闭车门、站台门，满分；若否，则零分	10	
	报告行调申请恢复运行，满分；若否，则零分	10	
	启动列车，恢复正常运行，满分；若否，则零分	10	
动作规范	眼看、手指动作正确、标准，满分；若否，则零分	10	
呼唤应答用语	呼唤应答用语准确、完整，满分；若否，则零分	10	
合计		100	

教师对学生在实操任务完成过程及展示成果进行评价，并将评价结果填入教师评价表中，见表3-3-32。

表3-3-32　教师评价表

班级：	姓名：		学号：
学习情境	进行区间车门夹人的行车作业		
评价项目	评价标准	分值	得分
考勤	没有无故缺勤、迟到、早退现象，满分；若否，则零分	15	
执行作业标准	作业流程符合车门夹人的执行标准，满分；若否，则零分	15	
	动作规范，满分；若否，则零分	15	
	呼唤应答用语准确，满分；若否，则零分	15	
协调能力	与小组成员、同学之间能交流合作，协调工作，满分；若否，则零分	10	
职业素养	能做到安全行车、规范操作，满分；若否，则零分	20	
创新意识	通过任务训练，能发现新的问题并及时解决，满分；若否，则零分	10	
合计		100	

知识拓展

一、其他突发事件的处理

1. 列车车厢内乘客骚乱

列车区间运行时遇乘客骚乱的处理要点如下：

（1）列车在区间运行时发生乘客恐慌引发骚乱时，司机要尽可能维持列车进站。

（2）列车因故障或特殊原因在区间无法动车时，司机广播安抚乘客并报行调，按其指示执行。如车厢内乘客骚乱情况较严重或乘客已解锁车门，立即报行调，司机及车站按行调命令执行。

（3）当行调要求越站时，司机及车站需做好乘客广播安抚工作。

2. 突发大客流的处理

大客流是指车站在某一时段客流量激增、远超车站正常客运设施或客运组织措施所能承担的客流量时的客流。

（1）大客流的安全风险

易发生乘客踩踏事件造成群死群伤；易产生因站台拥挤乘客被挤落轨道风险；易发生乘客在扶梯摔倒导致伤亡事件。

（2）大客流时司机的处理

①突发大客流时司机要确保行车安全，出库前做好列车安全检查，驾驶时加强瞭望，发现危及行车和人身安全时立即停车。

②在大客流车站停车时密切注意站台乘客情况，发现乘客上车困难或车门、屏蔽门关闭受影响时，及时报告行调，广播引导乘客，在车站人员协助下正确处理，避免发生乘客伤亡事故。

3. 区间乘客疏散

（1）非紧急情况下的区间乘客疏散

①与行调确认疏散方向后，待车站人员到达隧道列车停车位置，加强与车站人员沟通。

②手动解锁疏散平台侧运行端司机室后第一个可连接疏散平台的车门，广播引导乘客往指定方向疏散。疏散完毕后，确认车厢内无乘客遗留，报行调，按行调命令执行。

（2）紧急情况下的区间乘客疏散（火灾、毒气等突发事件）

①与行调共同确认疏散方向，降弓、施加停放制动，得到区间疏散命令后，立即打开疏散平台侧车门，利用车载广播组织乘客从疏散平台疏散。

②乘客疏散完毕后，报行调，按行调命令执行。

4. 乘客按压列车报警按钮应急处理程序

（1）接到乘客报警信息，确认报警位置，通过对讲系统与报警乘客进行通话。

（2）报告行调出现的情况，进站前通知车站协助。

（3）如列车在站未动车时，立即打开车门、屏蔽门，通知站台现场确认、处理。

（4）凭站台“好了”信号动车后报行调。

（5）如列车刚动车未出清站台时，立即停车，与乘客通话了解现场情况，并报告行调。

5. 乘客紧急解锁车门应急处理程序

（1）发现车门紧急解锁信息，如列车产生紧急/全常用制动，报行调，播放广播安抚乘客，做好列车防护并前往故障车门确认处理。

（2）处理完毕回司机室动车并报行调。

（3）如果列车无紧急制动，维持列车进站后进行现场处理，将现场情况报行调，沿途对解锁车门加强监控。

6. 乘客擅自进入隧道应急处理程序

（1）发现有人在隧道时，视现场情况采取紧急停车措施，报行调并做好广播，安抚乘客。

（2）加强与行调、车站的沟通。

（3）添乘人员上车后，按行调要求限速驾驶。

（4）加强对事发区间的瞭望。

7. 列车脱轨

车轮落下轨面（包括脱轨后又自行复轨），或车轮轮缘顶部高于轨面（因作业需要的除外）就是列车脱轨。每辆只要脱轨1轮，即按1辆计算。

（1）乘客疏散

①发生脱轨事故后，司机应立即广播通知乘客，安抚乘客情绪，提醒乘客准备清客。

②检查乘客伤亡情况及有无残疾人士，向控制中心调度员报告列车的准确位置、大约载客量、乘客伤亡人数及是否需要救助。

（2）车站工作

①发布列车暂时不能运行的消息。

②向乘客提供相关路段公共汽车运行资料。

③组织滞留乘客有序离开车站。

（3）列车在车站脱轨

①得到清客指示后，车站广播提醒站台上的乘客不要登乘列车，并安排人员到站台组织清客。

②司机广播通知车厢内乘客进行清客，打开车门，协助乘客返回站台。清客完毕及时向调度报告。

（4）列车在区间脱轨

①行调工作

a.停止相邻轨道以及乘客疏散可能经过的行车。

b.电力调度员断开牵引供电。

c.指示就近车站迅速赶赴现场，协助清客。

d.通知公安部门前往事故地点控制客流并协助疏散。

②列车司机工作

a.在准备清客的车门上安放好应急梯，通知乘客应急梯的位置及使用办法，并通过广播不断发布救援信息以安抚乘客，避免引起恐慌情绪。

b.车站人员到达后，指示乘客跟随车站人员步行前往附近车站。

③车站工作

a.车站指派清客负责人率领人员携带无线通信设备、扩音器及信号灯前往事故地点，执行清客任务。

b.确定乘客全部撤离列车后，协助列车司机收回应急梯。

c.在清客过程中，做好组织工作，引导乘客有序疏散，保证全部安全返回站台，抢救伤者脱离现场。

d.对于道岔、交叉口或其他有潜在危险的地方，应当安排人员驻守，避免乘客偏离清客路线，提醒乘客注意脚下障碍物。

（5）列车在车场脱轨

①发现发生脱轨时，立即制动停车并报车场调度。

②车场调度员立即赶到现场，确认有无人员伤亡、是否影响邻线等，如有人员伤亡立即拨打120。

③车场调度员将现场情况告知车场派班员，封锁相关线路。

④抢险队到达后，确认抢险队负责人，并与其协调抢险具体实施措施，指挥进行抢险，如发生在有接触网的线路，需待接触网停电挂地线后，才可以开始抢险。

⑤信号值班员按车场调度的要求封锁相关的线路，派班员按应急信息报告程序进行通报。

8.挤岔的处理

（1）司机的处理

①列车发生挤岔事故时，司机要马上按压紧急停车按钮停车，严禁动车。

②马上将情况如实的报告行调及轮值。

③如车厢内有乘客时，司机要做好广播安抚乘客，必要时按照行调的指示清客。

④要做好现场情况的保护工作，坚守岗位，至事故处理主任到达后按照其指示执行。

（2）行调等行车有关人员的处理

①应确认列车车次、挤岔车辆号和具体轮对、被挤的道岔，特别注意挤岔的列车是否侵入邻线，如果影响邻线应及时扣停接近列车。

②了解列车载客量及人员伤亡情况，积极组织乘客疏散；通知邻线运行列车限速运行并加强瞭望；积极抢修道岔，妥善组织不受影响的区段的列车运营；必须救援时，认真组织救援工作，确保安全。

③若挤岔后脱轨，应封锁事故区段，根据具体情况灵活掌握线路使用，最大限度满足行车安全和客运服务的要求。

④列车已全部挤过道岔，通知维修部门对道岔进行检查，并根据损坏情况进行处理。

⑤列车停留在道岔。组织列车顺道岔方向缓缓移动，待全部拉过道岔后，由维修部门处理。不组织列车逆尖轨方向后退，后退易造成脱轨，扩大事故。必须后退时应当将尖轨钉固后再后退。如列车停留在复式交分道岔上，挤岔后禁止移动，应由线路维修部门处理。

（3）维修部门的处理

①检查道岔尖轨是否损坏。如尖轨经拨动后仍然可以密贴，可以用钩锁器锁闭；如尖轨损坏，应及时更换道岔尖轨。

②更换转辙机相关设备。根据现场情况，当场或事后更换电动转辙机及其有关装置。

③检查试验。修复后，对道岔的动作状态予以检查调试，与车控室内行车值班员共同试验，确保状态良好。

④清理现场。检查工具是否齐全，对现场彻底清理，保证轨道及限界内没有遗留任何物料，消除事故隐患。

9. 清客作业

（1）清客作业

①清客是指在列车运营过程中，行调向司机和车站人员发出指令，强行让某一列车的乘客在非目的地站下车，乘客在非个人意愿的情况下被迫离开列车，在站台重新等候下一趟列车或改乘其他交通工具到达目的地。

②清客分为计划性清客和非计划性清客。计划性清客是指在乘客上车前得知本次列车运行服务的终点站，列车清客后需要进行折返或退出服务。特点是乘客事先知情。

③非计划性清客是指在列车运行中，由于设备故障或发生突发事故（如火灾、列车脱轨）等，列车无法继续运营需要清客退出服务，或者由于需要使用降级运营（如临时采用小交路运行），以保持有限度的客运服务而采取的必要调整措施。特点是乘客事先不知情。

（2）清客规则

①清客的授权。清客前必须获得行调的授权，除非在非常紧急的情况下或接触轨（接触网）发生故障导致电力中断，致使乘客安全受到威胁或司机与OCC无法联系时。

②清客地点。在条件允许的情况下，司机应尽可能将列车驶到下一站或指定的站台进行清客，避免在区间清客。

③牵引电流。若清客作业在站台进行，人员直接在站台疏散，不需要进入轨道区间，则不

用关断牵引电流；若在区间清客且采用接触轨供电的线路，在清客前行调必须通知电调关断清客区间的牵引电流。

④参与清客的工作人员。没有车站员工协助情况下司机不得开始清客。除非情况极度紧急（如乘客安全受到威胁），或牵引电流发生故障导致环境迅速恶化。车站接到行调关于清客的通知后，至少应有两名车站员工协助司机进行清客。

⑤清客的装备。协助清客的员工应尽可能带上手提灯、扩音器和手持电台。任何城轨员工或乘客进入隧道前，必须确保隧道灯是点亮的。

⑥清客的方向。乘客下车后，司机或车站人员应指挥乘客利用清客后停定的列车作为保护，朝正常的行车方向步行前往下一站；除非列车与前方车站距离太远或情况极度紧急，可前往行调指定的其他站台。

为防止乘客偏离清客路线或被障碍物绊倒，必须安排员工驻守在下列地方：道岔及交叉、隧道口和其他有潜在危险的地方。

⑦清客期间的行车限制及特殊规定。在区间进行清客的期间，行调安排以下轨道不得行车：乘客下车后途经的轨道；乘客可经由隧道门或交叉口进入的轨道。这项行车限制持续有效至完成清客，并证实所有乘客已撤离轨道。

非情况紧急，伤残人士应留在车厢内，待列车驶到安全位置再下车。司机凡得知车上有伤残人士，必须向行调报告。如需立即救出伤残人士，必须迅速通过行调通知紧急救援人员。必要时可调派额外人手或要求自愿协助的乘客陪同伤残人士留在车上。

⑧清客完毕后的处理。区间清客时，下车乘客抵达指定车站时，须由员工指示沿站台两端的台阶前往站台，以便加快乘客撤离轨道的速度。

列车完成清客后，相关车站必须安排两名车站员工巡查所有下车乘客可能经过的轨道区段。这两名员工必须按正常行车方向，由后方车站走至前方车站，确保区间内已无任何乘客或障碍物，然后向出发车站的值班站长汇报巡查结果。

⑨清客注意事项。事故的原因、车厢内的情况、列车何时能恢复行驶、乘客的安全及任何其他相关的因素（如乘客恐慌）。

列车迫停在区间超过10 min，需要打开紧急通风。

（3）清客作业过程中司机的工作

①接到行调关于清客的命令后通过广播系统向乘客播放广播，安抚乘客，观察乘客的状况，有异常立刻向行调报告。

②在等待清客开始的过程中，若列车停止在隧道内已达10 min，必须打开紧急通风，以改善车厢里的通风情况。

注：蓄电池能维持约45 min的紧急通风和照明。

③根据当时列车的载客情况，估计清客的疏散速度。经过应急疏散坡道最快速度是1.5人每秒；当轨道上有照明设备并有人引路时，每分钟约可步行50 m。在照明不足、有障碍或出现恐慌的情况下，疏散时间或许会更长。

④乘客工作做完后，司机为列车做好防护措施，等候在清客端驾驶室，放下紧急逃生门，车站员工到达后，向乘客发布清客开始的通知，说明清客方向，请乘客有序地通过列车端部的

紧急逃生门下到轨道上，在车站员工的带领下，沿着轨道前往站台。

⑤在乘客下车的过程中，司机必须随时观察乘客的动态，适时进行安抚，防止出现乘客恐慌，保证清客过程的正常进行。

⑥乘客全部下车完毕后，穿行列车，确保所有乘客已离开车厢，确认是否有伤残人士留在车上。确认完毕后，收回紧急逃生门。

⑦向行调报告全部乘客已离开车厢，等清客工作完毕、所有乘客疏散至车站、隧道区间畅通无阻后，按照行调的进一步指示，操作列车到指定车站或等待救援列车的到来。

二、其他简单事件的处理

1. 司机室主控手柄脱落

发生主控手柄脱落，在站停车时，立即报行调申请退出服务；列车在运行过程中发生时，立即尝试恢复ATO行车，无法恢复时判断是否触发紧急停车，如在URM模式下应采取紧急停车措施停车，广播安抚乘客，报行调，执行行调命令。

2. 终点站主控钥匙卡滞，无法激活司机台

司机立即采用备用钥匙尝试是否能正常使用，如果正常，继续运营；备用钥匙也出现卡滞，无法激活司机台时，立即报行调并通过对讲机通知折返司机或正线轮值协助，尝试其钥匙是否能正常使用。如果正常，先借用继续运营，列车出站后报行调；如果折返司机或正线轮值钥匙还是出现卡滞，无法激活司机台，报行调按行调命令执行。

3. 自动广播系统故障

自动广播系统故障时，司机采用人工手动点击报站广播，并报告行调。如人工手动点击报站广播同时故障，可使用司机室对客室广播进行报站，如司机室对客室广播也故障时，报告行调，按其指示执行。

4. 客车临时清客

原则上不能连续安排2列同方向的客车在同一个车站临时清客。接载前方被清下来乘客的后续客车，原则上不能安排清客。

5. 车站大面积停电应急处理程序（不可维持运营、须清客），见表3-3-33

表 3-3-33　车站大面积停电应急处理程序（不可维持运营、须清客）

岗位	处理程序
值班站长	① 确认大面积停电信息后，担任事故处置负责人 ② 通知车站值班员广播宣布执行大面积停电应急处置程序 ③ 携带应急灯和手电筒到站台指挥疏散，确认站台乘客疏散完后到站厅确认疏散情况。必要时，根据组织人员打开专用通道和消防疏散通道门疏散乘客 ④ 确认全站乘客疏散完后报车控室 ⑤ 组织人员到出入口张贴停止服务告示，关闭各出入口（必要时需手动关闭出入口转闸门），安排员工检查电梯是否困人，做好车站巡视 ⑥ 到车控室收集各岗位处置情况，做好停运安排 ⑦ 接到供电恢复的通知后，指挥员工做好恢复运营的准备 ⑧ 接到恢复运营的通知后，确认车站投入正常运作 ⑨ 事后负责编写书面报告（包括有无客伤、退票、致歉信发放数量、车站应急备品的使用及剩余数量等内容），交客运中心

续表

票款员	① 至编码室，准备应急包（应急票、零钱、致歉信等）送交客服中心，并协助做好退票解释工作 ② 到车控室协助值班员进行事件的汇报和事件处置记录 ③ 协助值班站长摆放强光灯进行应急照明，必要时协助值班站长进行乘客疏散
客服中心岗	① 收到执行大面积停电应急处置程序的通知后，收好票款和车票，锁好客服中心门。必要时将票款转移至编码室 ② 打开闸机门和边门，用手提广播引导乘客疏散 ③ 完成疏散后，负责巡视站厅 ④ 接到恢复供电的通知后，关闭边门，回到客服中心，检查客服中心内设备情况，做好恢复运营的准备，并报车控室准备情况；接到恢复运营的通知后，恢复运营
站台岗	① 收到执行大面积停电应急处置程序的通知后，立即疏散站台乘客（包括接触轨也无电时，站台列车上的乘客需疏散）出站 ② 关闭附近自动扶梯，手持应急灯和手提广播等在指定引导位置引导乘客就近出站 ③ 确认站台疏散完后，报车控室，到站厅协助疏散。完成疏散后，与车控室保持联系，负责巡视站台 ④ 接到恢复供电的通知后，检查站台进站扶梯、安全门等设备设施情况和线路情况，报车控室 ⑤ 接到恢复运营的通知后，恢复正常运作
顶岗	① 收到执行大面积停电应急处置程序的通知后，带应急灯（或手电筒）到站厅疏散乘客出站 ② 至车控室领取应急物品（应急灯、反光背心等），送至客服中心站务员 ③ 使用应急灯由内向外指向相关出入口，引导乘客出站 ④ 确认疏散完后，报车控室。到出入口张贴停止服务的告示，关闭出口 ⑤ 与车控室保持联系，负责巡视出入口并做好解释 ⑥ 收到恢复供电的通知后，检查 AFC 设备及各种服务设备设施是否正常，并报车控室 ⑦ 接到恢复运营的通知后，撤除停止服务告示，开出口

案例分析：

广佛地铁，全线长32.16公里，是中国国内第一条跨越两个城市的全地下城际快速轨道交通线路。地铁司机彭英杰每日在两个城市之间穿梭，用5年30多万公里的“零”违章、“零”事故，践行着他的地铁使命。

彭英杰，2012年6月毕业于湖南铁道职业技术学院，同年10月加入广州地铁成为了一名广州地铁电动列车司机。2016年11月19日，在第八届全国轨道交通运输行业轨道列车司机大赛中，战胜地铁行业众多司机精英，荣获个人二等奖。

宝剑锋从磨砺出，梅花香自苦寒来。取得好成绩绝非偶然，硕果离不开他的坚持与努力。四年如一日的坚持，不分昼夜，一人一车，独立作战，面对孤独无尽的隧道，他坚持不懈，相信只有过硬的岗位实力才能为公司添光加彩，从最简单的手指口呼到复杂的故障处理，每一个确认动作，彭英杰都会尽百分的努力做到最好。从毕业到获得国家级奖项，他仅用四年的时间，为湖南铁道职业技术学院的在校学子树立了榜样，也为整个广州地铁增添了光彩，更为司机队伍竖起了一面鲜红的旗帜。

引导问题1：结合材料讨论“地铁工匠”是如何炼成的？

引导问题2：城市轨道列车司机应该具备哪些素质和能力？

______

______

______

引导问题3：你想成为一名合格的城轨列车司机吗？现在开始你应该怎么做呢？

______

______

______

巩固练习

一、填空题

1. 特殊天气一般包括________、________、________、________、________。

2. 遇7级及以上大风时，列车应________________。

3. 瞭望距离不足________m时，应限速25 km/h。

4. 列车退行必须得到________的准许。

5. 列车冒进信号是指____。

6. 列车脱轨是指____。

7. 遇接触网悬挂异物时，列车司机应________________滑行通过异物悬挂地点，通过后再________________，按________________速度运行。

8. 列车司机发现隧道有人时，应立即________________，广播告知乘客临时停车。

9. 在隧道中运行的列车发生火灾时，为避免乘客恐慌，司机应________________。

二、选择题

1. 当列车内发生群体伤害事件时，原则上（　　）

A. 由司机处理　　B. 待列车进站后由车站协助处理

C. 由车站处理　　D. 由行调处理

2. 正常运行中的列车，人为使用车门紧急解锁手柄后，列车会（　　）。

A. 运行到下一站后无法动车　　B. 减速

C. 紧急制动　　D. 正常运行

3. 为了防止乘客偏离清客路线或者被障碍物绊倒，下列哪个地方不用安排员工驻守？（　　）

A. 道岔与交叉口　　B. 隧道口

C. 客室内　　D. 其他有潜在危险的地方

4. 下列情况属于挤岔的是（　　）。

A. 车轮挤过或挤坏道岔设备　　B. 列车掉道

C. 列车冒进且车轮越过道岔防护信号机　　D. 道岔尖轨不密贴

5. 发生主控手柄脱落，在站停车时，应执行（　　）操作

A. 申请退出服务　　B. 申请限速15 km/h运行

C. 申请限速25 km/h运行　　D. 申请临时停车

三、思考题

1. 何为反方向运行？列车反方向运行时列车司机应如何操作。
2. 列车司机在雨天如何进行牵引和制动？
3. 列车在长、大坡道运行时，司机发现接触网悬挂异物应如何操作？
4. 列车未启动时发现车门夹人，列车司机应如何操作？
5. 何为推进运行？列车推进运行时应遵循哪些规定？
6. 何为列车退行？退行时有哪些注意事项？
7. 列车进入积水区间的速度有何规定？
8. 地面及高架线路遇大风天气时，列车的运行速度有何要求？
9. 列车在地面线路运行遇特殊情况，瞭望困难时，司机该如何处理？
10. 何为清客？
11. 清客有哪些类型？各有什么特点？
12. 简述清客期间的行车限制及特殊规定。
13. 何为挤岔？正线发生挤岔时司机该如何处理？
14. 列车在区间或站内发生撞人事故时，司机该如何处理？
15. 司机处理车门/屏蔽门夹人夹物时，应遵循哪些原则？
16. 发现乘客按压列车报警按钮时，司机该如何处理？
17. 发现乘客紧急解锁车门时，司机该如何处理？
18. 正线载客列车遇大面积停电时，司机该如何处理？
19. 简述列车在区间发生火灾时司机的处理程序。

项目四　电动列车故障处理作业

学习目标

知识目标

1. 熟悉列车故障产生的原因及分类，熟悉列车故障处理的思路、原则、基本方法，掌握常见列车故障的处理方法，掌握列车故障救援的作业内容。

2. 掌握牵引系统的组成、功能、结构、控制原理、主要故障的判断和应急处理方法。

3. 掌握辅助电源系统的组成、功能、控制原理和主要故障的判断和应急处理方法。

4. 掌握车门系统的结构、功能、控制原理、主要故障的判断和应急处理方法。能了解应急处理原则和要求。

5. 了解高压供电系统设备配置，掌握高压供电系统主要故障的判断和应急处理方法。

6. 掌握空调系统的组成、功能、基本原理、故障的判断和应急处理方法。

7. 掌握车载信号系统的操作模式、主要故障的判断和应急处理方法。能及时发现车载信号系统异常，正确判断故障，按调度命令正确处置车载信号系统故障。

能力目标

1. 能根据应急处理原则和要求，进行故障现象分析，明确导致牵引系统故障的原因。

2. 能够通过继电器柜控制正确操作“安全回路旁路”开关、“停放制动旁路”开关、“气制动旁路”开关、切除B05开关。

3. 能根据应急处理原则和要求，进行故障现象分析，明确导致辅助电源系统故障的原因，并在规定时间内完成辅助电源系统故障处理。

4. 能根据故障现象分析导致车门系统故障的原因，独立或与相关人员合作完成车门系统故障处理。

5. 能根据应急处理原则和要求，进行故障现象分析，明确导致高压供电系统故障的原因，并在规定时间内完成高压供电系统故障处理。

6. 能根据应急处理原则和要求，进行故障现象分析，明确导致空调系统故障的原因，并在规定时间内完成空调系统故障处理。

7. 掌握列车的救援方式、作业要求，熟悉救援列车开行规定，掌握列车的救援过程与操作方法，能够与他人配合完成列车救援作业。

素养目标

1. 能够与他人配合完成列车救援作业，培养谦虚、好学的品格。

2. 培养勤于思考、做事认真的良好作风。

3. 培养的主动学习工作的积极态度。

4. 培养分析问题、解决问题的能力。
5. 培养沟通能力及团队协作精神。
6. 培养良好的职业道德和勇于创新、敬业乐业的工作作风。
7. 培养自学能力，提高质量意识、安全意识。

知识体系

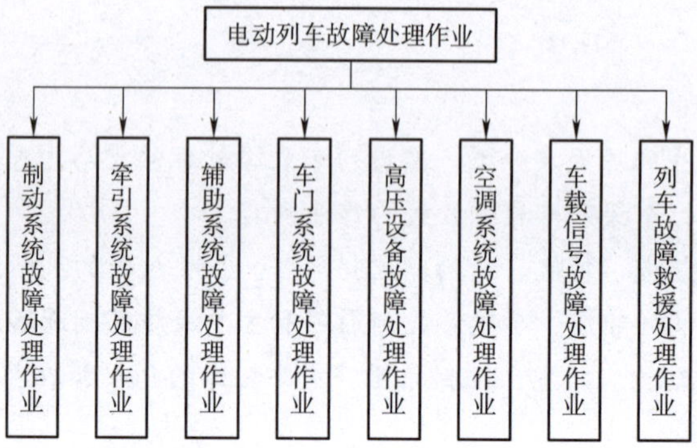

任务一　制动系统故障处理作业

学习情境描述

制动系统是列车实现安全运行的重要保障。制动技术和性能在一定程度上决定列车的运行性能，是提高列车整体运输性能的关键前提条件，同时也影响乘客的乘坐舒适度。列车制动故障会不同程度地影响运营，快速甄别和处理制动系统故障，是司机必备的业务能力。通过本任务的学习和训练，学生应掌握制动系统故障的判断和分析方法，能在规定时间内处理主要几类制动系统故障。

任 务 书

本任务为制动系统故障处理，列车发生故障，为了消除影响制动系统运用安全的故障，恢复制动装置技术状态，保证列车制动性能，需要正确操作“安全回路旁路”开关、“停放制动旁路”开关、“气制动旁路”开关，切除B05开关，排除故障后动车。

任务分组

学生任务分配见表4-1-1。

表 4-1-1　学生任务分配表

班级		组号		指导教师	
组长		学号			
组员					
任务分工					

工作准备

（1）认识继电器柜控制面板“安全回路旁路”开关、“停放制动旁路”开关、“气制动旁路”开关和客室内B05开关，完成小组任务分工，阅读任务书，进行小组任务讨论。

（2）分析故障处理操作过程中的注意事项。

知识链接

一、故障产生的原因

微课 列车故障分类

由于故障原因往往是多方面的，这里仅列举出可能性较大的原因。同理，故障的处理办法也是多种多样的，在此也只是举出应急和常用的方法，以供客车司机在处理故障时参考。

1. 人为性故障

人为性故障是由于有关人员未按操作规程操作、维护或保养造成的。

（1）司机违章操作。

（2）使用、维护、保养不良。

（3）人为损坏、欠修等。

2. 自然性故障

自然性故障是由于环境条件恶化、材料缺陷及安装不合理等造成的。

（1）环境条件恶化或设备老化。

（2）零部件质量不合格。

（3）机件装配调整错误。

正确分析和判别车辆故障的原因是一项重要而细致的工作，不应在未弄清故障原因之前随意、盲目处理，这样不但不能消除故障，反而可能造成新的故障。

二、故障处理的思路

微课 列车故障处理的基本原则

列车运行中出现的故障可以说是具有经常性和突发性的，特别是有关功能性的故障较多，其中有的故障比较简单，可以轻易排除，有的则不然。特别是车辆在运行中，故障可能突如其来，即使有常备不懈的思想准备，但如果没有坚实的故障处理基本功，这个不速之客也会使司机束手无策，这就有可能贻误处理故障的最佳时机而酿成事故。因此，能否在规定时间内及时、准确地分析、排除故障，已经成为司机技术业务的标志之一。

运行中列车的故障处理受到运行条件、工具配件、司机故障处理能力等因素的限制，而且不可能无时间限制地将列车停在区间处理（区间应急故障处理的时间一般不应超过3 min）。因此，应急故障处理的方法应是简明扼要、简便易行的。此外，司机学习故障处理时，如果仅就某一故障现象就事论事，而不懂得举一反三，则假如故障以另一种形式出现，特别是在紧张情况下，司机仍然不会处理。

要解决此问题，应从两方面着手：一是深层次了解故障的内在规律，通过现象看本质，思维方式发散，而不是简单地搬用。二是使学习的知识简而精，注重实用性，由故障的表象推出具体的处理步骤，把复杂的问题简单化。

为了减小列车故障发生的频率，平时要做好维修保养，司机要规范驾驶列车，合理使用各项功能。一旦发生列车故障，司机要充分发挥自己综合分析、判断和处理故障的能力，迅速、准确地判断出故障位置。查找故障时，要按照故障发生的概率，先检查故障率高的处所，后检查故障率低的处所，按照“先易后难，先近后远，先低压后高压，先分析后处理”的原则进行处理。在查找故障时，为了缩小查找范围，通常可采用“观”“听”“辨”等方法。

微课

列车故障处理的观、听、辨

“观”。眼睛是窗口，是获取信息的重要工具。车辆有了故障，查找故障点是关键。通常故障发生后，都有一定的表象，司机在故障处理中，首先应通过观察MMI显示屏、DDU显示屏、指示灯、制动压力仪表的显示状态及主控手柄（DCH）的位置，搜集故障的最基本信息，尽可能地缩小和确定故障的大致范围，范围越小，故障位置越容易找出。

“听”。听列车有无异响，如听DDU的蜂鸣声，听列车操作时继电器吸合断开的声音，以及行车调度员和其他行车人员对司机进行的呼叫声等。行车过程中司机注意力不可能时刻保持高度集中，因此需要有效利用听觉器官。特别是列车运行过程中，车辆走行部既看不到，也摸不着，因此，“听”走行部有无异响、“听”DDU的蜂鸣声以及继电器的动作声，对早期判断故障有着很重要的意义，司机一定不要忽视。

“辨”。在搜集相关信息后，在大脑中还应进行分析判断，辨别现象的真伪，必要时还需通过简单的操作加以辨别，进一步缩小故障范围。

总之，通过“观”“听”“辨”，可以对故障范围有一个综合的认识，利用上述方法不仅能提高司机的信心和心理素质，而且也能缩短查找和处理故障的时间。

三、故障处理的基本要求

微课

列车故障处理程序

（1）保持沉着冷静，快速做出正确的判断和处理，尽量缩短在线处理故障的时间。

（2）当故障消失，列车可以继续运行时，必须报告行车调度员后方可动车。

（3）经处理后，列车仍无法继续运行时，应在技术人员指导下采取相应措施；若按照指导的程序、方法处理后仍然不能动车，应请求救援。

（4）列车在区间发生故障时，应尽可能维持列车进站，再停车处理。

四、故障处理的基本方法

1. 重试法

重试即再试一次，或换端重试。如一节车同一侧有一个或两个车门故障，司机可再次按下开/关门按钮，故障的门会尝试再开/关一次；如车门仍没有打开/关闭，则重复上述动作一次；又如，列车到站后，车门未正常打开时，可按下驾驶台“开门”按钮重新开门。

2. 复位法

根据驾驶室显示屏或仪表、指示灯显示内容，检查有关电气柜里的空气断路器是否落下，若落下，进行复位处理，若未落下，则重新断合一次。

3. 切除法

有些设备发生故障将会直接影响列车的驾驶性能及安全性能，因此列车在电路设计中对重要部件安装了监控系统，该设备一旦发生故障，车辆控制系统会遵循设备故障导向安全这一设计原则，采取限速运行或停止运行等手段来确保列车安全。司机必须通过故障现象准确查找故障原因，通过切除故障设备不让其工作的方法来维持列车运行，以减小故障对运营的影响。如牵引电动机故障接地时，可利用显示屏找到故障电动机并将其切除。又如，车门故障关闭不到位时，司机可以切除该车门继续载客运行。

4.转换法

司机可利用车辆的备用系统和设备进行转换或切换。如微机控制系统I发生故障，可将设备转换到微机控制系统Ⅱ工作；又如，空气压缩机I发生故障，可将其转换到空气压缩机Ⅱ，以维持列车运行。

5.旁路（隔离）法

车辆某些设备或系统发生故障时，会影响列车驾驶功能，导致列车无法牵引，此时司机必须按故障情况严格区分故障发生的原因，可尝试使用旁路相关设备的方法维持列车运行。如车门、紧急疏散门、停车制动、气制动或门锁发生故障时，经行车调度员同意后可进行旁路处理。旁路相关设备时，一定要仔细检查确认，慎重处理。如旁路停放制动和气制动时，司机必须先确定列车制动已真正缓解后，再使用旁路制动监控电路的方法排除故障，以防扩大事故。

6.重启法

控制信号或通信信号发生误差，会造成信息显示紊乱或黑屏，严重的还会影响列车某些设备的正常使用（或称为死机），在这种情况下最好采用重新启动列车或重新启动相关设备的方法，激活故障设备，恢复列车功能。如出现MMI黑屏或ATP“打叉”等故障时，可按步骤对操纵台进行重启。

五、列车紧急制动不缓解故障的处理

故障现象：列车突发紧急制动，“车辆显示屏”状态栏显示紧急制动，“信号显示屏”显示紧急制动图标，气压表红色指针指向3 bar，列车无法动车。

故障原因：不明原因致使车载信号单元VOBC给车辆紧制信息。

本次故障设置：故障发生在区间，列车突发紧急制动自动停车不能动车。故障设置为列车运行中不明原因致使车载信号单元VOBC给车辆紧急制动信息，需司机操作“安全回路旁路”，最后操作CUT-OUT模式后方可动车。

故障处理：

（1）确认指示灯、显示屏以及压力表状态。手指眼看，“主断合”绿灯亮、“受电弓升”绿灯亮、“停放制动缓解”绿灯亮、“所有车门关闭”绿灯亮；口呼，“各指示灯状态正常”。手指眼看，“车辆显示屏”状态（网压显示1 000~1 800 V，车门状态界面显示所有车门关闭）；口呼，“网压正常，车门状态正常”。手指眼看，“气压表”红色指针指向3 bar，口呼：“气压3 bar”。

（2）报告行调故障地点和故障类型并申请中央缓解紧急制动。接通电话：司机手持联控电话，单击“联控显示屏”中的“行调”按键，接通电话。报告行调：司机在“联控显示屏”中单击选择语句“行调，× × 次在 × × 站— × × 站上/下行区间列车突发紧急制动，无法动车，司机申请中央缓解紧急制动。”并口呼语句后，单击“完毕”按钮。行调回复：行调在“联控显示屏”中单击选择语句“× × 次，申请中央缓解紧急制动，行调收到。”并口呼语句后，单击“完毕”按钮。结束通话：司机挂断电话。

（3）司机广播安抚乘客。紧急广播：通过“车辆显示屏”选择播放预置的“临时停车”紧急广播。

（4）接收行调命令并复诵。接通电话：行调手持联控电话，单击“联控显示屏”中的“司机”按键，接通电话。行调通知：行调在“联控显示屏”中单击选择语句“××次，中央无法缓解紧制，司机执行车辆故障处理流程。”并口呼语句后，单击“完毕”按钮。司机复诵：司机在“联控显示屏”中单击选择语句“中央无法缓解紧制，执行车辆故障处理流程，司机明白。”并口呼语句后，单击“完毕”按钮。结束通话：挂断电话。

（5）中央无法缓解紧制，司机转RM模式尝试动车。手指眼看：“驾驶模式选择”开关。口呼：“转RM模式。”作业：将“驾驶模式选择”开关转向“RM”位后尝试动车。手指眼看：“气压表”红色指针指向3 bar。口呼：“气压3 bar。”

（6）操作“安全回路旁路”尝试动车。手指眼看：“安全回路旁路”开关。口呼：“安全回路旁路”至“合”位。作业：将“安全回路旁路”置于“合”位后尝试动车。

（7）操作CUT-OUT（信号切除）模式尝试动车。手指眼看：“信号选择”开关。口呼：“信号选择”开关至“信号切除”位。作业：将“信号选择”开关打至“信号切除”位后尝试动车。

（8）动车后报行调。接通电话：司机手持联控电话，单击“联控显示屏”中的“行调”按键，接通电话。报告行调：司机在“联控显示屏”中单击选择语句“行调，××次在××站—××站上/下行区间列车已动车。司机操作“安全回路旁路”至“合”位、“信号选择”开关至“信号切除”位，申请限速退出服务。”并口呼语句后，单击“完毕”按钮。行调回复：行调在“联控显示屏”中单击选择语句“××次，申请限速退出服务，行调同意。”并口呼语句后，单击“完毕”按钮。结束通话：挂断电话。

六、列车停放制动施加、缓解灯不亮故障的处理

故障现象：“车辆显示屏”显示停放制动图标“P”，“停放制动缓解”灯不亮，列车无法动车。

故障原因：停放制动检测回路故障。

本次故障设置：故障发生在区间，列车牵引封锁，自动停车，无法动车。故障设置为停放制动检测回路故障，需司机操作“停放制动旁路”后方能动车。

故障处理：

（1）试灯查看指示灯是否烧坏，确认停放制动状态。作业：按压“灯测试”按钮进行试灯。手指眼看：“停放制动缓解”灯、“停放制动施加”灯。口呼：“试灯亮。”作业：点击“车辆显示屏”查看制动状态界面图标显示为“P”。口呼：“制动状态图标显示为‘P’。”

（2）报告行调故障地点和故障类型。接通电话：司机手持联控电话，单击“联控显示屏”中的“行调”按键，接通电话。报告行调：司机在“联控显示屏”中点击选择语句“行调，××次在××站—××站上/下行区间列车出现停放制动施加和缓解灯均不亮，司机申请执行车辆故障处理流程。”并口呼语句后，单击“完毕”按钮。行调回复：行调在“联控显示屏”中单击选择语句“××次，申请执行车辆故障处理流程，行调同意。”并口呼语句后，单击

“完毕”按钮。结束通话：挂断电话。

（3）司机广播安抚乘客。紧急广播：通过“车辆显示屏”选择播放预置的“临时停车”紧急广播。

（4）尝试按“停放制动缓解”按钮。手指眼看：“停放制动缓解”按钮。口呼：“按下‘停放制动缓解’按钮。”作业：尝试按压一次“停放制动缓解”按钮，并点击查看“车辆显示屏”停放制动是否缓解。口呼：“停放制动未缓解。”

（5）尝试操作“停放制动旁路”做列车溜动试验。手指眼看：“停放制动旁路”开关。口呼：“‘停放制动旁路’至‘合’位。”作业：将“停放制动旁路”置于“合”位，以不超过3 km/h速度做溜动试验，确认停放制动状态。口呼：“列车无抱闸。”

（6）动车后报行调。接通电话：司机手持联控电话，单击“联控显示屏”中的“行调”按键，接通电话。报告行调：司机在“联控显示屏”中单击选择语句“行调，“××次在××站—××站上/下行区间列车已动车，列车设备正常，司机操作了“停放制动旁路”，列车无抱闸现象，司机申请退出服务。”并口呼语句后，单击“完毕”按钮。行调回复：行调在“联控显示屏”中单击选择语句“××次，申请退出服务，行调同意。”并口呼语句后，单击“完毕”按钮。结束通话：挂断电话。

任务实施

引导问题：列车发生制动系统故障，作为列车司机的你应该如何处理？

____

____

____

分组练习

（1）小组内模拟练习列车发生制动系统故障的处理流程，互相指出不足之处。要求每人至少练习2次，以提高熟练程度。

____

____

____

（2）总结小组练习时主要存在的问题点。

____

____

____

评价反馈

学生进行自评，评价自己是否能够完成制动系统故障的处理，有无流程遗漏，见表4-1-2。

表 4-1-2 学生自评表

班级：	姓名：	学号：	
学习情境	制动系统故障处理作业		
评价项目	评价标准	分值	得分
作业流程	正确判断故障，满分；若否，则零分	13	
	上报行调，接通电话，满分；若否，则零分	13	
	进行临时广播且广播内容正确，满分；若否，则零分	13	
	正确转换驾驶模式，满分；若否，则零分	13	
	正确操作旁路开关，满分；若否，则零分	13	
	故障处理结束后上报行调，满分；若否，则零分	13	
动作规范	眼看、手指动作正确、标准，满分；若否，则零分	11	
呼唤应答用语	呼唤应答用语准确、完整，满分；若否，则零分	11	
合计		100	

教师对学生在实操任务完成过程及展示成果进行评价，并将评价结果填入教师评价表中，见表4-1-3。

表 4-1-3 教师评价表

班级：	姓名：	学号：	
学习情境	制动系统故障处理作业		
评价项目	评价标准	分值	得分
考勤	没有无故缺勤、迟到、早退现象，满分；若否，则零分	15	
执行作业标准	故障处理作业流程正确，满分；若否，则零分	15	
	故障处理作业动作标准规范，满分；若否，则零分	15	
	呼唤应答用语准确、完整，满分；若否，则零分	15	
协调能力	与小组成员、同学之间能交流合作，协调工作，满分；若否，则零分	10	
职业素养	能做到安全行车、规范操作，满分；若否，则零分	20	
创新意识	通过任务训练，能发现新的问题并及时解决，满分；若否，则零分	10	
合计		100	

任务二　牵引系统故障处理作业

学习情境描述

牵引系统是列车实现运行的重要系统，是列车动力的来源。不论采用何种编组形式，牵引系统最终控制所有牵引电动机工作，为列车提供所需的牵引力和电制动力。运行中，列车的牵引系统若发生故障，将直接影响列车的运营能力，降低城市轨道交通运营企业的运营水平。因此，能否快速、高效、准确地对各类牵引系统故障进行应急处理，是检验司机业务能力和技能水平的重要考核项目。

通过本任务的学习和训练，学生能在规定时间内处理主要几类牵引系统故障，并根据处理结果采取维持运营、终点站掉线、立即清人掉线或请求救援的措施。

任　务　书

本任务为牵引系统故障处理，学生需要掌握牵引系统故障的判断和分析方法，消除影响牵引系统运用安全的故障，保证列车完成当时、当次或当天运营，需要正确操作“MVB复位”和操作降级模式，正确操作“ICU”复位，正确复位“主控钥匙”，尝试动车。

任务分组

学生任务分配见表4-2-1。

表 4-2-1　学生任务分配表

<table>
<tr><td>班级</td><td></td><td>组号</td><td></td><td>指导教师</td><td></td></tr>
<tr><td>组长</td><td></td><td>学号</td><td colspan="3"></td></tr>
<tr><td>组员</td><td colspan="5"></td></tr>
<tr><td>任务分工</td><td colspan="5"></td></tr>
</table>

工作准备

（1）认识继电器柜控制面板“MVB”“ICU”开关，并掌握正确操作方法，完成小组任务分工，阅读任务书，进行小组任务讨论。

（2）分析故障处理操作过程中的注意事项。

知识链接

一、牵引电机故障类型

（1）1个牵引电机故障

首先分合一次高速断路器，若故障未消失，到前方终点站分合相应牵引控制微动开关。若成功则继续运营，否则在终点站退出服务。

（2）2个及以上牵引电动机故障。

首先分合一次高速断路器，若故障消失则继续运营。若故障未消失，复位一次多功能车辆总线，若复位后故障消失则继续运行。若仍有1~2个电动机故障，则运行至就近站退出服务。若有3个及以上牵引电动机故障，则紧急牵引至就近站退出服务。

二、牵引电机故障

故障现象："车辆显示屏"显示牵引电机3个图标红点，列车无法动车。

故障原因：牵引电机检测回路故障。

本次故障设置：故障发生在区间，列车失去牵引力，自动停车，无法动车。故障设置为3个牵引电机图标红点故障，需司机操作"MVB复位"和操作降级模式动车。

故障处理：

（1）确认故障信息，判断故障。作业：单击"车辆显示屏"查看牵引状态界面。口呼："牵引电机3个图标红点。"

（2）汇报列车故障信息。接通电话：司机手持联控电话，单击"联控显示屏"中的"行调"按键，接通电话。报告行调：司机在"联控显示屏"中单击选择语句"行调，××次在××站—××站上/下行区间列车出现牵引电机3个红点故障，无法动车，司机申请执行车辆故障处理流程。"并口呼语句后，单击"完毕"按钮。行调回复：行调在"联控显示屏"中单击选择语句"××次，申请执行车辆故障处理流程，行调同意。"并口呼语句后，单击"完毕"按钮。结束通话：挂断电话。

（3）司机广播安抚乘客。紧急广播：通过"车辆显示屏"选择播放预置的"临时停车"紧急广播。

（4）确保列车处于受电弓升起、主控钥匙打开和主断路器分开的状态。手指眼看："受电弓升"绿灯亮、"主控钥匙"在"开"位。口呼："受电弓升起、'主控钥匙'在'开'位。"作业：按压"主断分"按钮。手指眼看："主断分"红灯亮。口呼："主断路器分。"

（5）操作MVB复位。手指眼看："MVB复位"按钮。口呼："复位MVB。"作业：保持按下"MVB复位"按钮5 s。

（6）复位MVB成功后，闭合主断路器，尝试动车。手指眼看："主断合"按钮。口呼："合主断。"作业：按下"主断合"按钮。手指眼看："主断合"绿灯亮。口呼："'主断合'绿灯亮。"作业：尝试动车。

（7）操作降级模式尝试动车。手指眼看："运行模式选择"开关。口呼："'运行模式选择'

至‘降级’位。”作业：“运行模式选择”至“降级”位，并尝试动车。

（8）动车后报行调。接通电话：司机手持联控电话，单击“联控显示屏”中的“行调”按键，接通电话。报告行调：司机在“联控显示屏”中单击选择语句“××次在××站—××站上/下行区间列车已动车，列车设备正常，司机操作了降级模式，申请限速退出服务。”并口呼语句后，单击“完毕”按钮。行调回复：行调在“联控显示屏”中单击选择语句“××次，申请限速退出服务，行调同意。”并口呼语句后，单击“完毕”按钮。结束通话：挂断电话。

三、牵引封锁/激活故障

故障现象：ATO启动灯不亮，尝试ATO模式动车且推主控手柄，“车辆显示屏”显示“牵引封锁/激活故障”，列车无法动车。

故障原因：激活端司机室回路故障。

本次故障设置：故障发生在区间，列车牵引封锁，自动停车，无法动车。司机需复位“主控钥匙”、尝试动车、检查子系统无其他故障后操作降级模式方可动车。

故障处理：

（1）尝试牵引，不能动车，报告行调故障车次、列车位置和故障现象。接通电话：司机手持联控电话，单击“联控显示屏”中的“行调”按键，接通电话。报告行调：司机在“联控显示屏”中单击选择语句“行调，××次在××站—××站上/下行区间‘车辆显示屏’显示‘牵引封锁/激活故障’，无法动车，司机申请执行车辆故障处理流程。”并口呼语句后，单击“完毕”按钮。行调回复：行调在“联控显示屏”中单击选择语句“××次，申请执行车辆故障处理流程，行调同意。”并口呼语句后，单击“完毕”按钮。结束通话：挂断电话。

（2）司机广播安抚乘客。紧急广播：通过“车辆显示屏”选择播放预置的“临时停车”紧急广播。

（3）PM模式尝试动车：推主控手柄尝试动车。

（4）复位“主控钥匙”后，尝试动车。将“主控钥匙”置于“关”位，待“车辆显示屏”黑屏3 s后，将“主控钥匙”置于“开”位，尝试动车。

（5）拉快速制动后回零等3 s，再尝试动车。将“主控手柄”拉至“快速制动”位，之后回零，等3 s后，再尝试动车。

（6）检查各子系统的图标无异常。作业：单击“车辆显示屏”，查看车门、牵引、制动、辅助逆变器和空压机状态界面。口呼：“各子系统无异常。”

（7）操作降级模式尝试动车。手指眼看：“运行模式选择”开关。口呼：“‘运行模式选择’至‘降级’位。”作业：“运行模式选择”至“降级”位，并尝试动车。

（8）动车后报行调。接通电话：司机手持联控电话，单击“联控显示屏”中的“行调”按键，接通电话。报告行调：司机在“联控显示屏”中单击选择语句“行调，××次在××站—××站上/下行区间‘车辆显示屏’显示‘牵引封锁/激活故障’，司机操作降级模式后列车已经动车，申请限速退出服务。”并口呼语句后，单击“完毕”按钮。行调回复：行调在“联控显示屏”中单击选择语句“××次，申请限速退出服务，行调同意。”并口呼语句后，单击“完毕”按钮。结束通话：挂断电话。

任务实施

引导问题：列车发生牵引系统故障，作为列车司机的你应该如何处理？

分组练习

（1）小组内模拟练习列车发生牵引系统故障的处理流程，互相指出不足之处。要求每人至少练习2次，以提高熟练程度。

（2）总结小组练习时主要存在的问题点。

评价反馈

学生进行自评，评价自己是否能够完成牵引系统故障的处理，有无流程遗漏，见表4-2-2。

表4-2-2　学生自评表

班级：	姓名：		学号：
学习情境	牵引系统故障处理作业		
评价项目	评价标准	分值	得分
作业流程	正确判断故障，满分；若否，则零分	13	
	上报行调，接通电话，满分；若否，则零分	13	
	进行临时广播且广播内容正确，满分；若否，则零分	13	
	正确操作 MVB 复位，满分；若否，则零分	13	
	正确操作降级模式尝试动车，满分；若否，则零分	13	
	故障处理结束后上报行调，满分；若否，则零分	13	
动作规范	眼看、手指动作正确、标准，满分；若否，则零分	11	
呼唤应答用语	呼唤应答用语准确、完整，满分；若否，则零分	11	
合计		100	

教师对学生在实操任务完成过程及展示成果进行评价，并将评价结果填入教师评价表中，见表4-2-3。

表 4-2-3　教师评价表

班级：	姓名：		学号：
学习情境	牵引系统故障处理作业		
评价项目	评价标准	分值	得分
考勤	没有无故缺勤、迟到、早退现象，满分；若否，则零分	15	
执行作业标准	故障处理作业流程正确，满分；若否，则零分	15	
	故障处理作业动作标准规范，满分；若否，则零分	15	
	呼唤应答用语准确、完整，满分；若否，则零分	15	
协调能力	与小组成员、同学之间能交流合作，协调工作，满分；若否，则零分	15	
职业素养	能做到安全行车、规范操作，满分；若否，则零分	15	
创新意识	通过任务训练，能发现新的问题并及时解决，满分；若否，则零分	10	
合计		100	

任务三　辅助系统故障处理作业

学习情境描述

辅助电源系统是列车安全、稳定、高效运营的重要组成部分，是为列车的空压机组、客室照明、风扇、空调、电暖及控制装置提供电源的基础系统。辅助电源对列车来说极为重要，当其发生故障时，会导致风源、制动、牵引等发生连锁反应，迫使列车停车且无法牵引运行，给运营秩序带来极大的影响。在发生辅助电源系统故障的情况下，列车司机要准确判断故障并妥善处置，确保正线运营秩序不受到重大影响。通过本任务的学习和训练，学生能在规定时间内处理主要辅助电源系统故障。

任务书

本任务为辅助系统故障处理，学生需要掌握辅助电源系统故障的判断和分析方法，消除影响辅助电源系统运用安全的故障，保证列车完成当时、当次或当天运营，需要正确操作“MVB复位”和操作降级模式，正确操作切除B05开关，排除故障，正确复位“SKS1”自动开关，排除故障后动车。

任务分组

学生任务分配见表4-3-1。

表4-3-1　学生任务分配表

班级		组号		指导教师	
组长		学号			
组员					
任务分工					

工作准备

（1）认识继电器柜控制面板“MVB”“SKS1”开关和客室内B05开关，完成小组任务分工，阅读任务书，进行小组任务讨论。

（2）分析故障处理操作过程中的注意事项。

知识链接

辅助电源系统是的运行独立于列车牵引系统，主要由辅助逆变装置（含逆变器、DC 110 V充电机与DC 24 V电路）、辅助断路器、辅助熔断器、整流装置、扩展供电装置、蓄电池箱等组成。列车在正常运行状态时，使用的辅助电源由辅助逆变器提供，列车启动时或列车不能使用辅助逆变器的紧急情况下，辅助电源可以由列车蓄电池来提供。

辅助电源系统是为电动列车的客室照明、风扇、空调、电暖及控制装置提供电源的基础系统，能将接触网或接触轨的DC 1 500 V或DC 750 V逆变，输出三相AC 380 V、频率50 Hz、有电隔离的交流中压电，还能经整流器整流后输出DC 110 V和DC 24 V的直流低电压。

每列车配有两套辅助逆变装置对列车供电，以及两组蓄电池供紧急情况下使用。辅助逆变器采用绝缘栅双极型晶体管IGBT开关元件，其容量为1 700 V/1 200 A，输出稳定的三相AC 380 V电源。经整流器整流出DC 110 V和DC 24 V电源。辅助电源系统如图4-3-1所示。

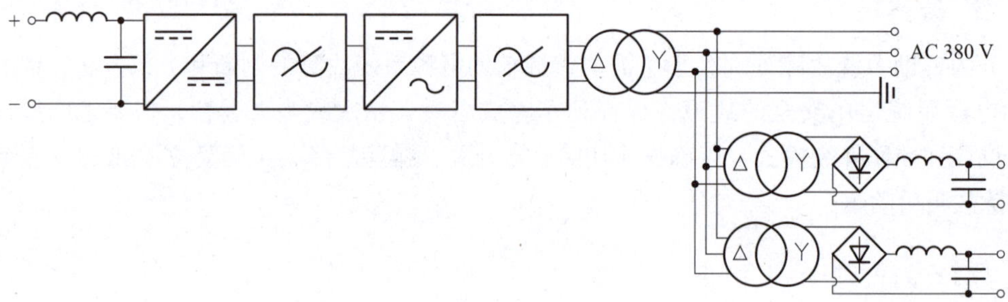

图 4-3-1　辅助电源系统

辅助电源系统具有扩展供电的功能。扩展供电箱内安装有用于实现扩展供电功能的接触器、继电器和传感器。正常情况下，一组列车由两台辅助逆变装置SIV为整列车提供电能，每个SIV只给它所在的单元供电。扩展供电功能是指两组辅助电源系统通过扩展供电箱进行冗余，在其中一台SIV发生故障的情况下，可由另外一台SIV通过扩展供电电路，为全列车提供负载供电，此时空调系统压缩机减载运行。

一、辅助逆变器图标显示异常

故障现象：“车辆显示屏”显示辅助逆变器图标红点故障，所有空调只有紧急通风，列车无法动车。

故障原因：辅助系统故障。

本次故障设置：故障发生在区间，列车牵引封锁，自动停车，无法动车。故障设置为所有辅助逆变器显示红点，需司机操作MVB复位方可动车。

故障处理：

（1）查看辅助逆变器图标显示情况。作业：单击“车辆显示屏”查看辅助逆变器界面。口呼：“所有辅助逆变器图标显示红点。”

（2）报告行调，列车位置、故障信息。接通电话：司机手持联控电话，单击“联控显示屏”中的“行调”按键，接通电话。报告行调：司机在“联控显示屏”中单击选择语句“行调，××次在××站—××站上/下行区间‘车辆显示屏’辅助逆变器图标显示红点，列车出现空调、空压机不工作，司机申请执行车辆故障处理流程。”并口呼语句后，单击“完毕”按钮。行调回复：行调在“联控显示屏”中单击选择语句“××次，申请执行车辆故障处理流程，行调同意。”并口呼语句后，单击“完毕”按钮。结束通话：挂断电话。

（3）司机广播安抚乘客。紧急广播：通过“车辆显示屏”选择播放预置的“临时停车”紧急广播。

（4）确保列车处于受电弓升起、主控钥匙打开和主断路器分开的状态。作业：按压“主断分”按钮。手指眼看：“主断分”红灯亮。口呼：“主断路器分。”

（5）操作MVB复位。手指眼看：“MVB复位”按钮。口呼：“复位MVB。”作业：保持按下“MVB复位”按钮5 s。

（6）复位MVB成功后，闭合主断路器，尝试动车。手指眼看：“主断合”按钮。口呼：“合主断。”作业：按下“主断合”按钮。手指眼看：“主断合”绿灯亮。口呼：“‘主断合’绿灯亮。”作业：尝试动车。

（7）动车后报行调。接通电话：司机手持联控电话，单击“联控显示屏”中的“行调”按键，接通电话。报告行调：司机在“联控显示屏”中单击选择语句“行调，××次在××站—××站上/下行区间辅助逆变器图标红点，MVB复位后已动车，申请退出服务。”并口呼语句后，单击“完毕”按钮。行调回复：行调在“联控显示屏”中单击选择语句“××次，申请退出服务，行调同意。”并口呼语句后，单击“完毕”按钮。结束通话：挂断电话。

二、激活端单元B车失电

故障现象：从激活端单元“车辆显示屏”上会显示B车所有车门打开、制动图标显示为P、空调不工作等，列车无法动车。

故障原因：B车失电。

本次故障设置：故障发生在区间，自动停车，无法动车。故障设置为B车失电，需司机切除故障车B05，操作信号选择、车门旁路、停放制动旁路、降级模式后动车。

故障处理：

（1）查看车辆显示屏情况。作业：单击“车辆显示屏”查看车门、制动、空调界面。口呼：“B车所有车门打开、制动图标显示为P，空调不工作。”

（2）报告行调列车位置、故障信息。接通电话：司机手持联控电话，单击“联控显示屏”中的“行调”按键，接通电话。报告行调：司机在“联控显示屏”中单击选择语句“行调，××次在××站—××站上/下行区间激活端单元B车失电，车辆显示屏上B车出现空调不工作、车门打开、制动图标显示P，司机申请执行车辆故障处理流程。”并口呼语句后，单击“完毕”按钮。行调回复：行调在“联控显示屏”中单击选择语句“××次，申请执行车辆故障处理流程，行调同意。”并口呼语句后，单击“完毕”按钮。结束通话：挂断电话。

（3）司机广播安抚乘客。紧急广播：通过“车辆显示屏”选择播放预置的“临时停车”紧急广播。

（4）切除故障车B05。作业：离开司机室，通过列车模拟终端进行故障车B05切除。

（5）驾驶模式转“RM”位。手指眼看：“驾驶模式选择”开关。口呼：“转RM模式。”作业：将“驾驶模式选择”开关转向“RM”位。

（6）操作“信号选择”至“信号切除”位。手指眼看：“信号选择”旋钮。口呼：“信号选择打至信号切除位。”作业：将“信号选择”打至“信号切除”位。

（7）操作“车门旁路”至合位。手指眼看：“车门旁路”开关。口呼：“‘车门旁路’至‘合’位。”作业：将“车门旁路”打至“合”位。

（8）操作“停放制动旁路”至合位。手指眼看：“停放制动旁路”开关。口呼：“‘停放制动旁路’至‘合’位。”作业：将“停放制动旁路”打至“合”位。

（9）操作降级模式尝试动车。手指眼看：“停放制动旁路”开关。口呼：“‘停放制动旁路’至‘合’位。”作业：将“停放制动旁路”打至“合”位。

（10）动车后报行调。接通电话：司机手持联控电话，单击“联控显示屏”中的“行调”按键，接通电话。报告行调：司机在“联控显示屏”中单击选择语句“行调，××次在××站—××站上/下行区间列车已动车，司机切除故障车B05、操作“信号选择”开关至“信号切除”位、“车门旁路”至“合”位、“停放制动旁路”至“合”位、“运行模式选择”至“降级”位，申请限速退出服务。”并口呼语句后，单击“完毕”按钮。行调回复：行调在“联控显示屏”中单击选择语句“××次，申请限速退出服务，行调同意。”并口呼语句后，单击“完毕”按钮。结束通话：挂断电话。

任务实施

引导问题：列车发生辅助电源系统故障，作为列车司机的你应该如何处理？

______

______

______

分组练习

（1）小组内模拟练习列车发生辅助电源系统故障的处理流程，互相指出不足之处。要求每人至少练习2次，以提高熟练程度。

______

______

______

（2）总结小组练习时主要存在的问题点。

______

______

______

评价反馈

学生进行自评，评价自己是否能够完成辅助电源系统故障的处理，有无流程遗漏，见表4-3-2。

表 4-3-2　学生自评表

班级：	姓名：		学号：
学习情境	辅助系统故障处理作业		
评价项目	评价标准	分值	得分
作业流程	正确判断故障，满分；若否，则零分	13	
	上报行调，接通电话，满分；若否，则零分	13	
	进行临时广播且广播内容正确，满分；若否，则零分	13	
	正确操作 MVB 复位，满分；若否，则零分	13	
	正确闭合主断路器，满分；若否，则零分	13	
	故障处理结束后上报行调，满分；若否，则零分	13	
动作规范	眼看、手指动作正确、标准，满分；若否，则零分	11	
呼唤应答用语	呼唤应答用语准确、完整，满分；若否，则零分	11	
合计		100	

教师对学生在实操任务完成过程及展示成果进行评价，并将评价结果填入教师评价表中，见表4-3-3。

表 4-3-3　教师评价表

班级：	姓名：		学号：
学习情境	辅助系统故障处理作业		
评价项目	评价标准	分值	得分
考勤	没有无故缺勤、迟到、早退现象，满分；若否，则零分	15	
执行作业标准	故障处理作业流程正确，满分；若否，则零分	15	
	故障处理作业动作标准规范，满分；若否，则零分	15	
	呼唤应答用语准确、完整，满分；若否，则零分	15	
协调能力	与小组成员、同学之间能交流合作，协调工作，满分；若否，则零分	10	
职业素养	能做到安全行车、规范操作，满分；若否，则零分	20	
创新意识	通过任务训练，能发现新的问题并及时解决，满分；若否，则零分	10	
合计		100	

任务四　车门系统故障处理作业

学习情境描述

城市轨道交通站间距短、站点多，列车在运营服务时车门开关次数多，因此车门故障发生率较高。车门故障给乘客乘降、列车运行安全及客运服务质量造成很大的影响，因而一旦发生车门故障，列车司机必须采取措施以保证乘客的安全及运行作业的顺利进行。通常，发生车门故障的原因主要包括车门控制器故障、列车老化、车载信号不稳定、乘客抢门、乘客吊门等。

车门系统是列车安全运营的重要组成部分，起到供乘客乘降列车、保障乘客安全的作用。在列车运营的过程中，车门故障会给乘客带来不便，同时也会引发次生的安全事故。因此，城市轨道交通运营单位非常重视车门的工作质量，在发生车门故障时，要求司机及时、准确、妥善地进行应急处理，以保证列车安全、准时地完成当时、当次或当天运营任务。

通过本任务的学习和训练，学生应掌握车门系统故障的判断和分析方法，能在规定时间内处理主要几类车门系统故障。

任务书

本任务为车门系统故障处理，学生需要掌握车门系统故障的判断和分析方法，消除影响车门系统运用安全的故障，保证列车完成当时、当次或当天运营，需要正确操作紧急解锁装置，切除门隔离开关，正确操作“门零速旁路”开关，排除故障，正确操作“开关门模式切换”开关、复位“主控钥匙”，操作“车门旁路”开关，排除故障后动车。

任务分组

学生任务分配见表4-4-1。

表 4-4-1　学生任务分配表

班级		组号		指导教师	
组长		学号			
组员					
任务分工					

工作准备

（1）认识紧急解锁装置、门隔离开关，认识继电器柜控制面板“门零速旁路”“门旁路”开关，完成小组任务分工，阅读任务书，进行小组任务讨论。

（2）分析故障处理操作过程中的注意事项。

知识链接

一、客室车门系统

客室车门一般由左右门板、电子门控单元（Electric Door Control Unit，EDCU）、驱动电机、传动机构、锁闭装置、紧急解锁机构等组成，如图4-4-1所示。

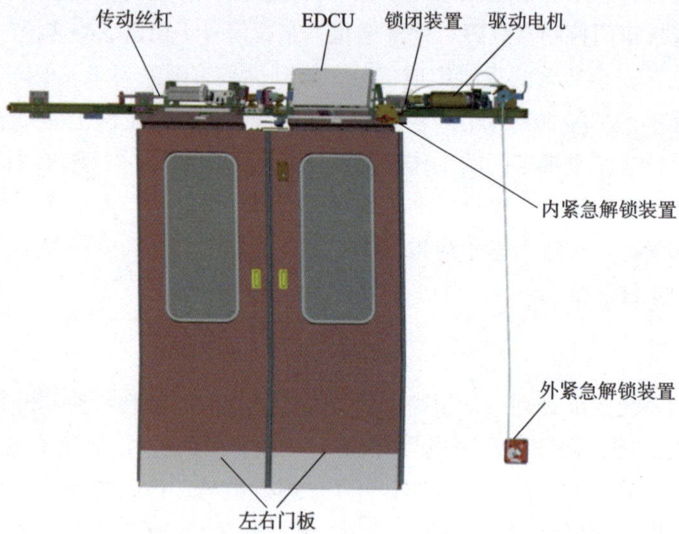

图 4-4-1　客室车门

机械控制部分（见图4-4-2）：传动导向装置应用较多的为齿形皮带和丝杠螺母，其作用是将门体驱动电机的扭矩转化为直线运动，使左右门板沿设定导轨滑动。内外紧急解锁装置可实现机械手动开门操作，使乘客在发生突发事件时可以迅速疏散。紧急解锁与机构锁组成通过钢丝绳相连接。

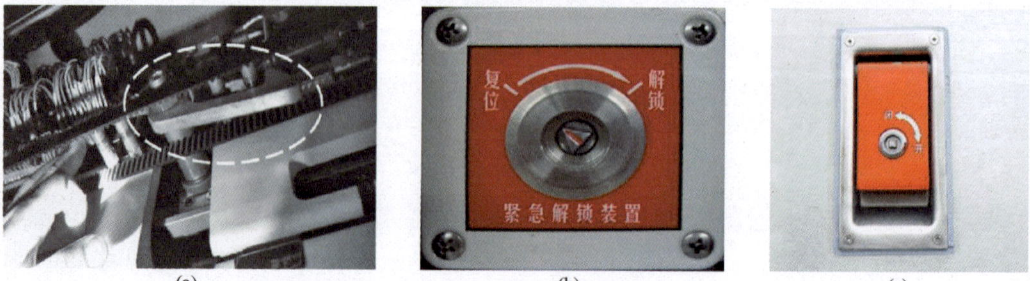

(a)　(b)　(c)

图 4-4-2　机控控制部分

当单个车门由于门机构或电气故障不能投入运行或车门出现故障不能及时修理时，司机需要单独停止故障车门工作，使用的装置为位于门机构装置内的隔离锁闭装置。

注意：当门被四方钥匙锁闭时，紧急解锁不能将其打开，即隔离锁未锁上时，操作紧急解锁可实现机械手动开门操作。

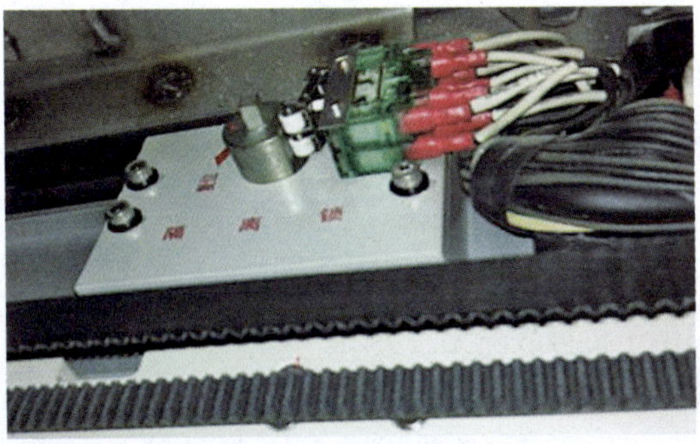

图 4-4-3 电气控制部分

电气控制部分（见图4-4-3）：每扇车门均配备一套独立的门控器（EDCU），实现对每一扇车门的单独控制。

门控器主要有以下功能：

（1）开/关门功能，包括车门的开、关状态显示。

（2）未关好车门的再开闭功能。

（3）开关车门的二次缓冲功能。

（4）集控开、关门操作控制信号的过滤性能：单次有效的开、关门操作等信号需保持500 ms确认时限。

（5）防夹人、夹物功能，即障碍物探测重开门功能。

（6）车门故障切除功能（即门隔离）。

（7）车门内、外紧急解锁功能。

（8）车门旁路功能。

（9）故障指示和诊断记录功能，并能被读出。

（10）零速保护功能。

（11）自诊断防护功能。

行程开关（见图4-4-4）：为门控器或TCMS提供车门开启到位、车门锁闭到位、紧急解锁、隔离等电信号，一般有门锁闭开关、门板到位开关、紧急解锁开关和隔离锁开关等元件。

图 4-4-4 行程开关

二、车门故障的处理原则

列车司机在处理车门故障时应遵循以下原则：

（1）处理车门故障前后都应及时报告行车调度员。

（2）当客室门不能关闭，需退出运营时，由站务人员协助列车司机进行清客作业，并通过广播设备及时做好乘客引导及安抚工作。

（3）当列车退出运营时，应使列车按规定限速运行。

三、单个车门故障

故障现象：单个车门不能关闭，列车无法动车。

故障原因：单个车门由于机械故障无法关闭。

本次故障设置：故障发生在站台，司机关门时出现单个车门无法关闭现象，需司机到现场进行切除，方可动车。

故障处理：

（1）重新开关车门一次。重新按压“开左/右门”按钮，开门后，再按压“关左/右门”按钮，按压“开、关门”按钮需保持3 s以上。

（2）报行调、列车位置、故障现象，申请到现场切除车门。接通电话：司机手持联控电话，单击“联控显示屏”中的“行调”按键，接通电话。报告行调：司机在“联控显示屏”中单击选择语句“行调，××次在××站上/下行列车单个车门故障，司机申请到现场处理。”并口呼语句后，单击“完毕”按钮。行调回复：行调在“联控显示屏”中单击选择语句“××次，单个车门故障，司机申请到现场处理，行调同意。”并口呼语句后，单击“完毕”按钮。结束通话：挂断电话。

（3）司机广播安抚乘客。紧急广播：通过“车辆显示屏”选择播放预置的“临时停车”紧急广播。

（4）记下故障车门编号，并开启车门、站台门。记录：用纸笔记录故障车门的编号。作业：按压“开左/右门”按钮开启车门、站台门。

（5）到达故障车门处切除车门。通过列车模拟终端，到达故障车门处，解锁车门，手动关闭车门，恢复解锁手柄，用方孔钥匙将车门切除。

（6）确认切除成功。手指眼看：车门上方的红灯亮和车门切除装置在水平位。口呼：“红灯亮，车门切除。”

（7）返回司机室，确认小锁图标，关门动车。返回司机操纵台单击“车辆显示屏”查看车门状态界面，确认小锁图标。口呼：“小锁图标有。”动车：按作业程序关门动车。

（8）动车后报行调。接通电话：司机手持联控电话，单击“联控显示屏”中的“行调”按键，接通电话。报告行调：司机在“联控显示屏”中单击选择语句“行调，××次在××站上/下行切除××车门成功，现已动车。”并口呼语句后，单击“完毕”按钮。行调回复：行调在“联控显示屏”中单击选择语句“××次，切除××车门成功，现已动车，行调收到。”并口呼语句后，单击“完毕”按钮。结束通话：挂断电话。

四、整侧车门无法打开

故障现象：列车整侧车门无法打开。

故障原因：零速继电器故障。

本次故障设置：故障发生在站台列车停稳后，故障设置为整列车门无法打开，需司机复位“主控钥匙”和操作“门零速旁路”，方可开门作业。

故障处理：

（1）确认列车对标精度和开门使能信号。手指眼看：停车标、信号显示屏。口呼：“停车到位，‘车门允许’。”

（2）按压开门按钮。按下“开左/右门”按钮并保持3 s以上。

（3）报行调列车位置、故障现象。接通电话：司机手持联控电话，单击“联控显示屏”中的“行调”按键，接通电话。报告行调：司机在“联控显示屏”中单击选择语句“行调，××次在××站上/下行，整列车门无法打开，司机申请执行车辆故障处理流程。”并口呼语句后，单击“完毕”按钮。行调回复：行调在“联控显示屏”中单击选择语句“××次，申请执行车辆故障处理流程，行调同意。”并口呼语句后，单击“完毕”按钮。结束通话：挂断电话。

（4）司机广播安抚乘客。紧急广播：通过“车辆显示屏”选择播放预置的“临时停车”紧急广播。

（5）复位“主控钥匙”，将“驾驶模式选择”转至“OFF”位，按压“强制开左/右门”按钮开门。作业：将“主控钥匙”打到“关”位，等“车辆显示屏”黑屏3 s后将主控钥匙打到“开”位。手指眼看：“驾驶模式选择”开关。口呼：“驾驶模式转‘OFF’。”作业：将“驾驶模式选择”开关转向“OFF”位，按下站台侧的“强制开左/右门”按钮、“开左/右门”按钮和备用按钮开门，按下“开左/右门”和备用按钮需保持3 s以上。

（6）操作“门零速旁路”和“开关门模式切换”开关，尝试开门。手指眼看：“门零速旁路”开关。口呼：“‘门零速旁路’开关至‘合’位。”作业：将“门零速旁路”打至“合”位。手指眼看：“开关门模式切换”开关。口呼：“‘开关门模式切换、开关至‘网络位’位。”作业：将“开关门模式切换”打至“网络位”位。尝试开门：驾驶模式打“PM”位，按压“开左/右门”按钮进行开门，车门打开后，按照作业程序进行作业。

（7）站台作业完毕后恢复“门零速旁路”至“分”位。手指眼看：“门零速旁路”开关。口呼：“‘门零速旁路’开关至‘分’位。”作业：将“门零速旁路”打至“分”位。

（8）动车后报行调。接通电话：司机手持联控电话，单击“联控显示屏”中的“行调”按键，接通电话。报告行调：司机在“联控显示屏”中单击选择语句“行调，××次在××站上/下行，司机操作“门零速开关”后列车能开门，现已完成站台作业并动车，申请退出服务。”并口呼语句后，单击“完毕”按钮。行调回复：行调在“联控显示屏”中单击选择语句“××次，申请退出服务，行调同意。”并口呼语句后，单击“完毕”按钮。结束通话：挂断电话。

任务实施

引导问题：列车发生车门系统故障，作为列车司机的你应该如何处理？

分组练习

（1）小组内模拟练习列车发生车门系统故障的处理流程，互相指出不足之处。要求每人至少练习2次，以提高熟练程度。

（2）总结小组练习时主要存在的问题点。

评价反馈

学生进行自评，评价自己是否能够完成车门系统故障的处理，有无流程遗漏，见表4-4-2。

表 4-4-2　学生自评表

班级：	姓名：	学号：	
学习情境	车门系统故障处理作业		
评价项目	评价标准	分值	得分
作业流程	正确判断故障，满分；若否，则零分	13	
	上报行调，接通电话，满分；若否，则零分	13	
	进行临时广播且广播内容正确，满分；若否，则零分	13	
	正确操作紧急解锁装置，满分；若否，则零分	13	
	正确切除车门，满分；若否，则零分	13	
	故障处理结束后上报行调，满分；若否，则零分	13	
动作规范	眼看、手指动作正确、标准，满分；若否，则零分	11	
呼唤应答用语	呼唤应答用语准确、完整，满分；若否，则零分	11	
合计		100	

教师对学生在实操任务完成过程及展示成果进行评价，并将评价结果填入教师评价表中，见表4-4-3。

表 4-4-3 教师评价表

班级：	姓名：	学号：	
学习情境	车门系统故障处理作业		
评价项目	评价标准	分值	得分
考勤	没有无故缺勤、迟到、早退现象，满分；若否，则零分	15	
执行作业标准	故障处理作业流程正确，满分；若否，则零分	15	
	故障处理作业动作标准规范，满分；若否，则零分	15	
	呼唤应答用语准确、完整，满分；若否，则零分	15	
协调能力	与小组成员、同学之间能交流合作，协调工作，满分；若否，则零分	10	
职业素养	能做到安全行车、规范操作，满分；若否，则零分	20	
创新意识	通过任务训练，能发现新的问题并及时解决，满分；若否，则零分	10	
合计		100	

任务五　高压设备故障处理作业

学习情境描述

列车的高压供电系统承担着地面高压供电电源与列车高压负载之间的电气连接、电源分配等任务，具有过流、接地等各种保护功能。常见的高压供电系统设备有受流器，主要的元件包括断路器、熔断器、接地开关等。高压供电系统故障会直接导致列车无法运行，处理此类故障必须具备良好的观察能力、分析能力、动手能力和安全意识，非常考验司机的业务能力和技能水平。

通过本任务的学习和训练，学生应掌握高压供电系统故障的判断和分析方法，能在规定时间内处理主要几类高压供电系统故障。

任务书

本任务为高压供电系统故障处理，学生需要掌握高压供电系统故障的判断和分析方法，消除影响高压供电系统运用安全的故障，保证列车完成当时、当次或当天运营，需要正确操作“允许升弓旁路”开关，排除故障，正确复位“VCU”开关，排除故障后动车。

任务分组

学生任务分配见表4-5-1。

表4-5-1　学生任务分配表

班级		组号		指导教师	
组长		学号			
组员					
任务分工					

工作准备

（1）认识继电器柜控制面板“允许升弓旁路”“VCU”开关，完成小组任务分工，阅读任务书，进行小组任务讨论。

（2）分析故障处理操作过程中的注意事项。

知识链接

一、高压电源电路（见图4-5-1、图4-5-2）

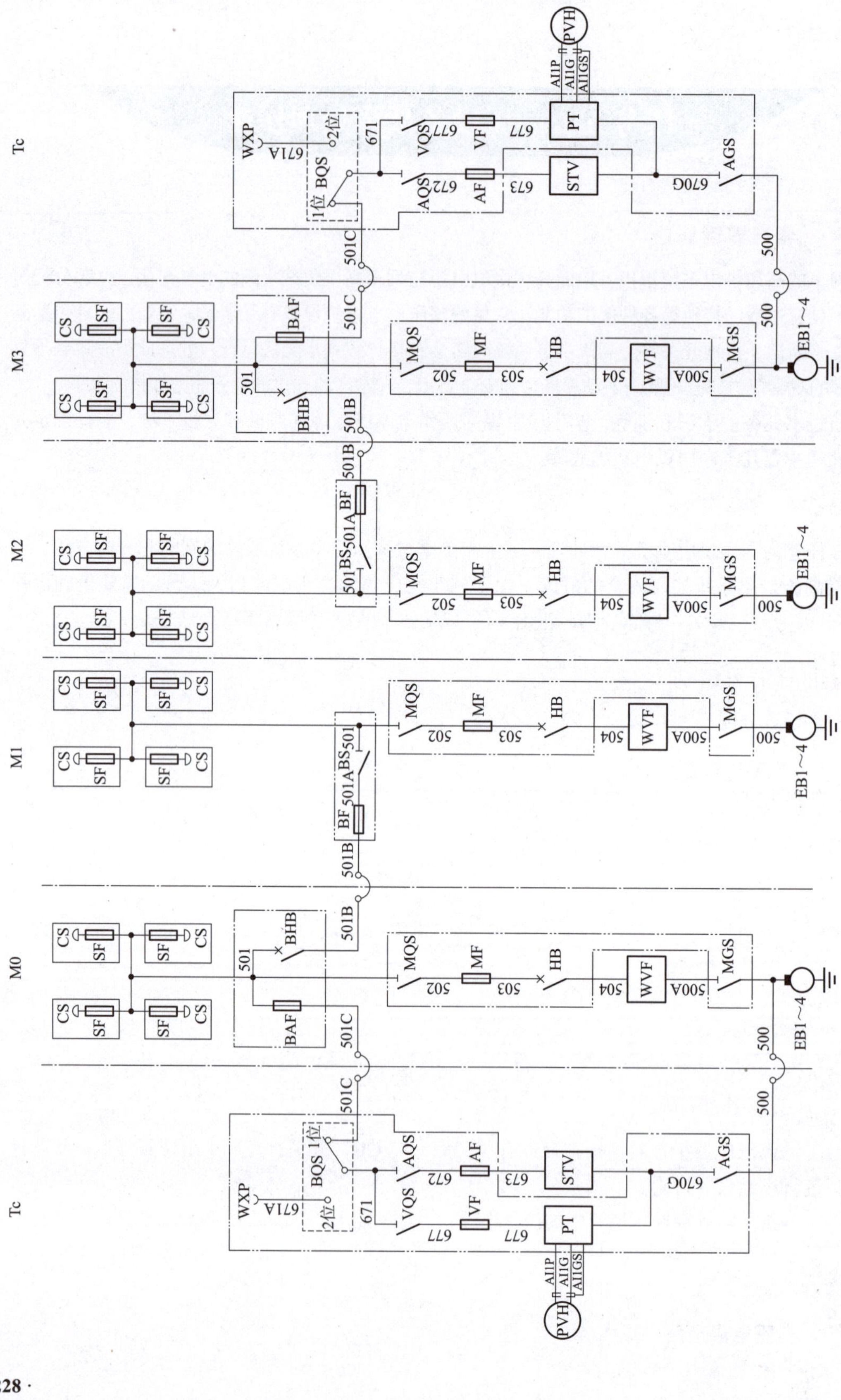
Tc
M0
M1
M2
M3
Tc
CS
SF
BAF
BHB
BF
BS
501
501A
501B
501C
MQS
MF
HB
WVF
MGS
502
503
504
500A
500
EB1～4
WXP
671A
BQS
1位
2位
671
AQS
VQS
AF
VF
672
673
677
STV
PT
AGS
670G
PVH
A11P
A11G
A11GS

图 4-5-1 母线控制电路

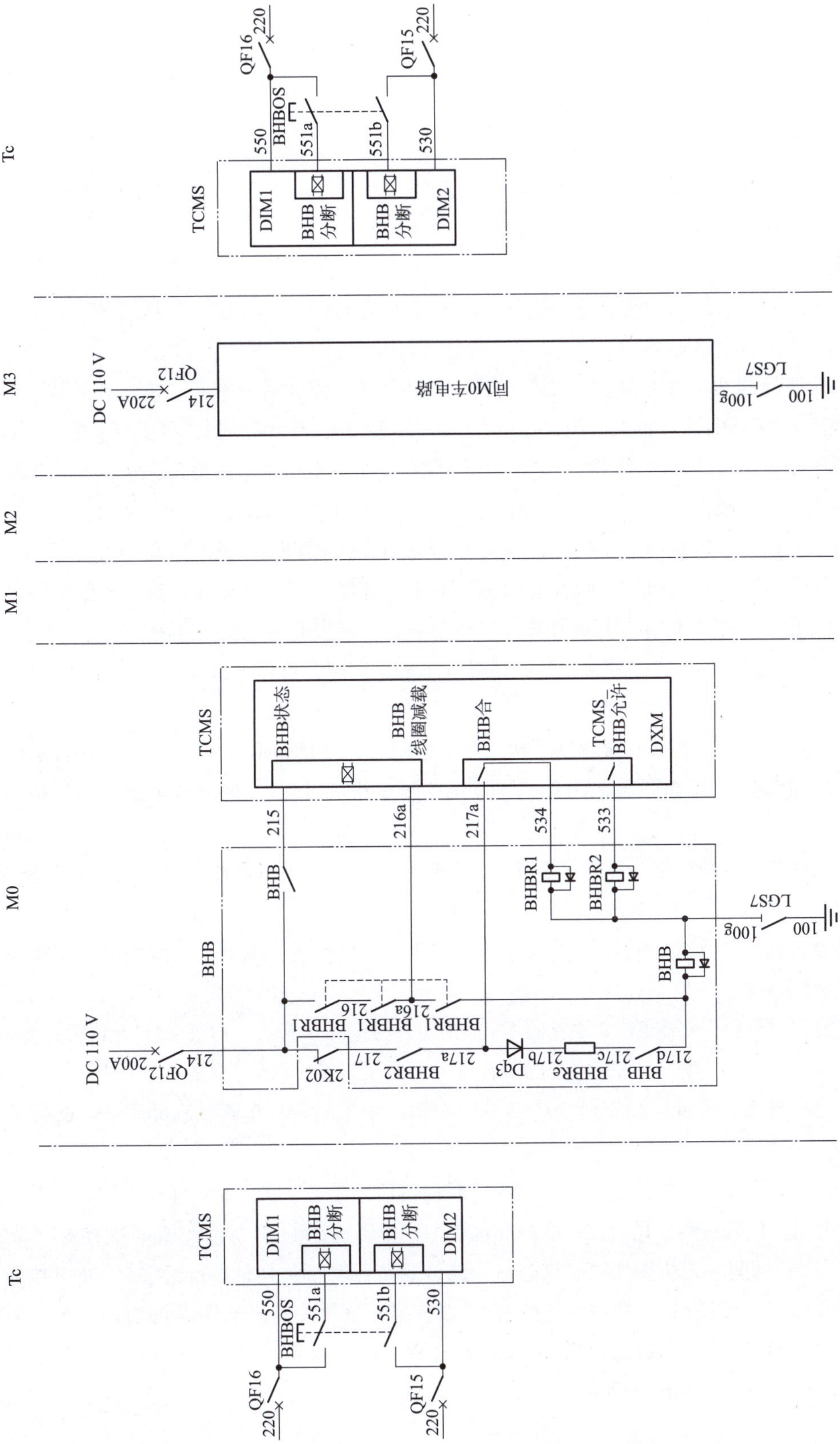
Tc
M3
M2
M1
M0
Tc
TCMS
DIM1
DIM2
BHB 分断
BHBOS
QF16
QF15
220
550
551a
551b
530
DC 110 V
QF12
220A
200A
214
回M0车电路
LGS7
100
100g
BHB状态
BHB 线圈减载
BHB合
TCMS_BHB允许
DXM
215
216a
217a
534
533
BHB
BHBR1
BHBR2
216
217
2K02
Dq3
217b
217c
217d
BHBRe

图 4-5-2　接地回路

二、受电弓降弓迫停区间

故障现象："车辆显示屏"显示网压为零，且受电弓图标显示2个受电弓均降下，受电弓"降"灯亮，列车无法动车。

故障原因：受电弓升弓回路故障。

本次故障设置：故障发生在区间，列车失去牵引力，无法动车。故障设置为2个受电弓降弓故障，需司机操作"允许升弓旁路"。

故障处理：

（1）确认故障信息，判断故障。作业：单击"车辆显示屏"查看受电弓状态界面。口呼："网压为零，2个受电弓降下。"

（2）汇报行调列车故障信息。接通电话：司机手持联控电话，单击"联控显示屏"中的"行调"按键，接通电话。报告行调：司机在"联控显示屏"中单击选择语句"行调，××次在××站—××站上/下行区间列车出现网压为零，2个受电弓降弓故障，无法动车，接触网是否跳闸？"并口呼语句后，单击"完毕"按钮。行调回复：行调在"联控显示屏"中单击选择语句"××次，接触网未跳闸，司机执行车辆故障处理流程。"并口呼语句后，单击"完毕"按钮。司机复诵：司机在"联控显示屏"中单击选择语句"××次，执行车辆故障处理流程，司机明白。"并口呼语句后，单击"完毕"按钮。结束通话：挂断电话。

（3）司机广播安抚乘客。紧急广播：通过"车辆显示屏"选择播放预置的"临时停车"紧急广播。

（4）确认是否列车是否有紧急制动状态。手指眼看：车辆显示屏。口呼："车辆显示屏无'紧急制动'信息。"手指眼看：两个"紧急停车"按钮。口呼："两个'紧急停车'按钮均弹起。"

（5）检查"受电弓控制"开关是否跳闸。若跳闸则闭合，手指眼看："受电弓控制"开关。口呼："'受电弓控制'开关跳闸。"作业：闭合"受电弓控制"开关。

（6）尝试升弓。作业：按压"受电弓升"按钮。手指眼看：车辆显示屏受电弓图标。口呼："受电弓未升起。"

（7）操作"允许升弓旁路"。手指眼看："允许升弓旁路"开关。口呼："'允许升弓旁路'至'合'位。"作业：将"允许升弓旁路"置于"合"位。

（8）尝试升弓。作业：按下"受电弓升"按钮。手指眼看：车辆显示屏受电弓图标。口呼："受电弓升起。"

（9）动车后报行调。接通电话：司机手持联控电话，单击"联控显示屏"中的"行调"按键，接通电话。报告行调：司机在"联控显示屏"中单击选择语句"行调，××次在××站—××站上/下行区间，司机操作'允许升弓旁路'后现已升弓，列车运行正常。"并口呼语句后，单击"完毕"按钮。行调回复：行调在"联控显示屏"中单击选择语句"××次，司机操作'允许升弓旁路'后现已升弓，列车运行正常，行调收到。"并口呼语句后，单击"完毕"按钮。结束通话：挂断电话。

三、主断合灯不亮

故障现象：主断合灯不亮，“车辆显示屏”显示网压正常，2个受电弓均正常，列车无法动车。

故障原因：“HSCB控制”跳闸，VCU回路故障。

本次故障设置：故障发生在区间，列车失去牵引力，自动停车，无法动车。故障设置为主断故障，需司机复位“VCU”。

故障处理：

（1）试灯。作业：按压“灯测试”按钮进行试灯。手指眼看：“主断合”灯。口呼：“试灯亮。”

（2）确认网压及受电弓状态。作业：单击“车辆显示屏”查看受电弓状态界面。口呼：“网压正常、受电弓正常升起。”

（3）汇报行调列车故障信息。接通电话：司机手持联控电话，单击“联控显示屏”中的“行调”按键，接通电话。报告行调：司机在“联控显示屏”中单击选择语句“行调，××次在××站—××站上/下行区间列车出现主断合灯不亮，网压、受电弓正常，无法动车，司机申请执行故障处理流程”并口呼语句后，单击“完毕”按钮。行调回复：行调在“联控显示屏”中单击选择语句“××次，司机申请执行车辆故障处理流程，行调同意。”并口呼语句后，单击“完毕”按钮。结束通话：挂断电话。

（4）司机广播安抚乘客。紧急广播：通过“车辆显示屏”选择播放预置的“临时停车”紧急广播。

（5）重新分合一次主断。作业：按压“主断分”按钮，再按压“主断合”按钮。手指眼看：“主断合”灯。

（6）检查“HSCB控制”开关是否跳闸。若跳闸则闭合，手指眼看：“HSCB控制”开关。口呼：“‘HSCB控制’开关跳闸。”作业：闭合“HSCB控制”开关。

（7）尝试合主断。作业：按压“主断合”按钮。手指眼看：“主断合”灯。口呼：“‘主断合’灯不亮。”

（8）复位“VCU”。手指眼看：“VCU”自动开关。口呼：“复位‘VCU’自动开关。”作业：断开“VCU”自动开关，等待5 s，再闭合“VCU”自动开关。

（9）尝试合主断。作业：按压“主断合”按钮。手指眼看：“主断合”灯。口呼：“‘主断合’灯亮。”

（10）动车后报行调。接通电话：司机手持联控电话，单击“联控显示屏”中的“行调”按键，接通电话。报告行调：司机在“联控显示屏”中单击选择语句“行调，××次在××站—××站上/下行区间，司机复位‘VCU’，现已动车，列车运行正常。”并口呼语句后，单击“完毕”按钮。行调回复：行调在“联控显示屏”中单击选择语句“××次，司机复位‘VCU’，现已动车，列车运行正常，行调收到。”并口呼语句后，单击“完毕”按钮。结束通话：挂断电话。

任务实施

引导问题：列车发生高压设备故障，作为列车司机的你应该如何处理？

分组练习

（1）小组内模拟练习列车发生高压设备故障的处理流程进行操作，互相指出不足之处。要求每人至少练习2次，以提高熟练程度。

（2）总结小组练习时主要存在的问题点。

评价反馈

学生进行自评，评价自己是否能够完成高压供电系统故障的处理，有无流程遗漏，见表4-5-2。

表4-5-2 学生自评表

班级：	姓名：	学号：	
学习情境	高压设备故障处理作业		
评价项目	评价标准	分值	得分
作业流程	正确判断故障，满分；若否，则零分	13	
	上报行调，接通电话，满分；若否，则零分	13	
	进行临时广播且广播内容正确，满分；若否，则零分	13	
	正确操作允许升弓旁路，满分；若否，则零分	13	
	正确闭合“HSCB控制”开关，满分；若否，则零分	13	
	故障处理结束后上报行调，满分；若否，则零分	13	
动作规范	眼看、手指动作正确、标准，满分；若否，则零分	11	
呼唤应答用语	呼唤应答用语准确、完整，满分；若否，则零分	11	
合计		100	

教师对学生在实操任务完成过程及展示成果进行评价，并将评价结果填入教师评价表中，见表4-5-3。

表 4-5-3　教师评价表

班级：	姓名：		学号：
学习情境	高压设备故障处理作业		
评价项目	评价标准	分值	得分
考勤	没有无故缺勤、迟到、早退现象，满分；若否，则零分	15	
执行作业标准	故障处理作业流程正确，满分；若否，则零分	15	
	故障处理作业动作标准规范，满分；若否，则零分	15	
	呼唤应答用语准确、完整，满分；若否，则零分	15	
协调能力	与小组成员、同学之间能交流合作，协调工作，满分；若否，则零分	10	
职业素养	能做到安全行车、规范操作，满分；若否，则零分	20	
创新意识	通过任务训练，能发现新的问题并及时解决，满分；若否，则零分	10	
合计		100	

任务六 空调系统故障处理作业

学习情境描述

空调系统是否正常工作与乘客的乘车体验密切相关，尤其是在炎热的夏季和高峰时段，稍有不慎便会降低运营服务质量、发生乘客投诉情况。因此，面对空调系统故障，司机应当尽快处理，并使用人工广播向乘客解释。

客室空调系统常见的故障现象有不出风、风量小、不制冷、制冷效果差、振动噪声大、漏水等，早班司机在车辆段内进行整备作业的空调试验时，要关注其运转情况，并于客室巡视检查中查看有无异常，尽量在列车上线运行之前排除隐患。

任 务 书

本任务为空调系统故障处理，学生需要掌握空调系统故障的判断和分析方法，消除影响空调系统运用安全的故障，保证列车完成当时、当次或当天运营，需要正确操作“SA”开关，排除故障后动车。

任务分组

学生任务分配见表4-6-1。

表 4-6-1 学生任务分配表

班级		组号		指导教师	
组长		学号			
组员					
任务分工					

工作准备

（1）认识继电器柜控制面板“SA”开关，完成小组任务分工，阅读任务书，进行小组任务讨论。

（2）分析故障处理操作过程中的注意事项。

知识链接

一、空调系统

空调系统使用三相AC 380 V电源，包括客室空调机组、送风装置、幅流风机、排风装置及司机室空调等。空调系统设集中控制和本车控制两种方式。

司机室内有空调控制开关SAAC，当其位于“网控”位且客室内各SA开关位于“集控”位时，司机能通过列车状态显示屏设定空调工作模式，由TCMS将控制指令发送至全列车的空调微机控制单元。

二、空调系统故障

故障现象：单节车空调不制冷或不启动，在列车状态显示屏的“空调”界面下，有红色故障图标显示或空调设置不正确。

故障原因：客室车厢温度不够低可能是空调不制冷或制冷效果差所导致。不制冷的原因有：压缩机故障、制冷剂泄漏、高压压力开关或低压压力开关动作、空调机组内电气元件误动作或损坏、机械元件安装松弛等。制冷效果差的原因有：少量制冷剂泄漏、送风量小、温度传感器测温不准、冷凝器散热片脏堵等。

故障处理：单节车空调不启动或不制冷故障处理流程，见表4-6-2。

表 4-6-2　单节车空调不启动或不制冷故障处理流程

作业步骤	作业内容
1	进入列车状态显示屏的“空调”界面，检查空调各项设置
2	进行人工广播，让故障车厢的乘客移动到其他车厢
3	查看是否有断路器保险跳开。若跳开保险在司机室内，将其闭合；若跳开保险在客室控制柜内，向行车调度员申请安排人员上车处理。工作人员上车后，打开空调控制柜复位该车辆空调主电路断路器，必要时，利用单车 SA 开关进行空调设置

任务实施

引导问题：列车发生空调系统故障，作为列车司机的你应该如何处理？

分组练习

（1）小组内模拟练习列车发生空调系统故障的处理流程，互相指出不足之处。要求每人至少练习2次，以提高熟练程度。

（2）总结小组练习时主要存在的问题点。

评价反馈

学生进行自评，评价自己是否能够完成空调系统故障的处理，有无流程遗漏，见表4-6-3。

表 4-6-3　学生自评表

班级：	姓名：		学号：
学习情境	空调系统故障处理作业		
评价项目	评价标准	分值	得分
作业流程	正确判断故障，满分；若否，则零分	13	
	上报行调，接通电话，满分；若否，则零分	13	
	进行临时广播且广播内容正确，满分；若否，则零分	13	
	正确闭合断路器保险，满分；若否，则零分	13	
	正确闭合“SA 控制”开关，满分；若否，则零分	13	
	故障处理结束后上报行调，满分；若否，则零分	13	
动作规范	眼看、手指动作正确、标准，满分；若否，则零分	11	
呼唤应答用语	呼唤应答用语准确、完整，满分；若否，则零分	11	
合计		100	

教师对学生在实操任务完成过程及展示成果进行评价，并将评价结果填入教师评价表中，见表4-6-4。

表 4-6-4　教师评价表

班级：	姓名：		学号：
学习情境	空调系统故障处理作业		
评价项目	评价标准	分值	得分
考勤	没有无故缺勤、迟到、早退现象，满分；若否，则零分	15	
执行作业标准	故障处理作业流程正确，满分；若否，则零分	15	
	故障处理作业动作标准规范，满分；若否，则零分	15	
	呼唤应答用语准确、完整，满分；若否，则零分	15	
协调能力	与小组成员、同学之间能交流合作，协调工作，满分；若否，则零分	10	
职业素养	能做到安全行车、规范操作，满分；若否，则零分	20	
创新意识	通过任务训练，能发现新的问题并及时解决，满分；若否，则零分	10	
合计		100	

任务七　车载信号故障处理作业

学习情境描述

列车车载信号系统是城市轨道交通信号系统的重要组成部分，是保障列车运行安全的关键系统，提供列车运行间隔控制及超速防护，能实现列车自动运行和区间运行自动调整功能。车载信号系统故障会直接影响列车运行安全，甚至扰乱整条线路的运营秩序。司机必须能及时发现车载信号系统故障，判断故障类别，采取恰当措施，在恢复列车安全运行的同时降低对运营秩序的影响。

通过本任务的学习和训练，学生应掌握车载信号系统故障的判断和分析方法，能正确、快速处理主要几类车载信号系统故障。

任务书

本任务为车载信号故障处理，学生需要掌握车载信号故障的判断和分析方法，消除影响车载信号运用安全的故障，保证列车完成当时、当次或当天运营，需要正确操作故障驾驶模式运行。

任务分组

学生任务分配见表4-7-1。

表 4-7-1　学生任务分配表

班级		组号		指导教师	
组长		学号			
组员					
任务分工					

工作准备

（1）掌握五种驾驶模式，正确切换故障驾驶模式，完成小组任务分工，阅读任务书，进行小组任务讨论。

（2）分析故障处理操作过程中的注意事项。

知识链接

一、车载信号系统

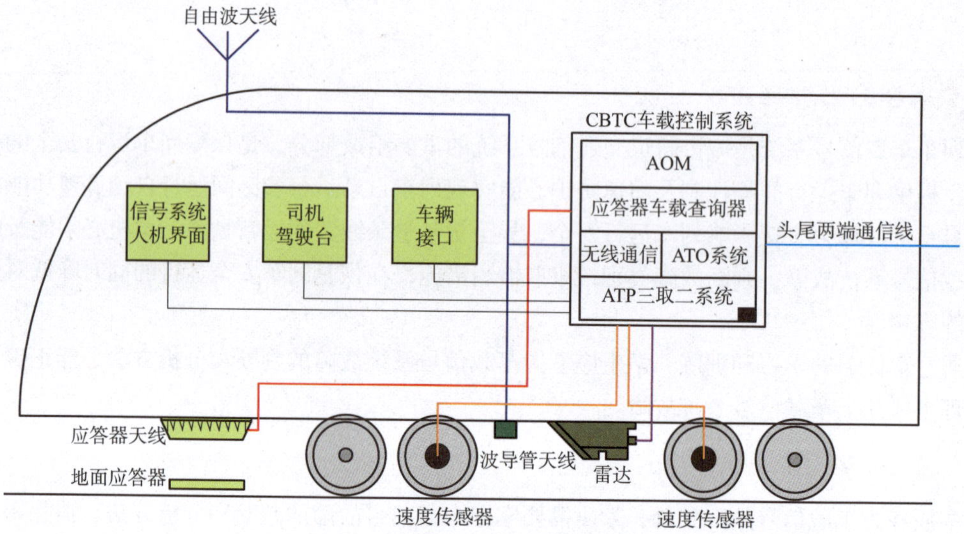

图 4-7-1 LCF-400 型 VOBC 组成结构图

在列车运行过程中，VOBC通过测速定位系统实现列车的自主定位，利用无线网络和地面区域控制器（Zoom Controller，ZC）进行有规律、周期性的数据交换，获得列车运行的移动授权（Movement Authority，MA）。根据自身周期采集的数据和MA信息，VOBC能够实现列车控制和防护的系列功能。LCF-400型VOBC组成结构如图4-7-1所示。

列车头尾两端各配置一套VOBC设备，通过RS485通信线进行头尾信息交互。

车载VOBC设有一个主断路器，另外还设置了ATP、ATO、AOM、人机界面等设备的断路器。主断路器断电，VOBC断电，主断路器再闭合，VOBC重启。

全自动运行列车的驾驶模式由高到低依次为全自动驾驶模式（FAM）、蠕动模式（CAM）、列车自动驾驶模式（AM）、列车自动防护下的人工驾驶模式（CM）、限制人工驾驶模式（RM）和非限制人工驾驶模式（EUM）。

列车运行级别由高到低依次为：（1）CBTC级别，即无线连续式通信控制下ATP/ATO的运行；（2）ITC级别，即点式控制下ATP/ATO的运行；（3）IL级别，即联锁级下的运行。

二、列车位置丢失

故障现象：列车产生紧急制动，信号系统显示屏的左上角出现红色方块，有“无定位”图标（白色），信息显示栏提示“要求进入RM模式”。

在CBTC级别下，列车定位的任务由应答器系统完成。经过第一个应答器后获得列车位置，经过第二个应答器后获得列车位置并确定运行方向。ITC级别下，应答器除校正列车位置外，还可用于向列车提供移动授权。

故障原因：在CBTC-AM、CBTC-CM、ITC-AM和ITC-CM运行模式下，列车可能会出现丢失定位的现象。丢失定位的原因包括：丢失两个连续的应答器、ITC级别下VB或LDR故障等。此外，闯入失表的道岔区域（即无法确定道岔当前的定位或反位），或司机操作不当造成列车空转打滑，使得应答器之间的距离与测量得到的距离之间的差值超过容许值，也都有可能导致列车位置丢失。

故障处理：列车位置丢失故障处理流程见表4-7-2。

表 4-7-2 列车位置丢失故障处理流程

作业步骤	作业内容
1	报告行车调度员，说明故障现象
2	若列车即将进站或在车站范围内位置丢失，会触发紧急制动。按照“要求进入RM模式”的提示，司机向行车调度员申请使用RM模式。得到授权后，进入RM模式
3	若列车在区间出现位置丢失的情况，并且离前方站或前方应答器较远时，司机向行车调度员申请切除车载信号，使用EUM模式先运行进站，待对标停车后转换为RM模式
4	采用RM模式或EUM模式运行时，司机凭地面信号机显示和调度命令行车。发车前和运行中认真执行手指口呼制度，确认前方信号开放、道岔位置正确
5	列车运行通过应答器，重新获得位置和移动授权后，自动升级为正常运行模式。若列车已运行一个区间，在进站、出站后仍无法自动升级时，司机及时报告行车调度员，按其指示办理

注意事项及要点总结如下：

列车丢失位置后，需要经过两个连续应答器（且第二个应答器不为LDR），才可重新定位。列车轧过计轴器或通过信号机，也可获得定位。

列车位置丢失的大部分情况是由于系统硬件或软件问题所引起，但也有极少数情况与司机操作不当有关。例如，手动驾驶时司机频繁施加制动或频繁超速，特别是在雨天或钢轨涂油的情况下，极易造成列车空转打滑，从而引发位置丢失的现象。因此，司机在手动操作列车时要注意运行平稳，避免不必要的故障发生。

三、车载ATP故障

故障现象：列车运行中突然产生紧急制动且无法缓解，信号系统显示屏上出现ATP故障图标。

ATP系统是VOBC的安全核心，负责整个信号系统涉及安全的所有方面。ATP发生较严重故障时，将难以维持继续运行，列车一直实施紧急制动无法缓解，信号系统显示屏上会显示ATP故障图标和相应的故障号。

故障原因：导致车载ATP故障的原因可能是硬件问题，也可能是系统错误，或者是列车运行异常。例如，当出现测速故障时，信号系统显示屏上的速度指针消失，变为红色圆圈，同时显示ATP故障图标；ATP自动校轮失败、列车退行超过最大距离、列车越过移动授权终点、ATP切断列车牵引超时等情况，都会导致ATP报故障并显示相应故障码。

故障处理：ATP故障时，司机可尝试通过断、合ATP控制电源断路器或ATO/ATP系统电源断路器来重启车载ATP或VOBC系统。车载ATP故障处理流程见表4-7-3。

表 4-7-3　车载 ATP 故障故障处理流程

作业步骤	作业内容
1	报告行车调度员，说明故障现象，申请重新启动 ATP
2	获得重启 ATP 的授权后，断开“ATP 控制电源”保险开关，5s 后闭合
3	若重启后故障现象仍存在，报告行车调度员
4	列车停在区间时，申请使用 EUM 模式运行至前方站，进站后再次报告行车调度员，按其指示办理
5	若列车停于车站，按行车调度员指示办理。当调度发布“清客后以 EUM 模式运行回段”的命令后，司机应注意做好清客广播

注意事项及要点总结如下：

列车当出现ATP故障图标，司机应断、合ATP控制电源断路器；出现ATO故障图标，司机应断、合ATO控制电源断路器。ATO故障图标如图4-7-2所示。

图 4-7-2　ATO 故障图标

无法确定是ATP或ATO故障时，可以将ATO/ATP系统电源断路器、ATP控制电源断路器、ATO控制电源断路器一并断开后再闭合，达到消除故障的目的。但要注意，同时断开这三个保险开关时，易造成列车网络故障，所以在明确ATP或ATO故障的情况下，应分别操作相关断路器。如图4-7-3所示为ATO/ATP系统电源、ATP控制电源、ATO控制电源断路器实物图。

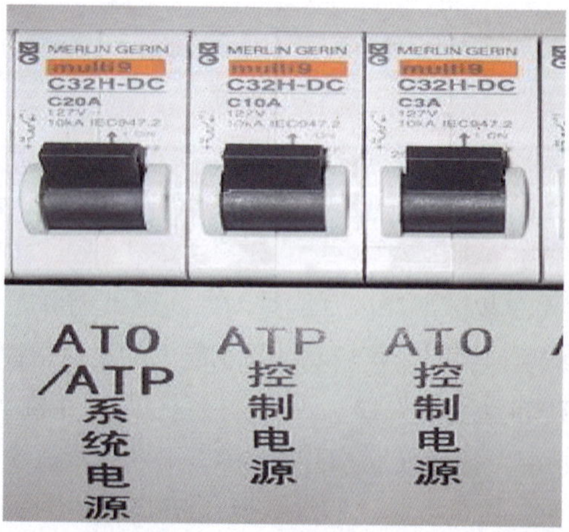

图 4-7-3　ATO/ATP 系统电源、ATP 控制电源、ATO 控制电源断路器实物图

任务实施

引导问题：列车发生车载信号故障，作为列车司机的你应该如何处理？

分组练习

（1）小组内模拟练习列车发生车载信号故障的处理流程，互相指出不足之处。要求每人至少练习2次，以提高熟练程度。

（2）总结小组练习时主要存在的问题点。

评价反馈

学生进行自评，评价自己是否能够完成车载信号故障的处理，有无流程遗漏，见表4-7-4。

表 4-7-4　学生自评表

班级：	姓名：		学号：
学习情境	车载信号故障处理作业		
评价项目	评价标准	分值	得分
作业流程	正确判断故障，满分；若否，则零分	13	
	上报行调，接通电话，满分；若否，则零分	13	
	进行临时广播且广播内容正确，满分；若否，则零分	13	
	正确转换驾驶模式，满分；若否，则零分	13	
	正确切除“车载 ATP 系统”开关，满分；若否，则零分	13	
	故障处理结束后上报行调，满分；若否，则零分	13	
动作规范	眼看、手指动作正确、标准，满分；若否，则零分	11	
呼唤应答用语	呼唤应答用语准确、完整，满分；若否，则零分	11	
合计		100	

教师对学生在实操任务完成过程及展示成果进行评价，并将评价结果填入教师评价表中，见表4-7-5。

表 4-7-5　教师评价表

班级：	姓名：		学号：
学习情境	车载信号故障处理作业		
评价项目	评价标准	分值	得分
考勤	没有无故缺勤、迟到、早退现象，满分；若否，则零分	15	
执行作业标准	故障处理作业流程正确，满分；若否，则零分	15	
	故障处理作业动作标准规范，满分；若否，则零分	15	
	呼唤应答用语准确、完整，满分；若否，则零分	15	
协调能力	与小组成员、同学之间能交流合作，协调工作，满分；若否，则零分	10	
职业素养	能做到安全行车、规范操作，满分；若否，则零分	20	
创新意识	通过任务训练，能发现新的问题并及时解决，满分；若否，则零分	10	
合计		100	

任务八　列车故障救援处理作业

学习情境描述

因城市轨道交通大多采用双线单方向运行，如果列车在正线发生故障，经处理后仍无法动车，这将直接导致整条线路的行车堵塞，造成运营晚点和客流积压，甚至会影响到整个线网的运营秩序。而高效恢复行车秩序是有效开展列车救援工作根本目的。

如果故障车在区间突发制动无法缓解故障，司机经排查后确认无法动车，那么要报告行调申请救援。救援车在区间运行过程中接到调度救援命令，进站清客后前往区间救援；连挂成功后，救援车将故障车推进到前方站对标停车，故障车清客；故障车清客完成后，救援车将故障车推进到存车线对标停车，停车后进行解钩。

任　务　书

本任务为列车故障救援处理，学生需要掌握列车故障救援作业的流程，开展列车救援工作，高效恢复行车秩序。保证列车完成当时、当次或当天运营，需要正确进行换端作业，正确操作列车推进运行。

任务分组

学生任务分配见表4-8-1。

表 4-8-1　学生任务分配表

班级		组号		指导教师	
组长		学号			
组员					
任务分工					

工作准备

（1）掌握推进运行要求，正确换端，完成小组任务分工，阅读任务书，进行小组任务讨论。

（2）分析故障处理操作过程中的注意事项。

知识链接

一、列车故障救援的基本原则

（1）故障救援方式由行车调度员根据当时的运行情况来确定，相关人员必须根据行车调度员的命令执行相应作业。

（2）当正线运行列车发生故障需要救援时，一般遵循正向救援的原则，大多采用推进救援（反之，牵引救援），以确保其他正线运行列车的秩序。

列车救援连挂作业流程见表4-8-2。

表 4-8-2　列车救援连挂作业流程

作业程序	作业内容
1. 故障车司机报行调，申请救援	① 接通电话。司机手持联控电话，单击“联控显示屏”中的“行调”按键，接通电话 ② 报告行调。司机在“联控显示屏”中单击选择语句：“行调，× × 次列车在 × × 站—× × 站上 / 下行区间突发故障停车，列车迫停区间，申请救援。”并口呼语句后，单击“完毕”按钮 ③ 行调回复。行调在“联控显示屏”中单击选择语句：“× × 次列车在 × × 站—× × 站上 / 下行区间突发故障停车，列车迫停区间，申请救援，行调明白。”并口呼语句后，单击“完毕”按钮 ④ 结束通话。挂断电话
2. 故障车司机广播安抚乘客	紧急广播：通过“车辆显示屏”选择播放预置的“区间故障持续停车”紧急广播
3. 故障车司机将信号选择开关打至切除位	作业：将“信号选择”开关打至“信号切除”
4. 故障车驾驶模式转 RM	作业：将驾驶模式转至“RM”
5. 故障车司机施加停放制动	作业：按压停放制动施加按钮
6. 故障车司机断开电钥匙并拔出钥匙	作业：故障车司机关闭当前端司机台，拔出钥匙
7. 故障车司机缓解 1~5 节车制动	作业：故障车司机通过虚拟列车终端按顺序逐一切除第 1 至第 5 节车 B05，缓解制动
8. 故障车司机进入连挂端司机室，等候救援车到达	前向视景自动切换到第 6 节车（后端）司机室视角（计算机自动切换）
9. 救援车司机激活列车，打开车门，进行上下客监护作业	① 作业：激活司机室，驾驶模式打至“PM”位 ② 作业：标准化上下客监护 ③ 作业：关闭车门、站台门
10.ATO 启动列车	作业：采用 ATO 驾驶模式启动列车
11. 接收调度命令并复诵	① 接通电话。行调手持联控电话，单击“联控显示屏”中的“司机”按键，接通电话 ② 行调通知司机。行调在“联控显示屏”中单击选择语句：“× × 次，在 × × 站上行清客，清客完毕 ATO 模式动车后报行调。”并口呼语句后，单击“完毕”按钮 ③ 司机复诵。司机在“联控显示屏”中单击选择语句：“× × 次，在 × × 站上行清客，清客完毕 ATO 模式动车后报行调。司机明白。”并口呼语句后，单击“完毕”按钮 ④ 结束通话：挂断电话

续表

作业程序	作业内容
12. 进站对标停车，广播清客	作业：停车开门后，通过车辆显示屏，选择预置的“运营组织需要列车清客”广播，进行清客
13. 清客完毕后，ATO 动车	作业：确认清客“好了”信号有，关闭车门，采用 ATO 驾驶模式启动列车
14. 汇报行调	① 接通电话。司机手持联控电话，单击“联控显示屏”中的“行调”按键，接通电话 ② 报告行调。司机在“联控显示屏”中单击选择语句：“行调，× × 次在 × × 站上行清客完毕，现已动车。”并口呼语句后，单击“完毕”按钮 ③ 行调回复。行调在“联控显示屏”中单击选择语句：“× × 次，连挂 × × 站—× × 站上行区间故障车，连挂好后，推进故障车在 × × 站对标停车清客，清客完毕后推进至 × × 站存车线。” ④ 司机复诵。司机在“联控显示屏”中单击选择语句：“× × 次，连挂 × × 站—× × 站上行区间故障车，连挂好后，推进故障车在 × × 站对标停车清客，清客完毕后推进至 × × 站存车线，司机明白。”并口呼语句后，单击“完毕”按钮 ⑤ 结束通话：挂断电话
15. 以 ATO 模式运行至目标距离为零时停车，转 CUT-OUT 模式	作业：以 ATO 模式运行至目标距离为“零”时停车，将“信号选择”开关打至“信号切除”
16. 限速 25 km/h 运行距故障车前 1 m 处一度停车	作业：将“驾驶模式选择”开关转“RM”位，限速 25 km/h 运行距故障车前 1 m 处一度停车
17. 救援车呼叫故障车	① 救援车呼叫故障车。救援车司机手持对讲机呼叫故障车司机：“救援列车已在故障车 1 m 处一度停车，是否做好防溜，可否连挂。” ② 故障车回复。故障车司机手持对讲机回复：“故障车已做好防溜，可以连挂。” ③ 救援车司机复诵。救援车司机手持对讲机复诵：“故障车已做好防溜，可以连挂，救援车司机明白。”
18. 限速 3 km/h 进行连挂	作业：启动列车，限速 3 km/h 进行连挂
19. 连挂成功后，立即施加制动停车	作业：连挂声响后，手柄立即拉至制动区施加制动停车
20. 进行试拉	作业：试拉 2 s，不脱钩则口呼“试拉成功”，并将牵引手柄置于制动区；若试拉脱钩，需再次进行连挂
21. 救援车呼叫故障车	① 救援车呼叫故障车。司机按压司机室对讲按钮，通过司机室对讲呼叫故障车司机：“列车已连挂成功，请缓解制动，确认行车凭证。” ② 故障车回复。故障车通过司机室对讲回复：“列车已连挂成功，缓解制动，确认行车凭证，故障车司机明白。”
22. 故障车司机切除第 6 节车 B05	作业：司机通过虚拟列车终端切除第 6 节车 B05
23. 故障车司机回到前端司机室，激活操纵台	前向视景自动切换到第 1 节车（前端）司机室视角（计算机自动切换） 作业：激活前端司机室操纵台
24. 故障车司机缓解停放制动	作业：按压停放制动缓解按钮

续表

作业程序	作业内容
25. 故障车司机通知救援车	① 故障车呼叫救援车。故障车司机通过司机室对讲通知救援车："故障车所有制动已缓解，行车凭证有，可以动车。" ② 救援车回复。救援车司机通过司机室对讲回复："故障车所有制动已缓解，行车凭证有，可以动车，救援车司机明白。"
26. 限速 35 km/h 推进列车	作业：启动列车，限速 35 km/h 推进
27. 故障车实时联控救援车，确认前方线路安全	故障车呼叫救援车。每隔 5~10 s，故障车司机通过按压司机室对讲按钮告知救援车司机前方线路情况，用语标准："前方线路安全。"
28. 故障车司机通知救援车即将进站	故障车到达 ×× 站名标附近时，通过司机室对讲通知救援车："列车即将进站。"救援车回复："列车即将进站，救援车司机明白。"
29. 待故障车到达 ×× 站名标后限速 25 km/h 推进列车	作业：限速 25 km/h 推进
30. 故障车司机与救援车司机实时联控配合，控制故障车对标停车	① 作业：接近停车位置三车距离时，按限速 8 km/h 运行 ② 作业：接近停车位置二车距离时，按限速 5 km/h 运行 ③ 作业：接近停车位置一车距离时，按限速 3 km/h 运行 ④ 作业：控制列车对标停车 故障车司机与救援车司机实时联控配合，控制列车对标停车。联控用语标准："列车进站""三车距离""二车距离""一车距离""10 m""5 m""1 m""对标停车"。
31. 对标成功后，故障车通知救援车	① 故障车通知救援车。故障车司机通过司机室对讲呼叫救援车司机："故障车对位正确。" ② 救援车回复。救援车司机回复："故障车对位正确，救援车司机明白。"
32. 故障车对标成功后打开车门、站台门清客	① 作业：使用强制开门方式打开车门 ② 作业：使用 PSL 打开站台门
33. 故障车广播清客	作业：广播清客，通过"车辆显示屏"选择播放预置的"设备故障列车清客"紧急广播
34. 故障车司机待看到清客好了信号后，关闭站台门、车门	① 作业：使用 PSL 关闭站台门 ② 作业：关闭车门
35. 故障车司机待清客完成后，通知救援车	① 故障车通知救援车。故障车司机通过司机室对讲通知救援车司机："故障车已清客完毕，车门站台门已关好，行车凭证有，可以动车。" ② 救援车回复。救援车司机回复："故障车已清客完毕，车门站台门已关好，行车凭证有，可以动车，救援车司机明白。"
36. 救援车限速 25 km/h 推进列车	作业：启动列车，限速 25 km/h 推进
37. 故障车实时联控救援车前方线路安全	故障车呼叫救援车：每隔 5~10 s，故障车司机通过按压司机室对讲按钮告知救援车司机前方线路情况，用语标准："前方线路安全。"
38. 故障车司机与救援车司机实时联控配合，控制故障车对标停车	① 作业：接近停车位置三车距离时，按限速 8 km/h 运行 ② 作业：接近停车位置二车距离时，按限速 5 km/h 运行 ③ 作业：接近停车位置一车距离时，按限速 3 km/h 运行 ④ 作业：控制列车对标停车 实时联控用语标准："进入存车线""三车距离""二车距离""一车距离""10 m""5 m""1 m""对标停车"。

续表

作业程序	作业内容
39. 对标成功后，故障车通知救援车	① 故障车通知救援车。故障车司机通过司机室对讲呼叫救援车司机：“故障车对位正确，请等候解钩指令。” ② 救援车回复。救援车司机回复：“故障车对位正确，请等候解钩指令，救援车司机明白。”
40. 故障车司机施加停放制动	作业：按压停放制动施加按钮
41. 故障车司机恢复第 1 节车 B05	作业：司机通过虚拟列车终端恢复第 1 节车 B05
42. 待列车做好防护后，故障车通知救援车	① 故障车通知救援车。故障车司机通过司机室对讲通知救援车司机：“故障车已做好防护，可以解钩。” ② 救援车回复。救援车司机回复:“故障车已做好防护，可以解钩，救援车司机明白。”
43. 故障车司机施加 2~6 节车制动	作业：故障车司机通过虚拟列车终端按顺序逐一恢复第 2 至第 6 节车 B05
44. 救援车缓解停放制动	作业：救援车按压停放制动缓解按钮，缓解停放制动（与上一步可以同时进行，不存在先后顺序）
45. 列车解钩	作业：救援车按压“解钩”按钮，列车解钩
46. 列车退行	作业：解钩后，退行约 30 cm 后停车（若未解钩或解钩不成功，需要重新进行解钩操作）
47. 救援车联控故障车	① 救援车呼叫故障车。救援车司机手持对讲机呼叫故障车司机：“列车已解钩完毕。” ② 故障车回复。故障车司机手持对讲机回复：“列车已解钩完毕，故障车司机明白。”
48. 救援车司机汇报行调	① 接通电话。司机手持联控电话，单击“联控显示屏”中的“行调”按键，接通电话 ② 报告行调。司机在“联控显示屏”中单击选择语句：“行调，× × 次已将故障车推至指定位置，现已解钩完毕。”并口呼语句后，单击“完毕”按钮 ③ 行调回复。行调在“联控显示屏”中单击选择语句:“× × 次,停车等候行调指令。” ④ 司机复诵。司机在“联控显示屏”中单击选择语句:“× × 次,停车等候行调指令，司机明白。”并口呼语句后，单击“完毕”按钮 ⑤ 结束通话：挂断电话
49. 故障车司机施加停放制动	作业：按压停放制动施加按钮
50. 故障车司机汇报行调	① 接通电话。司机手持联控电话，单击“联控显示屏”中的“行调”按键，接通电话 ② 报告行调。司机在“联控显示屏”中单击选择语句：“行调，× × 次已被推至指定位置，现已解钩完毕。”并口呼语句后，单击“完毕”按钮 ③ 行调回复。行调在“联控显示屏”中单击选择语句：“× × 次，停车等候行调指令。” ④ 司机复诵。司机在“联控显示屏”中单击选择语句:“× × 次,停车等候行调指令，司机明白。”并口呼语句后，单击“完毕”按钮 ⑤ 结束通话：挂断电话

任务实施

引导问题：列车故障救援处理作业需要如何操作，作为列车司机的你应该注意哪些事项？

分组练习

（1）小组内模拟练习车故障救援处理作业，互相指出不足之处。要求每人至少练习2次，以提高熟练程度。

（2）总结小组练习时主要存在的问题点。

评价反馈

学生进行自评，评价自己是否能够完成列车故障救援处理，有无流程遗漏，见表4-8-3。

表4-8-3　学生自评表

班级：	姓名：	学号：	
学习情境	列车故障救援处理作业		
评价项目	评价标准	分值	得分
作业流程	正确转换驾驶模式，满分；若否，则零分	13	
	上报行调，接通电话，满分；若否，则零分	13	
	严格执行“三、二、一车距离”，满分；若否，则零分	13	
	正确进行车辆连挂作业，满分；若否，则零分	13	
	正确执行限速要求，满分；若否，则零分	13	
	对标正确，满分；若否，则零分	13	
动作规范	眼看、手指动作正确、标准，满分；若否，则零分	11	
呼唤应答用语	呼唤应答用语准确、完整，满分；若否，则零分	11	
合计		100	

教师对学生在实操任务完成过程及展示成果进行评价，并将评价结果填入教师评价表中，

见表4-8-4。

表4-8-4　教师评价表

班级：	姓名：	学号：	
学习情境	列车故障救援处理作业		
评价项目	评价标准	分值	得分
考勤	没有无故缺勤、迟到、早退现象，满分；若否，则零分	15	
执行作业标准	故障处理作业流程正确，满分；若否，则零分	15	
	故障处理作业动作标准规范，满分；若否，则零分	15	
	呼唤应答用语准确、完整，满分；若否，则零分	15	
协调能力	与小组成员、同学之间能交流合作，协调工作，满分；若否，则零分	10	
职业素养	能做到安全行车、规范操作，满分；若否，则零分	20	
创新意识	通过任务训练，能发现新的问题并及时解决，满分；若否，则零分	10	
合计		100	

巩固练习

一、填空题

1. 列车故障处理的基本方法主要有______________、复位法、切除法、转换法、旁路法、重启法等。

2. 通过______________选择播放预置的“临时停车”紧急广播。

3. ______________是列车安全、稳定、高效运营的重要组成部分，是为列车的空压机组、客室照明、风扇、空调、电暖及控制装置提供电源的基础系统。

4. 发生车门故障的原因主要包括______________、列车老化、车载信号不稳定、乘客抢门、乘客吊门等。

5. 常见的高压供电系统设备有受流器，主要的元件包括断路器、熔断器、__________等。

6. 全自动运行列车的驾驶模式由高到低依次为全自动驾驶模式（FAM）、蠕动模式（CAM）、列车自动驾驶模式（AM）、列车自动防护下的人工驾驶模式（CM）、__________和非限制人工驾驶模式（EUM）。

二、简答题

1. 简述列车紧急制动不缓解故障的处理流程。
2. 简述牵引封锁/激活故障处理流程。
3. 简述辅助逆变器图标显示异常处理流程。
4. 简述单个车门故障处理流程。
5. 简述列车故障救援处理作业流程。

项目五　电动列车行车事故处理

学习目标

知识目标

1. 掌握行车事故的处理程序，报告程序和内容。

2. 熟悉行车事故的防范措施。

能力目标

1. 能够正确判断事故的类型。

2. 能够规范完成行车事故的报告流程。

素养目标

1. 培养爱国主义精神，形成职业意识，树立大局意识，严格遵守各项规章制度、命令和速度规定，正确执行各项操作规程，确保电动列车运行安全。

2. 为减少行车事故的发生，城市轨道交通工作人员必须做到防患于未然，严格按照相关规定进行行车作业，定期检修系统、设备，遇到事故时应按相应程序报告并妥善处理。

知识体系

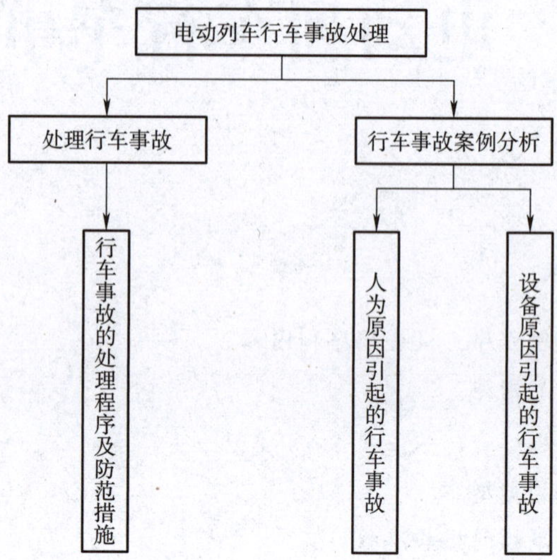
电动列车行车事故处理
处理行车事故
行车事故案例分析
行车事故的处理程序及防范措施
人为原因引起的行车事故
设备原因引起的行车事故

任务一　处理行车事故

子任务　行车事故的处理程序及防范措施

学习情境描述

20××年1月22日下午4:30分左右，在×号线××站，一名老年女性乘客下车时，被站台门夹住。站务人员试图帮助脱困，由于操作不当致使列车启动发车，导致该名乘客被卷入列车和站台门缝隙中，经抢救无效导致死亡。

根据监控显示，该名乘客下车时，被站台门夹住（不排除被列车门夹住）。有一名站务人员迅速跑去救助，经过努力，女乘客身体已经完全脱离了站台门，只有衣服或背包仍被夹在门里。站务人员操作站台门上方的按钮或开关后，列车突然发车，牵拉女乘客卷入车门和站台门的空隙中。之后该名站务人员迅速跑回到站台按下紧急停车按钮。该按钮按下后，按照信号系统设计原则，列车执行了紧急制动后停车。由于列车已经启动并运行了十几米，最终造成该伤亡事故。

为有效应对和处理今后可能出现的类似行车事故，我们应当强化安全意识，严守行车作业纪律，多参加技术培训和“安全正点、优质服务”类的知识竞赛活动，提高自身业务水平。

任务书

小组负责人带领组员熟知行车事故处理的相关内容。

任务分组

学生任务分配见表5-1-1。

表5-1-1　学生任务分配表

班级		组号		指导教师	
组长		学号			
组员					
任务分工					

工作准备

（1）掌握行车事故的处理程序。

（2）掌握行车事故的及防范措施。

知识链接

一、行车事故的报告程序及内容

1. 行车事故的报告程序

行车事故的报告程序直接关系到行车事故的救援，以及事故发生后能否快速开通运营线路，恢复正常的行车秩序。报告过程中，良好、畅通的信息传递能够使行车事故的损失降到最低。行车事故的报告程序如下：

（1）在正线上发生行车事故时

①值乘的列车司机立刻报告行车调度员。由于条件限制不能做到时，可报告最近车站的行车值班员，由其转报行车调度员。

②行车调度员将情况立刻报告OCC值班主任，并判断是否需要出动救援列车。

③OCC值班主任接收报告后应将情况立刻报告总公司相关负责人、需要配合的外部单位等。

（2）在车辆基地（包括转换轨上）发生行车事故时

①由列车司机立刻报告基地信号楼调度员。

②基地信号楼调度员立即报告OCC、车辆基地有关人员，如需事故救援时由安全部门立刻组织开展事故救援工作。

③OCC接收报告后应将情况立刻报告总公司相关负责人、需要配合的外部单位等。

2. 行车事故的报告内容

（1）报告人姓名、职务。

（2）列车车次、车组号。

（3）发生时间（月、日、时、分）。

（4）发生地点（区间、百米标和上、下行正线）。

（5）事故概况及原因。

（6）人员伤亡情况及车辆、线路等设备的损坏情况。

（7）对运营的影响。

（8）是否需要救援。

（9）其他必须说明的事项。

微课

发生行车事故如何报告

3. 城市轨道交通车辆破损界定范围

（1）报废：经有关部门鉴定和确认，直接经济损失为现值的90%以上时。

（2）大破：经有关部门鉴定和确认，直接经济损失为现值的60%以上时。

（3）中破：经有关部门鉴定和确认，直接经济损失为现值的40%以上时。

（4）小破：经有关部门鉴定和确认，直接经济损失为现值的10%以上时。

二、城市轨道交通主要运营险性事件清单

（1）列车脱轨。

注：脱轨是指车辆在正线、配线、车场线等线路运行时，车轮落下轨面（包括脱轨后又自行复轨）或车轮轮缘顶部高于轨面（因作业需要的除外）而脱离轨道。

（2）列车冲突。

注：冲突是指在正线、配线、车场线等线路，列车、机车车辆相互间或与工程车、设备设施（如车库、站台、车挡等）发生冲撞。

（3）列车撞击。

注：撞击是指在正线、配线、车场线等线路，列车或机车车辆在运行过程中与行人、机动车、非机动车及其他障碍物发生碰、撞、轧。其他障碍物是指侵入限界的声屏障、防火门、人防门、防淹门等构筑物及射流风机、电缆、管线等吊挂构件或其他设备。

（4）列车挤岔。

注：挤岔是指在正线、配线、车场线等线路，由于道岔位置不正确、尖轨未能与基本轨密贴，导致列车通过道岔时将尖轨与基本轨挤开或挤坏过程，造成尖轨弯曲变形、转辙机损坏。

（5）发生火灾。

注：发生火灾是指在列车、车站公共区、区间、主要设备房、控制中心、主变电所、车辆基地等地点发生火灾。

（6）乘客踩踏。

（7）车站、轨行区淹水倒灌。

注：车站、轨行区淹水倒灌是指雨水等通过出入口、风亭、过渡段洞口等倒灌车站和轨行区，导致车站公共区积水浸泡或漫过钢轨轨面。

（8）桥隧结构严重变形、坍塌，路基塌陷。

（9）大面积停电。

注：大面积停电是指单个及以上车站、变电所、控制中心或车辆基地范围全部停电。

（10）通信网络瘫痪。

注：通信网络瘫痪是指行车调度指挥通信、车地无线通信、通信网络传输系统等中断30 min（含）以上。

（11）信号系统重大故障。

注：信号系统重大故障是指中央和本地自动监控系统（ATS）均无法监控列车运行或联锁故障错误持续60 min（含）以上。

（12）接触网断裂或塌网。

（13）电梯和自动扶梯重大故障。

注：电梯和自动扶梯重大故障是指载客电梯运行中发生冲顶、坠落，或电梯轿厢滞留人员90 min（含）以上，自动扶梯发生逆行、溜梯。

（14）夹人夹物动车造成乘客伤亡。

注：夹人夹物动车是指乘客或物品夹在列车车门或站台门时动车，含乘客或物品夹在列车

和站台门之间时动车。

（15）网络安全事件。

注：网络安全事件是指因系统漏洞、计算机病毒、网络攻击、网络侵入等对运营安全造成严重影响的事件。

（16）造成人员死亡、重伤、3人（含）以上轻伤，以及正线连续中断行车1 h（含）以上的其他运营事件。

注：中断行车是指线路中有2个及以上车站或区间发生单向行车中断。

三、行车事故的处理程序

1. 重大事故、大事故的处理程序

在接到行车重大事故、大事故报告后，OCC立即采取应急处置措施，最大限度减少人员伤亡、降低事故损失、防止事故升级，尽快开通线路，恢复行车。

（1）行车事故发生在区间时

①在请求救援的情况下，OCC可指挥从车辆段出动救援列车，或是由正线运行列车担当救援列车。如是前者，行车调度员应向车辆段运转值班员下达出动救援列车的指令；如是后者，行车调度员应向担当救援任务的列车司机发布调度指令。正线运行列车原则上应先清客，后承担救援任务。

②OCC下令关闭事故区间后方车站的出站信号，阻止后续列车进入事故发生区间，如果已有列车进入事故发生区间，应采取措施使其退回后方站。在不能退回后方站时，应根据需要向列车司机发布撤离乘客的调度指令。

③OCC应根据需要通知电力调度员切断牵引电流，向列车司机和有关车站发布撤离乘客的调度指令，调度指令应明确乘客撤离方向及注意事项。

④在接到救援指令后，救援列车和救援人员应在规定时间内到达事故现场，在救援现场指挥人员的主持下确定救援方案，组织实施。在救援过程中，应保持通信的畅通、规范信息的披露。

⑤事故造成人员重伤时，列车司机应通知就近车站组织抢救，在救援人员到达事故现场前，列车司机应负责引导乘客自救、组织疏散、安抚乘客等工作，等待进一步救援。救援人员到达现场后，应由事故现场的最高行政领导指挥抢救，安排处理善后工作。现场勘查工作由行车管理部门和公安部门按规定进行。

（2）行车事故发生在车站时

行车事故发生在车站时，应由值班站长负责乘客救援、组织乘客撤离、保护现场、查找证人、做好记录等工作，等待进一步救援。在救援人员到达现场后，应由事故现场的最高行政领导指挥抢救，安排处理善后工作。现场勘查工作由行车管理部门和公安部门按规定进行。

2. 险性事故、一般事故的处理程序

在险性事故和一般事故发生后，值乘列车司机应按规定程序报告，严格执行行车调度员的指令，不得擅自移动列车。

如果事故发生在区间，列车司机应在值班站长等救援人员到达现场前负责列车安全、乘客安全等工作。在救援人员到达后，应听从事故救援指挥人员的安排。事故现场的勘测工作由行车管理部门按规定进行。

如果事故发生在车站或段/场，应由值班站长或车辆段/场调度员负责。

3. 事故苗头的处理程序

事故苗头的处理程序按一般事故的处理程序进行。

四、行车事故的防范措施

微 课

如何防范行车事故

1. 健全行车调度体系、完善应急预案

为保证城市轨道交通稳定、安全地运行，应加强城市轨道交通行车调度安全生产体系的建设。在实际工作中，严格按照城市轨道交通安全行车的规章制度进行合理的行车调度，强化城市轨道交通安全反应机制，结合实际情况制定有效的应急预案，严格规范操作人员的操作流程。

2. 加强行车自动化管理

建立行车智能平台是实现城市轨道交通行车调度规范化、科学化、现代化的技术保障。随着科技的不断发展，加大对行车智能平台的研发力度，使其在警报、列车站前折返等方面实现全面智能化，可以大大减少因人工介入而造成的意外。全面实现城市轨道交通行车调度的自动化，不仅能够全面掌握线路上列车的运行状况，还能够对中途发生的突发事件做出及时提醒和纠错，从而为城市轨道交通行车提供更安全的保障。

3. 构建安全生产制度

各运营公司应根据自身的实际情况制定规范的安全生产制度，设立合理的安全生产管理机构，将各项安全生产管理工作落实到每个班组和个人，保证每个员工的安全思路与公司的目标一致。

4. 加强安保部门工作

安全检查是城市轨道交通安保部门工作的重要内容，也是发现问题、排查安全隐患、防止事故发生的重要手段。各层级部门应进行定期和不定期的全面排查或重点突击检查。对于检查到的问题应及时通报并要求责任区负责人限期整改，由安全委员会或相关安全部门负责对整改情况进行确认。通过企业各层级的安全检查，强化员工的安全意识，增强员工安全责任心，确保各项安全防范措施落到实处，消除事故隐患，以保障城市轨道交通运营安全。

5. 提升从业人员素质

城市轨道交通行车过程中，会出现很多意外情况，这就要求从业人员不仅要有过硬的心理素质、成熟的处置经验，还要具备相关的科学知识。因此，必须要不断提升城市轨道交通从业人员的业务能力和综合素养，定期对其进行相应的业务培训和心理辅导，从而全面提升城市轨道交通运行的服务水平和服务能力。

任务实施

结合本任务学习情境所描述的20××年1月22日×号线，女性乘客下车时，被站台门夹住，最终抢救无效导致死亡的案例，小组负责人带领组员熟知行车事故处理的相关内容。

教师组织所有小组进行分组表述，并根据本任务所学内容随机出题，如“行车事故的处理程序是什么”“行车事故的防范措施有哪些”等，各组进行抢答。

引导问题1：行车事故的处理程序是什么？

引导问题2：行车事故的防范措施有哪些？

分组练习

小组讨论。

评价反馈

学生进行自评，评价自己是否能够完成判断学习情境中的事故属于哪类行车事故，有无任务遗漏，见表5-1-2。

表5-1-2　学生自评表

班级：	姓名：	学号：	
学习情境	行车事故的处理程序及防范措施		
评价项目	评价标准	分值	得分
作业流程	报告OCC，满分；若否，则零分	14	
	按规定行车，满分；若否，则零分	14	
	未超出规定速度，满分；若否，则零分	14	
	对行车事故能够作出快速反应，满分；若否，则零分	14	
	能够按处理程序进行的行车作业，满分；若否，则零分	14	
动作规范	眼看、手指动作正确、标准，满分；若否，则零分	15	
呼唤应答用语	呼唤应答用语准确、完整，满分；若否，则零分	15	
合计		100	

教师对学生在实操任务完成过程及展示成果进行评价，并将评价结果填入教师评价表中，见表5-1-3。

表 5-1-3　教师评价表

<table>
<tr><td colspan="2">班级：　　　　　　　　　　姓名：　　　　　　　　　　学号：</td><td></td><td></td></tr>
<tr><td>学习情境</td><td colspan="3">行车事故的处理程序及防范措施</td></tr>
<tr><td>评价项目</td><td>评价标准</td><td>分值</td><td>得分</td></tr>
<tr><td>考勤</td><td>没有无故缺勤、迟到、早退现象，满分；若否，则零分</td><td>15</td><td></td></tr>
<tr><td rowspan="3">执行作业标准</td><td>作业流程正确，满分；若否，则零分</td><td>15</td><td></td></tr>
<tr><td>动作规范，满分；若否，则零分</td><td>15</td><td></td></tr>
<tr><td>呼唤应答用语准确，满分；若否，则零分</td><td>15</td><td></td></tr>
<tr><td>协调能力</td><td>与小组成员、同学之间能交流合作，协调工作，满分；若否，则零分</td><td>15</td><td></td></tr>
<tr><td>职业素养</td><td>能做到安全行车、规范操作，满分；若否，则零分</td><td>15</td><td></td></tr>
<tr><td>创新意识</td><td>通过任务训练，能发现新的问题并及时解决，满分；若否，则零分</td><td>10</td><td></td></tr>
<tr><td colspan="2">合计</td><td>100</td><td></td></tr>
</table>

任务二　行车事故案例分析

子任务一　人为原因引起的行车事故

学习情境描述

20××年9月27日13:58，×号线A站设备故障，B站至C站上下行采用电话闭塞方式，列车限速运行。14:37，D站至E站下行区间两列车不慎发生追尾；14:51，事故地点附近9站路段实施临时封站措施，其余两端采取小交路方式保持运营，启动公交配套应急预案，公安、武警等赶赴现场协助疏散。截至20××年9月27日19:30，两列事故列车的乘客已经全部撤离车站。经统计，约有伤员280余名，大部分为轻微伤乘客，未发现重伤。受伤乘客已得到及时的医护处理。

任务书

（1）小组负责人带领组员熟知行车事故处理的相关内容。

（2）小组合作搜集、整理行车事故案例的材料，并制作成PPT。

（3）小组负责人进行任务分配，包括查找资料的负责人，整理、制作PPT的负责人，上台演讲展示的负责人等。

任务分组

学生任务分配见表5-2-1。

表5-2-1　学生任务分配表

班级		组号		指导教师	
组长		学号			
组员					
任务分工					

工作准备

（1）掌握行车事故的处理程序。

（2）认真总结、研究典型事故案例。

知识链接

一、人为原因引起的行车事故

1. 某地铁10号线列车追尾事故

发生时间：20××年9月27日14:37。

发生地点：某地铁10号线A站往B站方向的区间隧道内。

事故经过：当日13:58，地铁10号线因信号设备故障，C站至D站上下行区段采用电话闭塞方式，16号车（前车）停在了A往B方向的区间隧道内，5号车（后车）先后在D站和A站停靠数分钟后，开往B站。14:37，在A往B方向的区间隧道内5号车不慎追尾16号车。

事故后果：200余人受伤，车体变形。

原因分析：事故起因于当天设备失电，致使运营信号中断，行车调度员在未准确定位故障区间内全部列车位置的情况下，违规发布电话闭塞指令，接车站值班员在未严格确认区间线路是否空闲的情况下，违规同意发车站的电话闭塞要求，从而导致10号线两列车追尾碰撞。

整改措施：加强对故障设备的检修，提高工作人员的安全责任意识与从业素质。

2. 某地铁1号线调试列车脱轨事故

发生时间：20××年1月8日9:09。

发生地点：某地铁1号线A站至B站上行区间百米标DK30+905处。

事故经过：当日上午，列车司机陈某、李某驾驶空载列车由C站开往D站。9:09列车行至A站至B站上行区间百米标DK30+905处时，辗轧轨道左侧侵限的防火门体，陈某立即采取制动措施，列车滑行后第一节车厢脱轨，且车头左侧与该处第一扇人防门门框发生侧面碰撞，车头弹起后又与第二扇人防门上侧门框发生擦碰，列车头部严重受损。

事故后果：列车驾驶室严重受损，列车司机李某死亡，陈某受轻伤。

原因分析：施工单位未严格按照施工规范操作，致使高架与隧道过渡段处防火门坠落，侵入行车线路限界，导致列车脱轨。

整改措施：严格依据相关法律法规进行施工建设，加大对城市轨道交通工程质量监督与验收管理。

3. 某地铁列车追尾事故

发生时间：当地时间20××年10月17日9:45。

发生地点：某地铁A线B站。

事故经过：当地时间9:45，一辆列车正停在站内等待乘客上下车，另一列车在闯红灯的情况下从后方高速撞来，酿成惨祸。

事故后果：1人死亡，200余人受伤，电力中断。

原因分析：列车司机按行车调度员指示越过红灯继续前进（当运量较大时，此类调度可以被接受，列车司机应保持警觉以最高15 km/h的速度运行）时速度过高，约为30 km/h，导致追尾。

整改措施：提高工作人员的安全责任意识与从业素质，严格按照规定进行行车作业，对非正常情况下的行车作业要加强监控。

任务实施

结合20××年9月27日，某地铁10号线设备故障，导致A站至B站下行区间两列车不慎发生追尾的事故案例，小组负责人带领组员熟知掌握行车事故的处理程序的相关内容。

教师组织所有小组根据本任务所学内容认真总结、研究典型事故案例，归纳整理预防类似事故发生的重要措施。小组负责人进行任务分配，包括查找资料的负责人，整理、制作PPT的负责人，上台演讲展示的负责人等。

引导问题1： 行车事故的处理程序是什么？

____

____

____

引导问题2： 研究典型事故案例，预防类似事故发生的重要措施有哪些？

____

____

____

分组练习

小组讨论。

____

____

____

评价反馈

学生进行自评，评价自己是否能够判断学习情境中的事故属于哪类行车事故，有无任务遗漏，见表5-2-2。

表 5-2-2 学生自评表

班级：	姓名：	学号：	
学习情境	人为原因引起的行车事故		
评价项目	评价标准	分值	得分
作业流程	报告 OCC，满分；若否，则零分	14	
	按规定行车，满分；若否，则零分	14	
	未超出规定速度，满分；若否，则零分	14	
	对行车事故能够作出快速反应，满分；若否，则零分	14	
	能够按处理程序进行的行车作业，满分；若否，则零分	14	
动作规范	眼看、手指动作正确、标准，满分；若否，则零分	15	
呼唤应答用语	呼唤应答用语准确、完整，满分；若否，则零分	15	
合计		100	

教师对学生在实操任务完成过程及展示成果进行评价，并将评价结果填入教师评价表中，见表 5-2-3。

表 5-2-3 教师评价表

班级：	姓名：	学号：	
学习情境	人为原因引起的行车事故		
评价项目	评价标准	分值	得分
考勤	没有无故缺勤、迟到、早退现象，满分；若否，则零分	15	
执行作业标准	作业流程正确，满分；若否，则零分	15	
	动作规范，满分；若否，则零分	15	
	呼唤应答用语准确，满分；若否，则零分	15	
协调能力	与小组成员、同学之间能交流合作，协调工作，满分；若否，则零分	15	
职业素养	能做到安全行车、规范操作，满分；若否，则零分	15	
创新意识	通过任务训练，能发现新的问题并及时解决，满分；若否，则零分	10	
合计		100	

子任务二 设备原因引起的行车事故

学习情境描述

××年××月××日17:32，某地铁1号线A站开往B站方向的列车在运行途中突发故障，停在了C站，导致局部线路部分列车晚点延误约28 min。经紧急处置后，18:00左右该局部线路逐步恢复正常运营，在此期间无人员受伤，未造成其他影响。

经过对故障车辆的排查分析，确定事故原因为电动列车制动缓解继电器偶发故障。相关技术部门连夜完成整改，更换了该列车的故障部件，同时对全线车辆同类继电器设备进行了全面排查，以消除故障隐患。

任务书

（1）小组负责人带领组员熟知行车事故处理的相关内容。

（2）小组合作搜集、整理行车事故案例的材料，并制作成PPT。

（3）小组负责人进行任务分配，包括查找资料的负责人，整理、制作PPT的负责人，上台演讲展示的负责人等。

任务分组

学生任务分配见表5-2-4。

表5-2-4 学生任务分配表

班级		组号		指导教师	
组长		学号			
组员					
任务分工					

工作准备

（1）掌握行车事故的处理程序。

（2）认真总结、研究典型事故案例中预防类似事故发生的重要措施。

知识链接

1. 某地铁5号线列车牵引故障

发生时间：20××年9月17日8:25。

发生地点：某地铁5号线A站。

事故经过：当日上午8:25，一列开往B方向的列车进入A站时出现故障，导致列车失去动力而无法动车。

事故后果：A站到C站区间延误20 min。

原因分析：牵引系统突发故障。

整改措施：加强系统、设备的日常检查与维修保养，认真执行各项检修标准，规范列车司机的操作步骤。

2. 某地铁1号线列车突发故障

发生时间：20××年9月8日20:13。

发生地点：某地铁1号线A站至B站区段。

事故经过：事发当日20:13，列车行驶至A站至B站区段时，车头突然冒火星，而后列车无法行驶，停在了江下的隧道内。

事故后果：C—D方向列车全线延误25 min左右，乘客长时间滞留车站。

原因分析：接触网装置存在瑕疵（导电油脂分量不足）产生电腐蚀，致使铜线从汇流排上脱落，引起供电短路，继而跳闸。

整改措施：强化设备的维修、保养，及时更换故障设备，完善应急预案。

3. 某地铁2号线列车追尾事故

发生时间：当地时间20××年5月2日15:32。

发生地点：某地铁2号线A站。

事故经过：事故发生前2号线地铁的一班列车因机械故障在站台稍做停车，后一班列车未能及时掌握前车的状况而驶入车站，尽管进行了紧急刹车，但由于制动距离过短，还是发生了追尾相撞事故。

事故后果：200余人受伤，线路运营中断。

原因分析：A站月台前设置的两个信号器故障，后面的列车即将进入A站时，信号器本应亮起指示“停车”的红灯，可是却错误显示了指示“前进”的绿灯，导致列车相撞。

整改措施：提高工作人员的安全责任意识与从业素质，及时维修、更换故障设备，认真执行各项检修标准。

任务实施

结合学习情境描述的某地铁1号线A站开往B站方向列车途中突发故障，停在了C站，导致局部线路部分列车晚点延误约28 min的故障案例，小组负责人带领组员熟知掌握行车事故的处理程序的相关内容。教师组织所有小组根据本任务所学内容认真总结、研究典型事故案例。小组负责人进行任务分配，包括查找资料的负责人，整理、制作PPT的负责人，上台演讲展示的负责人等。

引导问题1：设备原因引起的行车事故该如何处理？

引导问题2：研究典型事故案例是预防类似事故发生的重要措施，从案例学习中获得了什么启示？

分组练习

小组讨论。

评价反馈

学生进行自评，评价自己是否能够判断资料中的事故属于哪类行车事故，有无任务遗漏，见表5-2-5。

表5-2-5　学生自评表

班级：	姓名：		学号：
学习情境	设备原因引起的行车事故		
评价项目	评价标准	分值	得分
作业流程	报告OCC，满分；若否，则零分	14	
	按规定行车，满分；若否，则零分	14	
	未超出规定速度，满分；若否，则零分	14	
	对行车事故能够作出快速反应，满分；若否，则零分	14	
	能够按处理程序进行的行车作业，满分；若否，则零分	14	
动作规范	眼看、手指动作正确、标准，满分；若否，则零分	15	
呼唤应答用语	呼唤应答用语准确、完整，满分；若否，则零分	15	
合计		100	

教师对学生在实操任务完成过程及展示成果进行评价，并将评价结果填入教师评价表中，见表5-2-6。

表 5-2-6　教师评价表

班级：	姓名：		学号：
学习情境	、设备原因引起的行车事故		
评价项目	评价标准	分值	得分
考勤	没有无故缺勤、迟到、早退现象，满分；若否，则零分	15	
执行作业标准	作业流程正确，满分；若否，则零分	15	
	动作规范，满分；若否，则零分	15	
	呼唤应答用语准确，满分；若否，则零分	15	
协调能力	与小组成员、同学之间能交流合作，协调工作，满分；若否，则零分	15	
职业素养	能做到安全行车、规范操作，满分；若否，则零分	15	
创新意识	通过任务训练，能发现新的问题，及时解决，满分；若否，则零分	10	
合计		100	

巩固练习

一、填空题

1. 在请求救援的情况下，__________从车辆段出动救援列车，或是由正线运行列车担当救援列车。

2. 事故苗头的处理程序按__________的处理程序进行。

3. 正线运行列车原则上应先__________，后承担救援任务。

4. 行车事故发生在区间时，OCC应根据需要通知电力调度员切断牵引电流，向________和________发布撤离乘客的调度指令。

5. 在救援过程中，应保持__________的畅通、__________的披露。

6. 建立__________是实现城市轨道交通行车调度规范化、科学化、现代化的技术保障。

7. 对于检查到的问题应及时通报并要求责任区负责人限期整改，由__________或相关安全部门负责对整改情况进行确认。

8. 在车辆基地（包括转换轨上）发生行车事故时由列车司机立刻报告__________。

9. 城市轨道交通车辆破损界定范围主要有__________、__________、__________、__________。

二、简答题

1. 简述在车站发生重大行车事故时的处理程序。

2. 简述险性事故、一般事故的处理程序。

3. 简述行车事故的防范措施主要有哪些？

4. 简述行车事故的报告内容。

参考文献

[1] 付全立，边海山. 城市轨道交通电动列车驾驶[M]. 上海：上海交通大学出版社，2019.

[2] 薛宏娇. 城市轨道交通电动列车驾驶[M]. 北京：人民交通出版社股份有限公司，2021.

[3] 蔡海云. 城市轨道交通电动列车驾驶[M]. 北京：人民交通出版社股份有限公司，2018.

[4] 薛亮，刘小玲. 城市轨道交通调度指挥[M]. 北京：人民交通出版社，2013.

[5] 王丽红，陈晓宏. 城市轨道交通电动列车驾驶[M]. 北京：人民交通出版社股份有限公司，2018.

[6] 王博，申碧涛. 城市轨道交通应急处理实务[M]. 北京：人民交通出版社股份有限公司，2017.

[7] 孟祥虎，孙巧玲. 城市轨道交通应急处理[M]. 北京：人民交通出版社，2017.

[8] 毛昱洁. 城市轨道交通列车故障处理[M]. 北京：人民交通出版社股份有限公司，2022.